Gary R. Collins

W0034861

Handbuch der
biblischen Seelsorge

FRANCKE

Verlag der Francke-Buchhandlung GmbH

Die Deutsche Bibliothek – CIP-Einheitsaufnahme

Collins, Gary R.
Handbuch der biblischen Seelsorge / Gary R. Collins.
[Dt. von Leslie Richford]. – Marburg an der Lahn : Francke, 1996
(Rat & Hilfe)
Einheitssacht. : How to be a people helper <dt.>
ISBN 3-86122-252-3

Alle Rechte vorbehalten
Originaltitel: How to be a People Helper
© 1995 by Gary Collins
Published by Tyndale House Publishers, Inc.,
Wheaton, Illinois, USA.
© der deutschsprachigen Ausgabe
1996 by Verlag der Francke-Buchhandlung GmbH
35037 Marburg an der Lahn
Deutsch von Leslie Richford
Umschlaggestaltung: Reproservice Jung, Wetzlar
Satz: Druckerei Schröder, 35083 Wetter/Hessen
Druck: Schönbach-Druck GmbH, 64390 Erzhausen

Rat & Hilfe

Inhaltsverzeichnis

Vorwort

„Wenn etwas nicht kaputt ist, repariere es nicht!"

Wo ich diese Weisheit aufgelesen habe, weiß ich nicht mehr, doch sie ist mir bei der Überarbeitung der Urfassung dieses Buches häufiger durch den Sinn gegangen.

Vor fast 20 Jahren hielt ich in Colorado eine Vortragsreihe. Daraufhin schlugen mir einige Hörer vor, meine Gedanken in Buchform zu bringen. Ehe ich dazu kam, gingen einige Jahre ins Land. Als das Manuskript endlich fertig war, legte ich es in eine Schublade und ging meiner normalen Arbeit nach. Einige Zeit später erwähnte ich es beiläufig einem befreundeten Verleger gegenüber, und der überredete mich, das Manuskript aus der Schublade hervorzuholen, damit er es drucken konnte. Das Endprodukt kam beim Publikum gut an, verkaufte sich besser als jedes andere Buch, das ich geschrieben habe, und wurde schließlich in mehrere Sprachen übersetzt. Es ist seit 15 Jahren erhältlich.

Die Prinzipien, die ich in jenem ersten Buch darlegte, sind immer noch aktuell. Wenn es aber nicht „kaputt" ist — warum jetzt „reparieren"?

Seit dem Erscheinen der Erstausgabe ist ein Wandel eingetreten — im Hinblick auf Beratungstechniken, Ausbildungsmethoden, Forschungsergebnisse und Fragestellungen. Wohl am tiefgreifendsten hat sich die allgemeine Einstellung gegenüber der Seelsorge gewandelt. In der Originalfassung schrieb ich:

> Für den in der Seelsorge tätigen christlichen Laien oder *Paraprofessionellen* — so die in der psychologischen Fachliteratur übliche Bezeichnung für den Nichtfachmann — ist bisher wenig Hilfreiches geschrieben worden. Kaum ein Autor weist darauf hin, daß die Kirche ohne Seelsorge ihrer missionarischen Aufgabe nicht nachzukommen vermag. Vor einigen Jahren setzte sich die Erkenntnis durch, daß die Verkündigung des Evangeliums kei-

neswegs Pastoren und Billy Graham vorbehalten ist. Man bekam immer häufiger zu lesen, daß von kirchlichen Leitern ausgebildete Laien sich der Aufgabe der Evangelisation annehmen müßten. Es ist nun an der Zeit, diesen Standortwechsel auch im Bereich der Seelsorge zu vollziehen. Wo es darum geht, Menschen mit Trost, Freundschaft und Rat beizustehen, müssen Nichtfachleute, insbesondere Laienmitglieder christlicher Kirchen, mehr Verantwortung übernehmen. Die Aufgabe, Lebenshilfe zu gewähren, dürfen wir nicht ausschließlich berufsmäßigen Beratern und ohnehin ausgelasteten Pfarrern überlassen.

Das Interesse an Seelsorge und Lebensberatung durch Nichtfachleute ist seither stark gewachsen. Im Verlauf der vergangenen 20 Jahre haben christliche wie säkulare Verlage eine Vielzahl von Büchern und Lehrwerken zu diesem Thema veröffentlicht. Die Vorstellung, daß Nichtfachleute Beratungsgespräche durchführen können, wird mittlerweile allseits akzeptiert. Deshalb kann ich eines der Ziele der Originalfassung fallenlassen: Die Christen müssen nicht mehr von der Notwendigkeit seelsorgerischen Handelns überzeugt werden. Für viele unter ihnen besteht daran kein Zweifel.

Trotz der starken Konkurrenz hat sich das vorliegende Buch in zahlreichen Kirchengemeinden, kirchlichen Ausbildungsstätten und christlichen Werken als Lehrwerk behaupten können. In der Originalfassung war ich bemüht, praxisnahe Richtlinien für den Dienst am Nächsten zu formulieren – Richtlinien, die möglichst kurz, klar, verständlich, frei von psychologischem Fachjargon, biblisch fundiert und wissenschaftlich abgesichert sein sollten. Ich verfolge in dieser Neuausgabe exakt dasselbe Ziel.

Die Erstauflage ist also in mancherlei Hinsicht nicht „kaputt"; sie ist jedoch überholt. Aus diesem Grunde bedarf sie einer „Reparatur", um sie auf den Stand der 90er Jahre und des anbrechenden 21. Jahrhunderts zu bringen. Es wurden daher neue wissenschaftliche Erkenntnisse und aktuelle Forschungsergebnisse in die Neuausgabe aufgenommen, ebenso einige zusätzliche für die Seelsorge bedeutsame Schlußfolgerungen. Das Thema Streß wird ausführlicher behandelt, wichtige Seelsorgetechniken werden eingehender beschrieben, in den Anmerkungen wird auf neuere Fachliteratur verwiesen, und es sind ein paar Fallbeispiele hinzugefügt worden. Bei der Darstellung des Seelsorgeverfahrens habe ich weithin auf ins einzelne gehende Auskünfte über spezielle Problembereiche wie Depressionen, Angst, Ehestreitigkeiten oder krankhafte Gewohnheiten verzichtet. Informationen zu diesen und ähnlichen Themen bitte ich der einschlägigen Fachliteratur zu entnehmen.[1]

Das Handbuch der biblischen Seelsorge war ursprünglich Bestandteil eines zweibändigen Gesamtlehrwerks, das dem Nichtfachmann das Handwerkszeug eines Seelsorgers vermitteln wollte. Der Begleitband ist seit einigen Jahren vergriffen, doch erhalte ich immer wieder Post von Leuten, die Exemplare dieses alten Studienführers auftreiben möchten. Dem vorliegenden Band sind anstelle eines auf den neuesten Stand gebrachten Studienführers vertiefende Fragen und Studienaufgaben zu jedem Kapitel beigegeben. Somit bieten sich dem Leser drei Möglichkeiten, das Buch durchzuarbeiten: Nach der Lektüre des durchgehenden Textes kann er den Rest überschlagen; er kann versuchen, die Fragen für sich allein zu beantworten; oder er kann sich mit anderen treffen, um die Aufgaben gemeinsam mit ihnen zu lösen und das Gelernte einzuüben. Dem angehenden Seelsorger wird sich die dritte Möglichkeit als besonders hilfreich empfehlen.

Niemand sollte davon ausgehen, allein durch das Lesen eines Buches zum effektiven Seelsorger zu werden. Ebensowenig kann man mit Hilfe eines Buches lernen, Klavier zu spielen oder zu schwimmen. Zur Seelsorge gehört menschliche Interaktion — aufeinander bezogenes Handeln. Die erfolgreichsten Seelsorger sind die, die ihr Können immer wieder in der Praxis einsetzen und sich auf intensive zwischenmenschliche Beziehungen einlassen.

Dem Leser wird beim Durcharbeiten der folgenden Seiten auffallen, daß ich weitgehend auf den Begriff *Beratung* verzichtet habe. Beratung ist an sich ein gutes Wort, das die Aktivitäten des Nichtfachmanns in der Seelsorge in vielen Fällen treffend beschreibt. Dennoch sollten meines Erachtens die Begriffe *Beratung* und *Berater* denen vorbehalten bleiben, deren Ausbildung sie dazu berechtigt, sich hauptberuflich mit den persönlichen Problemen anderer zu befassen. Der Begriff *Seelsorge* hingegen ist umfassender. Es stimmt zwar, daß Seelsorger sich unter vier Augen mit anderen über deren persönliche Probleme unterhalten, doch meint Seelsorge mehr als das. Sie wäre eher auf einer Ebene mit Begriffen wie *Betreuung, Ermutigung, Lebenshilfe, Zuwendung, Unterstützung* oder *Freundschaft* zu sehen. Viele unter uns werden nie ausgebildete Berater sein, doch sind wir alle berufen, anderen mit Rat und Tat beizustehen.

Diese neubearbeitete Auflage beruht wie die Urfassung auf der Überzeugung, daß die christliche Seelsorge auf der Bibel als dem Wort Gottes aufbauen und mit dem Missionsbefehl Jesu in Einklang stehen muß. Zur Erinnerung: Jesus gab seinen Nachfolgern den Auftrag, alle Völker zu Jüngern zu machen (Matthäus 28,19). Der Begriff *Jüngerschaft* ist so bedeutend, daß wir ihn gleich im ersten Kapitel erörtern werden.

Daraus folgt nicht, daß kompetente Seelsorger die bewährten Methoden der Psychologie, der Psychiatrie oder der sonstigen helfenden Berufe mißachten. Hier wird nicht der Versuch unternommen, den Berufsstand der Psychologen zu diskreditieren oder wissenschaftlich gebildete Berater für überflüssig zu erklären. Ich selbst bin von Beruf psychologischer Berater und habe vor den meisten Berufskollegen große Achtung. Dennoch ist mir — ebenso wie vielen Beratern — bewußt, daß es auch ohne wissenschaftliche Ausbildung möglich ist, anderen auf effektive Weise Beistand zu leisten. Dieses Buch wurde geschrieben, um all denen weiterzuhelfen, denen dieser seelsorgerische Dienst am Herzen liegt. Es will grundlegendes Fachwissen vermitteln, um so ein größeres Maß an Geschick und Wirksamkeit zu ermöglichen.

Mir haben während der Arbeit an diesem Buch viele Leute mit *Rat und Tat* beigestanden, vor allem meine Frau Julie. Darüber hinaus bin ich dankbar für die anhaltende Freundschaft von Lawrence Tornquist, der einen nicht unbedeutenden Beitrag zur Originalfassung des Buches beisteuerte. Mein Dank gilt außerdem meiner Tochter Lynn Collins, die das Manuskript teilweise ins reine schrieb (und mir so etliche Arbeitsstunden am PC ersparte), sowie Timothy Clinton und Ron Beers, die mich ermutigten, diese Neubearbeitung vorzunehmen. Meine Assistentin Joy Olson bewahrte mich dank ihres geschickten Umgangs mit Menschen vor Unterbrechungen und trug auf vielfache Weise zur Vollendung des Projekts bei. Mein besonderer Dank gilt Brett Helvie, der mir bei der wissenschaftlichen Vorarbeit behilflich war, einen Großteil der Fragen und Studienaufgaben formulierte, den Studienführer mitverfaßte und die Neubearbeitung des Manuskripts kritisch begleitete.

Im Verlauf meiner jahrelangen Vortragstätigkeit in Nordamerika und in Übersee habe ich viele der hier dargelegten Gedanken bereits vor Publikum erörtert. Ich bin für alle mündlichen wie schriftlichen Stellungnahmen dankbar, die mich erreicht haben; sie stammen von Vortragsbesuchern, Studierenden, Ratsuchenden und anderen Personen, und viele von ihnen haben zur Weiterentwicklung meiner Gedanken beigetragen. Es ist ihnen zu verdanken, wenn das vorliegende Buch besser ausgefallen ist als sein Vorgänger. Die Originalfassung war also doch „reparaturbedürftig"!

Es bleibt zu hoffen, daß die nun folgenden Seiten sich als aufschlußreich und nützlich erweisen werden. Ich bete vor allem darum, daß das Buch dem Leser Wege zu einem geschickteren Vorgehen in der Seelsorge aufzeigt, damit er anderen im Namen Christi mit Rat und Tat beizustehen vermag.

Gary R. Collins

Anmerkungen

[1] Siehe beispielsweise Gary Collins, Einführung in die beratende Seelsorge. Witten/Ruhr: Bundes-Verlag, 1979.

1. Das Anliegen der Seelsorge

Ob endlich jemand anhält?

Das werden sich John und Tib Sherrill gefragt haben, als sie in der sengenden sommerlichen Hitze neben ihrem liegengebliebenen Pkw auf Hilfe warteten. Der Highway I-75 ist eine vielbefahrene Hauptstraße, vor allem in den Sommermonaten, wenn Tausende von Urlaubern zu den Sehenswürdigkeiten von Florida unterwegs sind. Seit anderthalb Stunden raste ein Auto um das andere an den hilflosen Sherrills vorbei, ohne daß jemand auch nur das Tempo drosselte. Möglicherweise hatten manche Autofahrer es so eilig, daß sie das verzweifelte Ehepaar nicht einmal bemerkten. Oder sie hatten Angst, sich mit Fremden einzulassen. Andere werden sich gesagt haben, daß irgend jemand schon anhalten werde.

Nach langer Zeit geschah es endlich. Ein alter, völlig verdreckter Lieferwagen kam auf dem Seitenstreifen zum Stehen und setzte bis zum liegengebliebenen Pkw der Sherrills zurück. Der Fahrer, ein junger, mit einem schmutzverkrusteten Blaumann bekleideter Farmer, stieg aus und sagte ein einziges Wort:

„Problemas?"

Er sprach so gut wie kein Englisch, warf einen Blick unter die Motorhaube, schüttelte den Kopf und forderte die Sherrills mit einer Handbewegung auf, bei ihm einzusteigen. Gemeinsam fuhren sie die 30 Kilometer bis zur nächsten Ausfahrt und von dort zur nächstgelegenen Werkstatt. Er wartete so lange, bis er sicher war, daß man ihnen helfen würde. Als er wieder in seinen Lieferwagen steigen wollte, holte John seine Brieftasche hervor, um ihn für seine Mühe zu entlohnen, aber der junge Farmer lächelte und schüttelte den Kopf. Daraufhin gaben sich alle die Hand, und er fuhr davon.

Als ihr Wagen nach kurzer Zeit wieder fahrtüchtig war, setzten die Sherrills ihre Reise fort, dankbar für den barmherzigen Samariter, der angehalten hatte, nachdem so viele achtlos an ihnen vorbeigefahren waren. Sie würden ihn vermutlich nie wiedersehen, und es gab keine Möglichkeit, sich ihm für seine Freundlichkeit erkenntlich zu zeigen. John nahm sich deshalb vor, wenn er das nächste Mal jemanden sehen würde, der eine Panne hatte, anzuhalten und ihm seine Hilfe anzubieten. Er wandte sich zu Tib und sagte: „Laß uns für die nächsten zehn anhalten. Das wäre noch besser."

„Diesen hehren Vorsatz zu fassen, war eine Sache, ihn in die Tat umzusetzen, eine ganz andere", schrieb John später in einem Artikel, in dem er über seine Erfahrungen berichtete.[1] Er wußte: Anhalten kann gefährlich sein; Vorsicht war geboten. Deshalb bat er Gott, ihn zu schützen.

Die erste Gelegenheit bot sich den Sherrills einige Monate später, als sie auf einer Straße in New Jersey an einer Familie vorbeifuhren, deren Wagen stehengeblieben war. Wie sich herausstellte, war ihnen das Benzin ausgegangen, also nahmen die Sherrills den Vater bis zur nächsten Tankstelle mit.

Als sie abends den Wagen entluden, entdeckten sie seine Brieftasche, die heruntergefallen war und neben dem Rücksitz auf dem Boden lag.

„Hoffentlich haben Sie sich keine Sorgen gemacht", meinte John, als er anrief, und er versprach, die Brieftasche gleich am nächsten Morgen auf die Post zu bringen.

„Natürlich nicht", erwiderte der andere. „Würde mich ein barmherziger Samariter bestehlen?"

Mittlerweile sind mehr als drei Jahre vergangen, seit der spanischsprechende Farmer aus Florida anhielt, um den Sherrills aus ihrer Notlage zu helfen. In dieser Zeit haben sie weit mehr als zehnmal angehalten, um anderen Hilfe anzubieten. Dabei lehnten sie jegliche Vergütung ab, erzählten aber jedesmal ihre eigene Geschichte. Die Reaktion vieler Autofahrer war ermutigend: „Das werde ich Ihnen gleichtun! Auch ich will anderen helfen."

John und Tib Sherrill haben es sich zur Aufgabe gemacht, anderen zu helfen. Auch wenn sie vielleicht nie eine Seelsorgeschulung mitgemacht haben, ist es ihnen gelungen, vielen in Not geratenen Menschen Beistand zu leisten. Und genau das ist das Anliegen der Seelsorge.

Auch Sie können Menschen beistehen

Anderen zu helfen, ist unser aller Aufgabe. Psychologen, Psychiater, Sozialarbeiter, Pfarrer und andere Fachleute verfügen zwar über besondere Sachkenntnis auf diesem Gebiet, doch bekommen wir alle fast jeden

Tag Gelegenheiten, Menschen mit Rat und Tat beizustehen. Ob wir unsere Kinder durch eine Lebenskrise durchlotsen, einem Nachbarn nach dem Verlust eines Angehörigen Trost zusprechen oder einer von Liebeskummer heimgesuchten Jugendlichen einen Rat erteilen; ob wir einem Verwandten zuhören, wenn er uns seine Probleme mit einem mißratenen Kind schildert, der Familie eines Alkoholikers Mut machen, unserem eigenen Ehepartner bei der Bewältigung einer schwierigen Situation am Arbeitsplatz behilflich sind oder einen jungen Christen begleiten, der von Zweifeln geplagt ist – das alles sind Situationen, in denen praktische Hilfe gefragt ist. Ebenso wie wenn wir am Straßenrand einen Autofahrer sehen, der mit seinem Wagen liegengeblieben ist.

Trotz der vielen berufsmäßigen Helfer in unserer von Streß geprägten Gesellschaft werden die meisten Probleme Nichtfachleuten anvertraut, ganz gleich, ob diese sich ihnen gewachsen fühlen oder nicht. Auch wenn es genügend berufsmäßige Berater und Pfarrer gäbe, um alle Nöte der Welt zu bewältigen, würden es viele immer noch vorziehen, ihre Probleme mit einem Verwandten, Nachbarn oder Bekannten zu besprechen. Bekannte sind stets zur Stelle, sie verlangen kein Honorar, sie sind verfügbar, und oft ist es leichter, mit ihnen zu reden als mit Fremden, die furchteinflößende Titel tragen wie „Psychiater", „Therapeut" oder „Lebensberater". Die meisten Nichtfachleute haben keine wissenschaftliche Ausbildung, dennoch erzielen sie bedeutende Ergebnisse. Diese Leute – Menschen wie die Sherrills und wie viele Leser dieses Buches – kämpfen an vorderster Front gegen Streß, Verwirrung und Geisteskrankheiten.

Seelsorge und der Missionsbefehl

Kurz vor seiner Rückkehr in den Himmel erteilte Jesus der kleinen Schar seiner Anhänger, die sich auf einem Berg in Galiläa versammelt hatten, folgenden Auftrag: „Gehet hin und machet zu Jüngern alle Völker: Taufet sie auf den Namen des Vaters und des Sohnes und des Heiligen Geistes und lehret sie halten alles, was ich euch befohlen habe." Darüber hinaus sicherte Jesus seinen Nachfolgern zu, daß seine Vollmacht und Gegenwart „bis an der Welt Ende" bei ihnen bleiben würden (Matthäus 28,19 f.).

Dann verließ er sie.

Die Männer und Frauen, zu denen Jesus hier sprach, waren bereits seine Jünger. Sie hatten eine Entscheidung getroffen, Jesus nachzufolgen und ihr Leben ihm ganz anzuvertrauen. Sie werden zumindest ansatzweise begriffen haben, daß Jesus, von göttlicher Liebe motiviert, in die Welt gekommen war, um stellvertretend für sündige Menschen zu sterben. Sie werden ihre Sünden bekannt und sich selbst vorbehaltlos dem auferstandenen Herrn ausgeliefert haben. Dieser hingegebenen Schar vertraute Jesus eine zweifache Aufgabe an. Zum einen sollten sie anderen von Jesus erzählen, mit dem Ziel, sie zu dem Entschluß hinzuführen, seine Nachfolger zu werden; zum anderen sollten sie sie alles das lehren, was Jesus selbst während seines kurzen Aufenthalts auf der Erde gelehrt hatte.

Jesus zufolge sind alle Menschen nach dem Ebenbild Gottes geschaffen. Gott liebt uns alle. Dennoch sind wir auch Sünder, die einen Retter brauchen. Jesus griff die Vorstellung an, daß jemand allein deshalb ein Gotteskind sei, weil er einer bestimmten Volks- oder Religionsgemeinschaft angehöre, weil seine Eltern gewisse religiöse Überzeugungen verträten oder weil er gute Werke vorzuweisen habe. Jesus machte deutlich: Wer das ewige Leben im Himmel und Lebensfülle auf der Erde genießen wolle, der müsse allen menschlichen Bemühungen, Gott gnädig zu stimmen oder sich sein Wohlgefallen durch gute Werke zu sichern, eine Absage erteilen. Notwendig sei vielmehr das Bekenntnis, ein Sünder zu sein, sowie eine vorbehaltlose Lebensübergabe an Christus. Als Jesus am Kreuz starb, nahm er stellvertretend die Strafe auf sich, die wir als Sünder verdient haben. Auf diese Weise machte er es jedem, der das will, möglich, ein Kind Gottes zu werden (Johannes 3,16; 10,10; Römer 3,23; 5,8; 10,9). Jesus wies seine Jünger an, diese Botschaft zu verkünden, Menschen zum Glauben an Christus aufzufordern, die neubekehrten Christen zu taufen und sie aus Gottes Wort zu unterweisen.

Jemand hat darauf hingewiesen, daß Jesus zu Beginn seines irdischen Dienstes eine Gruppe von zwölf Männern berief, Jünger zu *werden*, diesen Dienst mit dem Befehl abschloß, andere zu Jüngern zu machen, und dazwischen Menschen lehrte, Jünger zu *sein*. Dabei trat er auf ganz unterschiedliche Weise an die Menschen heran. Je nachdem, mit wem er es zu tun hatte, erteilte er Unterricht, hörte zu, predigte, diskutierte, sprach seinen Hörern Mut zu, verurteilte sie oder lebte vor, was es heißt, ein echtes Gotteskind zu sein. Möglicherweise trat er an keine zwei Personen in genau derselben Weise heran. Jesus wußte: Die Menschen sind von ihrer Persönlichkeit her unterschiedlich, haben unterschiedliche Bedürfnisse und einen unterschiedlichen Erkenntnisstand. Dieses Wissen war für seinen Umgang mit einzelnen ausschlaggebend.

Die Reichweite des Missionsbefehls

Allem Anschein nach beschränkt sich der Missionsbefehl weder auf ein bestimmtes Gebiet der Erde noch auf einen bestimmten Abschnitt der Geschichte. Wir haben keinen Grund zu der Annahme, daß die Anweisungen Jesu lediglich einer kleinen Gruppe von Christen — sagen wir Pastoren oder Gemeindeleitern — galten. Nach dem Willen Jesu sollten alle seine Nachfolger in allen künftigen Generationen sich damit befassen, andere zu Jüngern zu machen — sich am missionarischen Bemühen der Kirche wie an der Unterweisung neubekehrter Christen zu beteiligen.

Der Missionsbefehl ist auch für heutige Christen von großer Tragweite. *Da Jesus von allen Christen verlangt, selbst Jünger zu sein und andere zu Jüngern zu machen, ergibt sich zwangsläufig, daß das Zu-Jüngern-Machen ein wesentlicher Bestandteil der christlichen Seelsorge ist, vielleicht sogar ihr höchstes Ziel.*

Was Jüngerschaft bedeutet

Ehe wir dieser umstrittenen Bezeichnung nachgehen, ist es wichtig, darüber nachzudenken, was Jüngerschaft bedeutet. Das Wort *Jünger* bedeutet im weitesten Sinne „Studierender" oder „Lernender". Doch schwingt im biblischen Sprachgebrauch ein weit stärkerer Unterton mit. Ein Jünger im Sinne der Bibel akzeptiert die Ansichten und Lehren eines Leiters, dem er zu gehorchen bereit ist. Er möchte von seinem Meister lernen und sich ihm charakterlich angleichen (siehe Lukas 6,40).

Die jungen Leute, die von mir angebotene Studienkurse belegen, sind meine Studenten, aber nicht meine Jünger. Sie lernen von mir, folgen mir jedoch nicht gehorsam oder hingebungsvoll nach. Es ist nicht ihr Ziel, so zu werden wie ich. Jesus hingegen kam in die Welt, um Menschen zu Jüngern zu machen, die von ihm lernen, ihm aufs Wort gehorchen, sich ihm angleichen und ihm nachfolgen. Er brachte sein ganzes Leben damit zu, Männer und Frauen zur Jüngerschaft anzuhalten. Und zum Abschluß seines Erdenlebens erteilte er jedem einzelnen Jünger den Befehl, in seine Fußstapfen zu treten, indem sie andere zu Jüngern machten. Diese Beauftragung gilt bis heute, andere zu schulen, dem Missionsbefehl nachzukommen und Jünger zu gewinnen.

Merkmale eines Jüngers

Nach dem Neuen Testament weist ein Jünger mindestens drei typische Merkmale auf und die Bereitschaft, einen dreifachen Preis zu bezahlen. Zudem werden ihm drei verantwortungsvolle Aufgaben anvertraut. Das alles ist, wie wir noch sehen werden, für jeden wichtig, der sich Christ nennt; für den angehenden christlichen Seelsorger kann es sich als von entscheidender Bedeutung erweisen.

Wenden wir uns zunächst den drei typischen Merkmalen eines Jüngers Jesu zu: Gehorsam, Liebe und Fruchtbarkeit.

Gehorsam

Ein Jünger ist jemand, der sich verpflichtet hat, seinem Meister zu gehorchen und seine Lehren zu befolgen. Man kann ein wißbegieriger Zuschauer sein, der Beobachtungen über Jesus anstellt, ein Schüler, der von Jesus lernt, oder ein Gelehrter, der die Lehren Jesu sorgfältig analysiert. Das macht einen jedoch noch nicht zum Jünger. Ein Jünger hat die Worte: „Komm, folge mir nach" (Matthäus 4,19) für sich gehört und den Entschluß gefaßt, dieser Aufforderung bereitwillig und gehorsam nachzukommen.

Jesus Christus gehorchen heißt, sich selbst unter die Autorität Gottes sowie unter die Autorität seines lebendigen Wortes zu stellen (Johannes 1,1.14). Jesus zufolge sind wir wahrhaftig seine Jünger, wenn wir seine Worte und Lehren befolgen (Johannes 8,31; 15,7). Daraus ergibt sich, es dem Worte Gottes zu gestatten, eine uneingeschränkte Kontrolle über unser Leben auszuüben. Wir sind bemüht, im Gehorsam jeden Bereich unseres Lebens mit der biblischen Lehre in Einklang zu bringen.

Liebe

Das zweite Merkmal, das jeder Jünger aufweist, ist Liebe. In Johannes 13,34 f. erteilte Jesus seinen Jüngern das „neue Gebot", sich untereinander zu lieben (siehe auch Johannes 15,12.17). „Wie ich euch geliebt habe, so müßt ihr euch untereinander lieben. Daran wird jedermann erkennen, daß ihr meine Jünger seid, wenn ihr Liebe untereinander habt." Liebe hat man „das Kennzeichen eines Christen" genannt. Niemand schafft es von sich aus, diesem Maßstab konsequent zu entsprechen, und manchmal scheinen Kirchen und Gemeinden eher von Zwietracht geprägt zu sein als von Erbarmen. Dennoch sollte Liebe das augenfälligste Merkmal eines jeden Jüngers Jesu sein. Daher ist Liebe die Grundbedingung, die jeder erfüllen muß, der sich als Seelsorger betätigen möchte.

Die Empfänger des ersten Briefes des Apostels Johannes hatten Schwierigkeiten, zwischen echten Christen und jenen zu unterscheiden, die nur vorgaben, Christ zu sein. Johannes bot ihnen folgende Hilfestellung: Das entscheidende Merkmal eines echten Christen ist Liebe. Wenn jemand keine Liebe vorzuweisen hat, ist er aller Wahrscheinlichkeit nach kein Christ (1. Johannes 4,7-11). Die Vorstellung, daß jemand ein echter Nachfolger Jesu und gleichzeitig lieblos sein könnte, ist in sich selbst widersprüchlich.

Fruchtbarkeit

„Darin wird mein Vater verherrlicht", sagte Jesus, „daß ihr viel Frucht bringt und [euch so als] meine Jünger [erweist]" (Johannes 15,8).

Wir leben in einer Gesellschaft, in der fast jeder erfolgreich sein möchte. Viele schmieden Pläne, dieses Ziel zu erreichen. Wohlmeinende Christen träumen davon, einen erfolgreichen geistlichen Dienst auszuüben, und arbeiten fleißig an der Verwirklichung dieser Träume. Jesus hat jedoch seinen Nachfolgern im 15. Kapitel des Johannesevangeliums klargemacht, daß derartige Bemühungen fruchtlos bleiben, wenn der einzelne Jünger sich Christus nicht ganz ausliefert, nicht in ihm bleibt und versucht, im Vertrauen auf die eigene Kraft eigene Vorstellungen durchzusetzen. Jesus verdeutlicht dies an einer unfruchtbaren Weinrebe. Eine unfruchtbare Rebe, meinte Jesus, muß vom Weinstock abgeschnitten und verbrannt werden.

Die Erkenntnis, daß Gott eines Tages unsere ichbezogenen Werke zerstören könnte (2. Petrus 3,10), ist ernüchternd. Einige Dinge jedoch werden niemals zerstört, darunter Gottes Wort (Jesaja 40,8) und Gottes Volk (Johannes 5,28 f.). Deshalb ist es das höchste Ziel der Jünger Jesu, Gottes Wort zu verstehen und Menschen für ihn zu gewinnen.

In der Nacht, in der Jesus verraten wurde, versammelte er seine Jünger in einem Obergemach und unterwies sie ein letztes Mal. Was er dabei sagte, ist in den Kapiteln 13 bis 17 des Johannesevangeliums überliefert. Nachdem das Abendessen aufgetragen worden war, nahm Jesus ein Bekken voller Wasser und wusch den Jüngern die Füße. Dies war ein Akt höchster Demut und Dienstbereitschaft. „Ihr nennt mich Meister und Herr und sagt es mit Recht, denn ich bin's auch", sagte Jesus, als er sich wieder zu Tisch setzte. Dann fügte er hinzu, daß sie seinem Vorbild nacheifern und Diener sein sollen. „Ein Beispiel habe ich euch gegeben, damit ihr tut, wie ich euch getan habe." Um wirklich fruchtbar sein zu können, müssen echte Jünger in die Fußstapfen ihres Meisters treten. Sie müssen Diener sein (Johannes 13,13 ff.).

Der Preis der Nachfolge

Die Bibel gibt uns nirgendwo zu verstehen, daß es leicht ist, ein Jünger Jesu zu sein. Echte Diener müssen die Bereitschaft mitbringen, Zeit, Energie, die Annehmlichkeiten des Lebens und manchmal auch Geld zu opfern, um dem Meister zu gefallen und anderen zu helfen. Weil die Nachfolge ihren Preis hat, können wir niemanden für die Sache Jesu gewinnen, indem wir Druck ausüben oder ihn manipulieren. Wer in die Nachfolge tritt, geht eine freiwillige Verpflichtung ein; sich daran halten wird sich nur, wer sich von vornherein darüber im klaren ist, was von ihm verlangt wird, und bereit ist, diesen Preis zu zahlen. Dem Christusnachfolger werden allerdings auch große Segnungen zuteil. Ist er beispielsweise müde oder ängstlich, kann er seine Sorgen ohne Vorbehalte auf Jesus werfen, denn er ist barmherzig und stets bereit, unsere Lasten zu tragen (Matthäus 11,28 ff.; 1. Petrus 5,7). Der Schritt in die Nachfolge Christi bedeutet jedoch, daß wir bereit sein müssen, unsere engsten zwischenmenschlichen Beziehungen, unsere langgehegten beruflichen Ziele und unseren persönlichen Besitz dranzugeben.

Zwischenmenschliche Beziehungen

Wenden wir uns als erstes unseren zwischenmenschlichen Beziehungen zu. Jesus übte niemals Kritik an der Institution Familie. Im Gegenteil, er forderte uns auf, unsere Eltern zu achten, unsere Kinder so zu erziehen, daß sie nicht widerspenstig werden, und unseren Ehepartner zu lieben. Dennoch muß unsere Beziehung zu Jesus den Vorrang haben, sogar vor unserer Familie (Lukas 14,25 f.).

Manche kirchlichen Mitarbeiter meinen, diese Verse gäben ihnen einen Freibrief, sich ausschließlich um „das Werk des Herrn" zu kümmern und ihre Familien zu vernachlässigen. Wer sich so verhält, hat vergessen, daß es sich beim Großziehen von Kindern und bei der Erfüllung familiärer Pflichten ebensosehr um das Werk des Herrn handelt, wie einer Gemeinde vorzustehen, Bibelunterricht zu erteilen oder in der Diakonie tätig zu sein. Gott wird uns für unseren Umgang mit unserer Familie zur Rechenschaft ziehen. Dennoch gilt es, Jesus die absolute Priorität in unserem Leben einzuräumen, sogar noch vor unserer Familie.

Berufliche Ziele

Vielen strebsamen Menschen wird es schwerfallen, auf ehrgeizige berufliche Ziele zu verzichten. Nach der Speisung der Fünftausend (Lukas 9) werden sich die Jünger als Teil einer großen, sehr erfolgreichen Sache empfunden haben. Doch genau zu diesem Zeitpunkt verkündete Jesus, daß es keine Nachfolge ohne Selbstverleugnung gibt. Wir sind aufgefordert, auf ehrgeizige persönliche Pläne zu verzichten, ein Kreuz – Sinnbild für Verachtung und Tod – auf uns zu nehmen und Jesus nachzufolgen (Lukas 9,23 ff.). Selbstverständlich läßt Gott es bisweilen zu, daß Jünger einen privilegierten beruflichen Stand erreichen und persönliche oder finanzielle Ziele verwirklichen. Dennoch müssen wir als Jünger grundsätzlich die Bereitschaft mitbringen, ehrgeizige berufliche Ziele aufzugeben und unsere Wünsche so von Jesus verändern zu lassen, daß sie mit dem übereinstimmen, was er für unser Leben geplant hat.

An der Schwelle zum 21. Jahrhundert scheint der Preis verbindlicher Nachfolge immer mehr aus unserem Blickfeld zu verschwinden. Charles Colson äußerte einmal, Verbindlichkeit sei „ein untergegangener Wertbegriff".[2] Es mag sein, daß viele unter uns befürchten, Hingabe müsse zwangsläufig zu Elend und stumpfsinniger Schinderei führen. Unsere Pläne für eine erfolgreiche Karriere wären dahin, und Gott könnte uns statt dessen als Missionare in einen von Giftschlangen wimmelnden Dschungel oder einen Innenstadtbezirk mit hoher Kriminalitätsrate schicken. Daraus ziehen wir für uns den Schluß, daß verbindliche Hingabe an Jesus Christus nur das Zweitbeste ist.

Gott aber speist seine Anhänger niemals mit dem Zweitbesten ab – auch wenn es uns aus unserer begrenzten Perspektive so vorkommen kann, als hätten wir genau das bekommen. Wenn wir Gott unsere persönlichen und beruflichen Ziele opfern, gibt er uns immer genau das, was sich letzten Endes für uns als das Beste herausstellen wird. Leider sind nur wenige Menschen bereit, dieses Risiko einzugehen.

Persönliches Eigentum

Die Nachfolge kann uns auch unseren Besitz kosten. Reichtum, Gesundheit, Ruhm, materielle Güter – daran ist an und für sich nichts auszusetzen, und Gott schenkt sie oft in reicher Fülle. Zum Fallstrick werden sie erst, wenn wir sie zum Wichtigsten in unserem Leben erheben.

Vor einigen Jahren waren meine Frau und ich auf der Suche nach einer neuen Wohnung. Aus unserer bisherigen Wohnung waren wir herausgewachsen, und wir verspürten das Bedürfnis nach etwas Geräumigerem. Eines Abends stellten wir eine Liste all unserer Wünsche zusammen: Kamin, Geschirrspüler, separates Eßzimmer, Klimaanlage, Keller, Wintergarten oder Veranda, Garage mit zwei Stellplätzen, Platz für ein Büro, gute Lage, schöne Aussicht und vieles andere mehr. Es dauerte nicht lange, da begannen wir uns zu fragen, weshalb wir all diese Dinge – von denen wir uns einige nicht leisten konnten – haben wollten. Hatten wir uns verleiten lassen, die Maßstäbe einer Gesellschaft zu übernehmen, in der nur der als erfolgreich gilt, der ein großes Haus besitzt und einen großen neuen Wagen fährt? Hatten wir uns unbewußt jene Mentalität angeeignet, die den persönlichen Wert eines Menschen an dem mißt, was er besitzt?

Unsere Suche nach einer neuen Wohnung erinnerte uns daran, daß der Mensch in der Ewigkeit nicht nach dem beurteilt werden wird, was er in dieser Welt besessen hat. Alles, was wir besitzen – Geld, Häuser, Autos, Elektrogeräte, HiFi-Anlagen und all das andere Spielzeug –, haben wir lediglich aus Gottes Hand empfangen. Alles gehört ja Gott, muß ihm übereignet werden, und alles sollte so eingesetzt werden, daß es uns in der Nachfolge Christi voranbringt und besser in die Lage versetzt, andere zu Jüngern zu machen. „Jeder unter euch, der sich nicht lossagt von allem, was er hat, der kann nicht mein Jünger sein", teilte Jesus seinen Nachfolgern mit (Lukas 14,33). Das Streben nach persönlichem Besitz und das Festhalten an einem luxuriösen Lebensstil werden unseren Erfolg bei der Erfüllung des Missionsbefehls erheblich einschränken.

Die Verantwortung eines Jüngers

Darüber hinaus werden jedem Jünger drei verantwortungsvolle Aufgaben übertragen.

Evangelisation

Vor vielen Jahren las ich eine Beschreibung der kleinen der schottischen Küste vorgelagerten Insel Iona. Dorthin zogen sich im frühen Mittelalter einige Christen zurück, um zu studieren, zu beten, sich inspirieren zu lassen, Gott anzubeten und sich auf eine Strategie zu einigen, ehe sie die Insel verließen und sich zum Zweck der Missionierung auf ganz Schottland verteilten. Wenn sie müde wurden oder Erquickung brauchten, kehrten sie nach Iona zurück, um sich auszuruhen und zu erholen, ehe sie wieder aufbrachen.[3]

Die Insel war ein Ort des Gebets und der Stärkung, der Welt allgemein sehr unähnlich. Es gibt Christen, die vertreten die Ansicht, die christliche Gemeinde müsse auch so sein: ein Ort der Erquickung, wo der Evangelisation verpflichtete Christen auf ihren Dienst vorbereitet werden. In der Praxis sieht es oft anders aus. Wenn Gläubige bei uns in Amerika in die Kirche gehen, sehen sie sich meist von anderen Christen umgeben, die die Botschaft des Evangeliums entweder von einem Missionar verkündigen lassen oder sie von einem komfortablen, klimatisierten Studio aus in den Äther schicken. In unserem Bemühen, aktuell zu sein, gleichen wir uns der Welt an und erwarten, daß Nichtchristen uns aufsuchen. Ernsthaftes Bibelstudium findet man kaum noch in den Gemeinden, und die Gläubigen werden nur noch selten für den Dienst der Evangelisation zugerüstet. Das hat zur Folge, daß wir als Zeugen nicht besonders erfolgreich sind und als Jünger nur wenig Wachstum aufweisen.

Ein echter Jünger trägt die Verantwortung, ein Zeuge Jesu zu sein. Damit ist keineswegs gemeint, daß wir uns von allen Nichtchristen zurückzuziehen haben; vielmehr müssen wir dem Vorbild des Paulus nacheifern und nach Gemeinsamkeiten mit Nichtchristen suchen in der Hoffnung, einige zu Jesus führen zu können (1. Korinther 9,19-22).

Dem christlichen Schriftsteller Allan Coppedge[4] zufolge besteht jede Evangelisation aus drei Teilaspekten: 1. Verkündigung des Evangeliums, damit Männer und Frauen ihrer Sündhaftigkeit überführt werden, vom rettenden Gnadenangebot Gottes hören und verstehen, daß sie auf dieses Angebot eingehen müssen, um das Heil zu erlangen; 2. Menschen werden zu einer Entscheidung für den Glauben an Christus sowie zur Lebensübergabe an ihn geführt; das hat zur Folge, daß sie von Gott für gerecht erklärt und durch die Wiedergeburt zu Mitgliedern seiner geistlichen Familie werden; 3. ein öffentliches Bekenntnis zu dieser neuen Beziehung zu Jesus Christus.

Andere zur Reife führen

Als zweites ist der Jünger dafür verantwortlich, andere zur Reife zu füh-ren. Gott bedient sich gläubiger Christen, um diese Aufgabe zu erledigen, und scheint dabei auf vielfältige Weise zu wirken. Manchmal dienen bei-spielsweise ältere Christen als Vorbilder eines reifen geistlichen Wandels (1. Thessalonicher 2,8; 1. Timotheus 4,12). Neubekehrte Christen wer-den unterwiesen und mit Informationen versorgt (2. Timotheus 3,15 ff.); sie werden mit den Schwierigkeiten der Nachfolge vertraut gemacht (Lukas 14,25-33); und sie erhalten praktische Erfahrung im Dienst (Mar-kus 6,7).

In den meisten Fällen hängt dieser Reifungsprozeß nicht von den Bemühungen eines einzigen menschlichen Lehrers ab. Er findet sich viel-mehr, wenn neubekehrte Christen und solche, die im Glauben bereits Fortschritte erzielt haben, regelmäßig zusammenkommen. Als Gemein-schaft der Gläubigen beten sie gemeinsam zu Gott, hören sich die Lehre des Wortes Gottes an, spornen einander an zu Liebe und guten Werken und werden so zu einer liebevollen, fürsorglichen, christlichen Ge-meinde, in der einer den anderen erbaut, ermahnt und ermuntert (Ephe-ser 4,16; Hebräer 10,24 f.). Geistliche Reife stellt sich ein, wenn jeder für sich persönlich Zeit mit Gott verbringt, von Mentoren und Vorbildern lernt, die geistlich reifer sind als er selbst (1. Korinther 11,1), und regelmä-ßig mit einer ihn stützenden Gruppe von Mitchristen zusammenkommt.

Andere anleiten, damit auch sie Jünger gewinnen

Dem Jünger fällt darüber hinaus die Aufgabe zu, andere auszubilden, damit auch sie hingehen und Jünger gewinnen. Darauf wies der Apostel Paulus in seinem zweiten Brief an Timotheus ausdrücklich hin: „So sei nun stark, mein Sohn, durch die Gnade in Christus Jesus. Und was du von mir gehört hast vor vielen Zeugen, das befiehl treuen Menschen an, die tüchtig sind, auch andere zu lehren" (2,1 f.). Jünger sind Multiplikato-ren; sie bilden andere zu Jüngern aus, damit auch sie hingehen und andere zu Jüngern ausbilden. Es entspricht nicht dem Plan Gottes, wenn Christen das Evangelium annehmen und danach untätig bleiben. Gott hat vorgesehen, daß wir seine Jünger werden — die charakteristischen Merkmale eines Jüngers aufweisen, den Preis der Nachfolge zahlen, sämtliche damit verbundenen Aufgaben erledigen — und dann hingehen, um weitere Jünger für Jesus zu gewinnen.

Jüngerschaft und Seelsorge

Die Jüngerschaft besitzt in der Botschaft des Neuen Testaments einen zentralen Stellenwert und hat für das geistliche Leben eine so grundlegende Bedeutung, daß sie keineswegs ausgeklammert werden darf, wenn der Christ eine seelsorgerische oder helfende Beziehung eingeht. Es versteht sich von selbst, daß der Seelsorger nicht manipuliert, indem er nichtsahnenden Hilfesuchenden seinen Glauben aufdrängt. In der Seelsorge ist es — wie in den meisten anderen zwischenmenschlichen Beziehungen — nicht üblich, Glaubensfragen sofort anzusprechen. Dennoch handelt es sich beim Missionsbefehl und bei der Aufforderung zum Diener-Sein und zur Jüngerschaft um Kernaussagen der christlichen Botschaft, die im Denken jedes Christen, der anderen mit Rat und Tat zur Seite stehen möchte, von zentraler Bedeutung sind.

Wer als Seelsorger den Missionsbefehl ernst nimmt, wird sich in diesem Punkt von nichtchristlichen Lebensberatern unterscheiden. Jeder gute Berater richtet in regelmäßigen Abständen seinen Blick nach innen in dem Bemühen, sich der eigenen psychischen Komplexe bewußt zu werden und sich — möglicherweise mit dem Beistand eines weiteren Beraters — zu ändern. Der christliche Seelsorger muß sich darüber hinaus einer geistlichen Selbstprüfung unterziehen. Er muß sich immer wieder fragen: „Bin ich Christus wirklich ausgeliefert? Bin ich — da niemand immer nur recht hat — belehrbar? Übe ich Selbstdisziplin, um mein geistliches Wachstum zu fördern? Beteilige ich mich in aller Treue am Leben einer lokalen Gemeinde? Bin ich sensibel gegenüber der Leitung des Heiligen Geistes? Trachte ich danach, die Sünde aus meinem Leben auszumerzen und als Jünger Jesu geistlich zu wachsen? Bin ich ernsthaft am geistlichen Wachstum anderer interessiert?"

Es ist möglich, diese Fragen alle mit Nein zu beantworten und dennoch Menschen zu helfen. Das beweisen tagtäglich erfolgreich arbeitende nichtchristliche Therapeuten, ebenso viele in den helfenden Berufen tätige Christen. Niemand unter uns ist geistlich „angekommen", und auch Christen, die sich dem Herrn ganz ausgeliefert haben, befinden sich in einem geistlichen Wachstumsprozeß. Dennoch wird sich ein Seelsorgeverfahren, bei dem die geistliche Dimension ausgeklammert wird, letzten Endes als mangelhaft erweisen. Es wird vielleicht positive Gefühle hervorrufen und Hilfesuchenden bei der Bewältigung von Streß behilflich sein, doch kann es sie weder auf die Ewigkeit vorbereiten noch ihnen helfen, auf Erden ein „Leben im Überfluß" zu erfahren — ein Leben, das sich nur bei dem einstellt, der sich Jesus Christus anvertraut hat (Johannes 10,10).

Ein Jünger Jesu hofft, daß die Menschen, die ihn um Rat und Beistand bitten, sich im Laufe der Zeit mit der Botschaft Jesu befassen, eine Lebensübergabe vollziehen und in der Erkenntnis Jesu Christi wachsen werden. Damit ist nicht gesagt, daß Evangelisation und geistliche Reife die vorrangigen — oder gar einzigen — Ziele seelsorgerlichen Bemühens sind. Es handelt sich jedoch um überaus wichtige Ziele, die häufig auch von Christen ignoriert oder übersehen werden.

Drei Zugänge zur Seelsorge

In den vergangenen Jahrzehnten hat die Zahl der verfügbaren Informationen und wissenschaftlichen Arbeiten über die Lebensberatung explosionsartig zugenommen. Selbst mit Hilfe von Computern gelingt es den wenigsten unter uns, auf dem laufenden zu bleiben, und es ist dem einzelnen kaum möglich, alle Neuentwicklungen auf diesem Gebiet zu kennen. Es gibt sehr viele Beratungstechniken, Zugänge zur Seelsorge. An dieser Stelle brauchen wir uns allerdings nur mit drei wichtigen Zugängen zu befassen, von denen jeder von Christen befürwortet wird.

Der humanistische, nichtkirchliche Zugang

Bei diesem Zugang zur Seelsorge wird nicht über Gott gesprochen. Der Therapeut oder Seelsorger verwendet Beratungstechniken, die dem Hilfesuchenden helfen sollen, Probleme zu bewältigen, Einsichten zu erlangen, sein Verhalten zu ändern, Entscheidungen zu treffen usw., verzichtet jedoch bewußt auf jegliche Erörterung von Glaubensfragen.

„Gott als Helfer"

Bei diesem Zugang ähneln die angestrebten Ziele denen nichtkirchlicher Therapeuten, doch räumt der Berater oder Seelsorger ein, zumindest für sich persönlich, daß Gott eine Quelle von Einsicht und Weisheit ist, ein göttlicher Helfer, der Gebet erhört und über das Seelsorgeverfahren wacht. Glaubensfragen wird, sofern sie sich aus einem Gespräch ergeben, nicht ausgewichen, und manchmal wird Gott sogar bewußt in das Beratungsgespräch mit einbezogen. Häufiger jedoch enthält sich der Seelsorger jeglicher Aussage über Gott, und es kommt durchaus vor, daß der Hilfesuchende vom Glauben seines Beraters nie etwas erfährt.

Der theozentrische Zugang

Von diesen beiden Auffassungen unterscheidet sich ein dritter Zugang, den wir als den theozentrischen bezeichnen können. Hier wird vom Dasein eines ewigen Gottes ausgegangen, der mit der Menschheit höchste Ziele verfolgt. Es wird vorausgesetzt, daß Gott im Seelsorgeverfahren gegenwärtig ist und den Seelsorger als sein Werkzeug benutzt, um im Leben des Hilfesuchenden Veränderungen herbeizuführen. Diese Veränderungen sollen dem Hilfesuchenden zu einer harmonischen Gottesbeziehung verhelfen, ihn auf zwischenmenschlicher Ebene beziehungsfähiger machen, es ihm ermöglichen, innere Konflikte abzubauen, Streß zu bewältigen und mit Leid umzugehen, und ihm den „Frieden Gottes" vermitteln, der „höher ist als alle Vernunft" (Philipper 4,7).

Der in der Seelsorge tätige Jünger wird diesem theozentrischen Zugang den Vorzug geben. Er ist bereit, sich in der Kraft des Heiligen Geistes um die typischen Merkmale eines Jüngers zu bemühen, den Preis der Nachfolge zu zahlen und die mit der Jüngerschaft verbundenen verantwortlichen Aufgaben zu übernehmen. So wird er in der Seelsorge zu einem Werkzeug Gottes, das im Leben derer, die Rat und Beistand suchen, Veränderungen bewirkt.

Die Vielfalt christlicher Seelsorge

Zu erwarten, daß wir uns jemals auf ein einheitliches biblisches Seelsorgekonzept einigen, wäre unrealistisch. Dies ist uns auf dem Gebiet der Außenmission, der Evangelisation, der christlichen Erziehung, der Dogmatik oder der Homiletik auch nicht gelungen. Welches Seelsorgeverfahren zu verwenden ist, hängt weitgehend von der Persönlichkeit, der Ausbildung, den Fähigkeiten und den theologischen Überzeugungen des Seelsorgers sowie von den Problemen des jeweiligen Hilfesuchenden ab. Statt also die eine „wahre" christliche Seelsorgetheorie oder das eine „wahre" christliche Seelsorgekonzept ausfindig machen zu wollen, sollten wir lieber die verschiedenen Seelsorgeverfahren und -techniken zu entdecken versuchen, die sich aus der Lehre der Bibel ergeben oder offensichtlich mit ihr im Einklang stehen. Dann sollten wir diese Methoden ausprobieren, wobei subjektive Gefühle keineswegs den Beweis dafür liefern, jemandem „wirklich zu helfen", sondern vielmehr sorgfältig ausgearbeitete und angewandte Auswertungsverfahren. Viele bewährte Seelsorgeverfahren und Seelsorgetechniken werden in den nun folgenden Kapiteln besprochen.

Jeder christliche Zugang zur Seelsorge muß mit der Bibel anfangen. Dabei kann es keinen besseren Ausgangspunkt geben als den von Jesus selbst erteilten Missionsbefehl, der einen Bauplan für die Gemeinde enthält und ein Fundament bildet, auf dem mit Hilfe der Seelsorge Menschenleben und zwischenmenschliche Beziehungen aufgebaut werden können.

Anmerkungen

[1] John Sherrill, „My Samaritan Experiment", Guideposts, Februar 1990, S. 171–174.

[2] Im Vorwort zu Ted W. Engstrom, A Time for Commitment. Grand Rapids: Zondervan, 1987. Siehe ferner: Jerry White, The Power of Commitment. Colorado Springs: NavPress, 1985; Edward Dayton, What Ever Happened to Commitment? Grand Rapids: Zondervan, 1984; Crawford W. Loritts, jun., A Passionate Commitment. San Bernardino: Here's Life Publishers, 1989.

[3] In diesem Absatz biete ich nur eine vereinfachte Darstellung der im Jahre 563 n. Chr. gegründeten Glaubensgemeinschaft von Iona. 1988 gab der britische Verlag Collins Fount Books eine Geschichte der Gemeinschaft von Iona heraus, in der auch auf die Ereignisse der 30er Jahre unseres Jahrhunderts eingegangen wird, als auf Iona die verfallene Abtei wiederaufgebaut und eine neue Glaubensgemeinschaft gegründet wurde. Das Buch wurde von Ron Ferguson verfaßt und trägt den Titel Chasing the Wild Goose: The Iona Community.

[4] Allan Coppedge, The Biblical Principles of Discipleship. Grand Rapids: Zondervan, 1989, S. 115.

2. Grundlagen der Seelsorge

Christliche Seelsorge — was ist das überhaupt? Sind die Ziele, die wir als Christen in der Seelsorge verfolgen, anders als die Ziele nichtchristlicher Lebensberater? Wie wirkt sich Bibeltreue auf den Umgang mit Hilfesuchenden aus? Kann ein biblischer Zugang zur Seelsorge auf die Persönlichkeit des Seelsorgers, auf die Einzigartigkeit jedes einzelnen Hilfesuchenden und auf die vielfältigen Probleme, die uns in der Seelsorge begegnen, wirklich Rücksicht nehmen? Können Christen von nichtchristlichen Therapeuten lernen und von ihnen entwickelte zweckmäßige Beratungsverfahren einsetzen, oder müssen wir, wie christliche Theologen in letzter Zeit behauptet haben, auf jegliche psychologische Erkenntnis verzichten?

Es waren Fragen dieser Art, die mich beschäftigten, als ich vor vielen Jahren mein Studium der klinischen Psychologie absolvierte und im Anschluß daran eine Stelle als Studentenberater an einer amerikanischen Universität annahm. Obwohl mein Diplom besagt, daß ich als Psychologe fachlich qualifiziert bin, kam ich mir trotz einer abgeschlossenen Ausbildung an mehreren renommierten Hochschulen nicht gerade kompetent vor. Als Christ hatte ich das Empfinden, mehr tun zu müssen, als nur die weltlichen Methoden anzuwenden, die man mir beigebracht hatte; etwas Besseres war mir aber nicht bekannt. Als Angestellter am Beratungszentrum einer staatlichen Universität durfte ich ohnehin nicht offen über Glaubensfragen sprechen, wenn ich meine Stelle behalten wollte. Ich wußte jedoch, daß das Evangelium Jesu Christi den einsamen, frustrierten jungen Leuten, die mich tagaus, tagein in meinem Büro aufsuchten, etwas zu sagen hätte, wenn sie es nur zu hören bekämen.

Wie ich meine, habe ich mit meiner Arbeit im Beratungszentrum vielen jungen Leuten geholfen, und mein Arbeitgeber schien mit meiner Leistung zufrieden zu sein. Dennoch war ich selbst unzufrieden. Nach einigen Monaten kam ich zu dem Schluß, als Dozent besser geeignet zu sein.

Ich verließ deshalb das Beratungszentrum und nahm eine Stelle an der psychologischen Fakultät eines College im mittleren Westen an. Das Unterrichten war eine lohnende Erfahrung. Der Umgang mit den Studenten sowie das Studieren bereitete mir Freude; auf dem Gebiet der Seelsorge aber blieb ich weiterhin unsicher.

Dann lernte ich Paul Tournier kennen.

Seelsorge im Dienst der Jüngerschaft

Seit dem Tod Paul Tourniers vor einigen Jahren hat die Beliebtheit seiner Bücher etwas nachgelassen; er selbst war bis in die 80er Jahre hinein ein weltweit geschätzter christlicher Seelsorger. Sein Stil macht es bisweilen schwer, seinen Gedanken zu folgen, und seine Leser sind nicht immer mit seiner Theologie oder seinen Schlußfolgerungen einverstanden, doch hat Paul Tournier durch seine Seelsorgetätigkeit, seine Vorträge und seine Bücher Tausenden von Menschen geholfen. Er reiste viel, besonders im Alter, und seine Schriften wurden in zahlreiche Sprachen übersetzt.

Tournier wohnte in einem Vorort von Genf im französischen Teil der Schweiz. Ich wohnte mit meiner Familie mehrere Monate lang ganz in der Nähe und konnte deshalb von Tournier lernen und habe sogar ein Buch über ihn geschrieben.[1] Er war ein ungeheuchelt demütiger, mitleidsvoller und gottesfürchtiger Mann, der die Bibel ernst nahm, vorbehaltlos christliche Nächstenliebe praktizierte, sich bemühte, im Bereich der Lebensberatung auf dem laufenden zu bleiben, und sich darüber im klaren war, daß jeder Berater oder Seelsorger einzigartig ist. Durch meine Begegnung mit Tournier ging mir zum erstenmal auf, welches Potential in der christlichen Seelsorge steckt. Tournier hat kein festgefügtes Beratungsverfahren vorgeschlagen, doch entwickelte er einen grundsätzlich an der Bibel ausgerichteten Zugang zur Seelsorge. Außerdem zeigte er mir, daß Seelsorge zum Ziel führen kann.

Viele Schriftsteller haben Beratungsverfahren vorgeschlagen, die biblisch als auch wirksam sein sollen. Einige Christen behaupten, sie hätten das „wahre biblische Seelsorgeverfahren" entdeckt; alle anderen lägen falsch. Derartige Behauptungen haben bei vielen Menschen Verwirrung hervorgerufen. Sie fragen sich, woher es kommt, daß wir Christen so viele verschiedene Beratungsverfahren vertreten und von allen behaupten, wir hätten sie der Bibel entnommen.

Wir müssen dabei im Auge behalten, daß auch Lebensberater und

Seelsorger ebenso wie Theologen und Bibellehrer fehlbare Menschen sind. Deshalb betrachten wir die Dinge aus unterschiedlichen Blickwinkeln. So gibt es bedeutsame Meinungsverschiedenheiten zwischen entschiedenen Presbyterianern und entschiedenen Baptisten, obwohl es sich bei beiden Gruppen um gläubige Christen handelt, die möglichst bibeltreu sein wollen. Wie wir bereits erkannt haben, gibt es ebenfalls unterschiedliche biblisch ausgerichtete Zugänge zur Homiletik (Predigtlehre) und zur Hermeneutik (Schriftauslegung), obwohl auch deren Vertreter dem Worte Gottes gegenüber die Treue zu halten versuchen.

Das trifft auch auf die Seelsorge zu. Weil es viele verschiedene Auffassungen gibt, können wir voneinander lernen; zugleich müssen wir zur Kenntnis nehmen, daß unvollkommene Menschen niemals eine vollkommene Seelsorgetheorie entwickeln können. Die wird es erst im Himmel geben, wo wir sie jedoch nicht mehr brauchen werden!

Wollen wir schon in diesem Leben die biblischen Aussagen zur Seelsorge ernst nehmen, dürfen wir auf keinen Fall den Missionsbefehl außer acht lassen. Auch wenn wir uns verschiedener Vorgehensweisen bedienen und uns auf verschiedene Lehrer berufen, wissen wir als christliche Seelsorger, daß der Befehl, in alle Welt zu gehen und Menschen zu Jüngern zu machen, zu den wichtigsten Forderungen des Neuen Testaments zählt. Der Begriff Jüngerschaft nimmt in der Schrift einen so wichtigen Platz ein, daß wir die christliche Seelsorge sogar als *Seelsorge im Dienst der Jüngerschaft* (discipleship counseling) bezeichnen könnten.[2]

Bei Seelsorge im Dienst der Jüngerschaft — man könnte ebensogut von *dienender Seelsorge* (servant counseling) sprechen — handelt es sich um einen allgemeinen, umfassenden, auf der Lehre der Bibel fußenden Zugang zum helfenden Handeln. Der Missionsbefehl ist nach dieser Auffassung für die Seelsorge von zentraler Bedeutung; das wichtigste Ziel der Seelsorge wäre demnach, andere zu Jüngern zu machen. Außerdem wird vorausgesetzt, daß der Gott, der in der Bibel zu uns spricht, die Wahrheit über das von ihm geschaffene Universum durch die Naturwissenschaften offenbart, auch durch die Psychologie. Psychologische Verfahren und Vorgehensweisen werden deshalb ernstgenommen. Sie müssen jedoch geprüft werden, und zwar nicht allein am Maßstab der Wissenschaft oder der Praxis, sondern in erster Linie am Prüfstein des geschriebenen Wortes Gottes.

Wer die Seelsorge in den Dienst der Jüngerschaft stellt, wird sich vieler verschiedener Vorgehensweisen bedienen, um anderen zu helfen. Welche es sein werden, wird zum Teil von den Bedürfnissen, der Persönlichkeit und den Problemen des jeweiligen Ratsuchenden abhängen. Die

Ziele unseres helfenden Handelns werden zum Teil ebenfalls von den Bedürfnissen und Wünschen derer bestimmt, die uns um unseren Beistand bitten. Im allgemeinen jedoch möchten Seelsorger Einzelpersonen und Familien helfen,

* ihren Aufgaben im täglichen Leben effektiver nachzukommen;
* Befreiung von geistlichen, psychischen und zwischenmenschlichen Konflikten zu erlangen;
* im Frieden mit sich selbst zu leben und sich in zunehmendem Maße der Gemeinschaft mit Gott zu erfreuen;
* dauerhafte zwischenmenschliche Beziehungen zu entwikkeln;
* sich die nötigen Fertigkeiten für das Leben anzueignen und sie anzuwenden;
* aktive Jünger Jesu zu werden und andere für die Nachfolge zu gewinnen.

Wir können das auch so verstehen: Die christliche Seelsorge hat drei grundlegende Aufgaben: eine prophetische, das geschriebene Wort Gottes – die Bibel – zu kennen und zu verbreiten; eine befreiende, Menschen von geistlichen, persönlichen und beziehungsbedingten Problemen und Konflikten zu lösen; und eine bevollmächtigende, Menschen zu unterweisen, zu befähigen und zuzurüsten, damit sie ein erfülltes, ausgewogenes Leben führen, das Jesus Christus verherrlicht.

Diesen auf Jüngerschaft ausgerichteten Zugang möchte ich anhand von sechs seelsorglichen Prinzipien erläutern. Vier von ihnen will ich im vorliegenden, die restlichen im dritten Kapitel erörtern.

Erstes Prinzip: Der Seelsorger

In jeder seelsorgerischen Beziehung spielen die Persönlichkeit, die Wertvorstellungen, die Einstellung und die Glaubensgrundsätze des Seelsorgers eine zentrale Rolle. Paulus wies die Christen in Galatien an, denen unter ihnen, die persönliche Schwierigkeiten hatten, „wieder zurechtzuhelfen", das heißt, ihnen erneut zu einem Zustand des Heilseins zu verhelfen (Galater 6,1). Anscheinend waren einige galatische Christen in Sünde gefallen und hatten deshalb Probleme. Der Apostel machte sich Sorgen um diese Leute. Beachten Sie jedoch, wer ihnen helfen sollte: „... ihr, die ihr geistlich seid".

Das fünfte Kapitel des Galaterbriefs enthält eine weithin bekannte Aufzählung der charakteristischen Merkmale geistlich gesinnter Christen: Liebe, Freude, Friede, Geduld, Freundlichkeit, Güte, Treue, Sanftmut und Selbstbeherrschung (Galater 5,22 f.). Geistlich gesinnte Personen sind bemüht, ihre Wertvorstellungen mit der Lehre Jesu in Einklang zu bringen, werden vom Geist Gottes geleitet, sind weder egoistisch noch eingebildet, stiften keine Unruhe und neigen nicht zum Neid (Galater 5,25 f.).

Der christliche Seelsorger versteht es vielmehr, auch mit dem, der von einer Sünde ereilt worden ist, sanftmütig umzugehen (Galater 6,1). Natürlich müssen wir als Seelsorger hin und wieder bestimmt auftreten, bemühen uns aber auch dann, teilnahmsvoll zu sein und unserem Gegenüber Achtung entgegenzubringen.

Christliche Seelsorger sind sich der Versuchungen bewußt, denen jeder ausgesetzt ist, dessen Arbeit ihn in einen so engen Kontakt mit anderen bringt. Sie achten deshalb sorgfältig darauf, daß die Sünde sich nicht in ihre seelsorgerischen Beziehungen einschleichen kann (Galater 6,1). Der Seelsorger ist bereit, auf liebe- und teilnahmsvolle Weise die Lasten anderer zu tragen, auch wenn dies sich als schmerzlich oder unbequem erweist (Vers 2). Biblische Seelsorger sind demütig (Vers 3), weil sie erkannt haben, ihre Stärke und Weisheit dem Herrn zu verdanken; Überlegenheitsallüren sind hier völlig fehl am Platz. Seelsorger unterziehen sich darüber hinaus einer regelmäßigen Selbstprüfung, wobei sie bemüht sind, ihre Leistung realistisch zu bewerten und auf Vergleiche mit anderen zu verzichten (Vers 4). Seelsorger sind bereit, sowohl zu geben als auch von anderen zu empfangen, und sie haben erkannt, daß jeder für sein eigenes Verhalten verantwortlich ist (Verse 5-8). Der biblische Seelsorger kennt Gott und weiß um geistliche Einflüsse auf menschliches Verhalten (Vers 7 f.), darum übt er Geduld (Vers 9), auch wenn seine Aufgabe sich als langwierig und mühevoll erweist. Der Seelsorger weiß sich verpflichtet, allen Menschen Gutes zu tun, insbesondere denen, die zur Familie Gottes gehören (Vers 10).

Dieser langen Liste könnten wir noch hinzufügen, daß begnadete christliche Seelsorger am Leben anderer Anteil nehmen, echte Hilfsbereitschaft mitbringen, respektvoll mit anderen umgehen, verschwiegen sind und lernfähig bleiben. Seelsorger können jeder Altersgruppe angehören, sollten jedoch, um wirkungsvoll arbeiten zu können, über eigene Erfahrungen in der Bewältigung von Streß und anderen Nöten verfügen.

Gute Seelsorger sind außerdem psychisch stabil und unternehmen nie den Versuch, ihre eigenen Probleme dadurch zu bewältigen, daß sie anderen Ratschläge erteilen. (Labile Menschen werden fast nie erfolgreiche Seelsorger sein, es sei denn, sie haben vorher ihre eigene Unsicherheit und Unbeständigkeit überwunden.)

Empfinden Sie das alles als erdrückende Last? Der Maßstab ist tatsächlich hoch, an dem ein guter Seelsorger gemessen wird — aber nicht unerreichbar. Diesen Standard sollten sogar alle Christen erreichen, sofern sie Tag für Tag in enger Gemeinschaft mit Jesus leben. Daraus folgt natürlich nicht, daß jeder entschiedene Christ automatisch ein guter Seelsorger sein wird. Zur effektiven Seelsorge gehören einige grundlegende Fertigkeiten, die man sich mühevoll aneignen muß. Wer aber in enger Lebensgemeinschaft mit Jesus Christus bleibt, bei dem reifen Charaktereigenschaften, die sich unter die Rubrik Liebe einordnen lassen. Wie wir bereits gesehen haben, spielt Liebe in der Seelsorge eine entscheidende Rolle.

Viele der hier aufgezählten Schlußfolgerungen stimmen mit den Ergebnissen psychologischer Forschung überein, in der nachgewiesen worden ist, daß die persönlichen Eigenschaften des Seelsorgers ebenso zum Erfolg einer Beratung beitragen wie die angewandten Beratungstechniken.[3] Aus einigen Forschungsarbeiten geht hervor, daß wirkungsvolle Seelsorger nicht so sehr aufgrund ihrer theoretischen Ausrichtung oder ihrer Beherrschung gewisser Techniken erfolgreich sind, sondern aufgrund ihrer Empathie, ihrer Herzlichkeit und Aufrichtigkeit.

Der aus dem angelsächsischen Raum übernommene Fachbegriff *Empathie* ist gleichbedeutend mit dem deutschen Wort „Einfühlung". Wahrscheinlich haben wir schon die Erfahrung gemacht, als Beifahrer in einem Pkw plötzlich mit dem Fuß auf den Wagenboden zu drücken, weil wir das Empfinden hatten, der Fahrer müsse unbedingt abbremsen. Damit haben wir uns in die Situation des Fahrers hineinversetzt. Wir haben, um es etwas psychologischer auszudrücken, „Einfühlungsvermögen" bewiesen.

Ein Seelsorger beweist Einfühlungsvermögen, wenn er versucht, sich in die Lage des Hilfesuchenden hineinzuversetzen und ein Problem aus dessen Blickwinkel zu betrachten. So fragen wir uns vielleicht: „Warum ist diese Person so aufgebracht? Wie sehen die Dinge aus ihrer Warte aus? Wie würde ich mich verhalten, wenn ich dieses Problem hätte?" Als Seelsorger versuchen wir zwar, unsere Objektivität zu wahren, andererseits wissen wir jedoch, daß es wertvoll sein kann, das Problem durch die Augen des Hilfesuchenden zu betrachten. Wenn es uns gelingt, dies zu vermitteln, fühlt sich der Hilfesuchende verstanden und merkt, daß der Seelsorger ihm wirklich zur Seite stehen möchte. Durch gegenseitiges Sicheinfühlen kommt es zwischen dem Seelsorger und dem Hilfesuchenden zu einem möglichst positiven Vertrauensverhältnis. Und ein positives Vertrauensverhältnis gehört zu den Grundlagen erfolgreicher Seelsorge.

Herzlichkeit ähnelt in gewisser Hinsicht der Fürsorge. Gemeint sind Freundlichkeit und Entgegenkommen, die sich im Gesichtsausdruck, im Tonfall, in Gestik und Haltung sowie im Blick und im nichtverbalen Verhalten des Seelsorgers äußern und seine Teilnahme verdeutlichen. Herzlichkeit übermittelt die Botschaft: „Sie und Ihr Wohlergehen liegen mir am Herzen." Hier, wie so oft im Bereich menschlichen Verhaltens, sprechen Taten deutlicher als Worte. Ein Seelsorger, dem es wirklich um das Wohl der Menschen geht, wird sein Engagement nicht verbal ankündigen müssen. Jeder wird es sehen.

Unter *Aufrichtigkeit* ist zu verstehen, daß die Worte des Seelsorgers mit seiner Handlungsweise im Einklang stehen. Er bemüht sich um Ehrlichkeit im Umgang mit Hilfesuchenden und meidet Aussagen oder Verhaltensweisen, die als unaufrichtig oder verlogen gedeutet werden könnten. Jemand hat die Ansicht geäußert, eine wirklich aufrichtige Person verfügt über widerspruchsfreie Wertvorstellungen, nimmt eine konsequente Haltung ein, bleibt ungezwungen, ist sich der eigenen Gefühle bewußt, verhält sich weder impulsiv noch respektlos und neigt nicht zu Abwehrreaktionen. Aufrichtige Menschen sind bereit, sich selbst mitzuteilen und mit anderen über die eigenen Gefühle zu sprechen.

Jesus zeigt Empathie, Herzlichkeit und Aufrichtigkeit. Wer in der Seelsorge erfolgreich arbeiten möchte, muß es ihm gleichtun. Es ist allerdings möglich, diese Eigenschaften zu übertreiben. Wir können mitunter so viel *Empathie* aufbringen, daß wir unsere Objektivität einbüßen, so viel *Herzlichkeit*, daß der Hilfesuchende sich von unserer Fürsorge erschlagen fühlt, und so viel *Aufrichtigkeit*, daß wir die Nöte und Probleme des Hilfesuchenden aus den Augen verlieren. Aus diesem Grunde muß der Seelsorger häufig seine eigenen Motive prüfen. Da es schwierig ist, die eigenen Motive ehrlich auszuwerten, kann uns dabei oft ein guter Freund behilflich sein. Es ist durchaus so, daß wir in der Seelsorge auch eigene Bedürfnisse befriedigen; wichtiger ist jedoch, für eine herzliche, fürsorgliche Atmosphäre zu sorgen, in der andere bei der Bewältigung ihrer Probleme und Kämpfe Hilfe erfahren.

Zweites Prinzip: Der Hilfesuchende

Auch die Einstellung, die Motivation, die Erwartungen und das Verlangen des Hilfesuchenden nach Beistand haben in der Seelsorge wichtige Bedeutung. Irgendwann machen die meisten Berater die entmutigende Erfahrung, mit jemandem arbeiten zu müssen, der sich stur verhält, die Mitarbeit verweigert oder nicht daran interessiert ist, sich zu ändern. Mit einem rebellischen Jugendlichen zu arbeiten, den jemand geschickt hat, damit er „den Kopf zurechtgesetzt bekommt", oder mit einer depressiven Person, die darauf besteht: „Bei mir gibt es keine Aussicht auf Besserung – geben Sie sich gar nicht erst die Mühe!", bedeutet, mit jemandem zu arbeiten, dessen Einstellung sich erst ändern muß, ehe echte Seelsorge stattfinden kann. Wenn der Hilfesuchende unrealistische Erwartungen hegt, sich nicht helfen lassen möchte, das Vorhandensein eines Problems bestreitet, sein Verhalten nicht ändern will und weder zum Seelsorger noch zum Seelsorgeverfahren Vertrauen hat, wird Ihnen vermutlich kaum Erfolg beschieden sein, es sei denn, es ändert sich zuvor etwas an der Einstellung oder Selbstwahrnehmung des Hilfesuchenden.

Gott hat uns mit einem freien Willen erschaffen, und es ist möglich, einem unwilligen Hilfesuchenden zu psychischem Wachstum helfen zu können, wie einem desinteressierten Nichtchristen zu geistlichem Wachstum nicht helfen zu können. Derartige Widerstände muß man in der Seelsorge – wie in der Jüngerschulung – zur Kenntnis nehmen und dem Hilfesuchenden den Wert eines Wandels zu vermitteln versuchen.

Durch seelsorgerliche Gespräche und andere Beratungsformen möchten wir anderen helfen, sich zu ändern und innerlich zu wachsen; inneres Wachstum findet jedoch am ehesten dann statt, wenn der Seelsorger und der Hilfesuchende gemeinsam daran arbeiten. In gewissem Sinne ist der Hilfesuchende, was seine Notlage betrifft, von allen Menschen am besten informiert. Er weiß, wie er sich fühlt, wie er in der Vergangenheit mit ähnlichen Problemen umgegangen ist und welche Hilfsmittel sich nicht bewährt haben. Der Seelsorger und der Hilfesuchende müssen gemeinsam von dieser Information Gebrauch machen.

Wir dürfen allerdings nicht annehmen, daß der Widerstand eines Hilfesuchenden immer auf Sturheit zurückzuführen ist. Manchmal haben Hilfesuchende einfach Angst. Es fällt vielen Menschen schwer, über ihr Versagen oder ihre persönlichen Probleme zu sprechen, und manchmal weiß der Hilfesuchende nicht einmal, was falsch gelaufen ist. Wer einem anderen Einzelheiten aus seinem persönlichen Leben anvertraut, geht das Risiko ein, kritisiert oder abgelehnt zu werden. Manchmal wissen Hilfesuchende nicht, was sie erwartet, wenn sie über ein Problem sprechen. Sie befürchten, der Seelsorger könnte sie möglicherweise „durchschauen" oder versuchen, sie zu psychoanalysieren. Dazu kommt, daß einige Hilfesuchende frustriert sind oder sich selbst verurteilen, weil sie nicht imstande waren, ihre Probleme ohne fremde Hilfe zu lösen. Die genannten Faktoren können alle den Prozeß des Helfens behindern. Deshalb ist der Seelsorger dafür verantwortlich, eine Atmosphäre zu schaffen, in der der Hilfesuchende sich frei fühlt und sich öffnet.

Die besten Ergebnisse werden dort erzielt, wo der Hilfesuchende sich wirklich ändern will, damit rechnet, daß mit Hilfe des Seelsorgers eine Besserung eintreten wird, und zur Mitarbeit bereit ist, auch wenn das Seelsorgeverfahren sich als schmerzlich erweisen sollte. Anders ausgedrückt: Die Haltung des Hilfesuchenden muß von Hoffnung geprägt sein, damit er glauben kann, aufgrund der seelsorgerlichen Beratung zu echten Veränderungen zu kommen.

Vor einigen Jahren untersuchte ein amerikanischer Psychologe eine Anzahl Therapien auf gemeinsame Merkmale.[4] Er kam zu dem Ergebnis, daß sie alle mindestens drei Vorteile bieten: eine neue Perspektive bei der Betrachtung seiner selbst und der Welt, eine von Empathie und Vertrauen geprägte Beziehung zu einem fürsorglichen Berater und Hoffnung für Entmutigte. Viele Hilfesuchende sind ängstlich, niedergeschlagen, enttäuscht und von ihren Problemen überwältigt. Sie haben den Glauben nötig, daß ihre Lage sich zum Positiven hin verändern kann und wird. Dieses Gefühl der Hoffnung kann durch die Beteiligung an einer Selbsthilfegruppe vermittelt werden, ebenso auch durch die Beziehung zu einem fürsorglichen Seelsorger.

Jesus legte in seinem Seelsorgedienst großen Wert auf Hoffnung und Glauben. Er lobte die blutflüssige Frau, weil ihr Glaube sie gesund gemacht hatte (Markus 5,34). Er heilte zwei Blinde um ihres Glaubens willen (Matthäus 9,29). Und er machte einen fallsüchtigen Jungen gesund, weil dessen Vater an die Kräfte des Meisters glaubte (Markus 9,23 ff.). Andererseits konnte Jesus in seiner Heimatstadt nicht vielen Menschen helfen, weil man dort nicht an seine heilenden Kräfte glaubte (Matthäus 13,58). Biblischer Glaube ist nicht unbedingt dasselbe wie Hoffnung oder eine Erwartungshaltung, doch bringt sie der Verfasser des Hebräerbriefs in einem einzigen Vers zusammen (Hebräer 11,1). Begriffe wie *Glaube, Hoffnung* und *Erwartung* sind gewissermaßen untereinander austauschbar, weil sie alle die Vorstellung vermitteln, wenn ein Hilfesuchender positive Veränderungen herbeisehnt und erwartet, daß diese oftmals eintreten — manchmal trotz des Seelsorgers und des von ihm angewandten Verfahrens.

Drittes Prinzip: Die zwischenmenschliche Beziehung

Die helfende Beziehung zwischen dem Seelsorger und dem Hilfesuchenden ist von größter Tragweite. Wie jeder angehende Berater bald erfährt, ist ein positives Vertrauensverhältnis unentbehrlich, wenn man jemandem effektiv zur Seite stehen möchte – so unentbehrlich, daß wir eine Beratung als eine hilfreiche *zwischenmenschliche Beziehung* bezeichnen könnten. Aus einigen Forschungsarbeiten geht sogar hervor, daß die Beziehung zwischen dem Seelsorger und dem Hilfesuchenden der entscheidende Faktor ist, der über Erfolg oder Mißerfolg der gesamten Beratung bestimmt. Je besser die Beziehung ist, um so wahrscheinlicher wird es, daß die Beratung positive Ergebnisse zeitigt. Irvin D. Yalom schreibt darüber: „Verfügbare Forschungsergebnisse stützen die These, daß eine von Vertrauen, Herzlichkeit, empathischem Verständnis und Annahme geprägte Beziehung zwischen dem Therapeuten und dem Patienten zu den Grundvoraussetzungen einer erfolgreichen Therapie gehören."[5]

Helfende zwischenmenschliche Beziehungen unterscheiden sich untereinander nach ihrer Art und ihrer Tiefe. Manchmal erfordert die Situation, dem Hilfesuchenden lediglich praktische Hilfe in Form von Geld oder einem ermutigenden Brief zukommen zu lassen. Normalerweise jedoch entsteht in der Seelsorge eine engere persönliche Beziehung, die es den Beteiligten ermöglicht, gemeinsam an einem oder mehreren Problemen zu arbeiten. Wenn zwei Menschen auf diese Weise zusammenkommen, geben sie natürlich ihre Persönlichkeit und ihre Wertvorstellungen, Meinungen, Unsicherheiten, Bedürfnisse, Empfindungen, Wahrnehmungen und Fähigkeiten nicht an der Garderobe ab. Diese Faktoren sind alle an der Beziehung beteiligt, und da keine zwei Menschen gleich sind, ist jede Begegnung mit einem Hilfesuchenden einzigartig.

Bedenken wir einmal die zwischenmenschlichen Beziehungen, die Jesus einging. Sie waren unterschiedlicher Art. Mit Nikodemus führte er ein hochgeistiges Gespräch, den Pharisäern gegenüber ging er meist auf Konfrontationskurs, mit Maria und Martha konnte er sich relativ entspannt unterhalten, und mit Kindern ging er stets liebevoll und herzlich um. Jesus wußte: Die Menschen sind von ihrer Persönlichkeit her unterschiedlich, haben unterschiedliche Bedürfnisse und einen unterschiedlichen Erkenntnisstand. Dieses Wissen war für seinen Umgang mit einzelnen ausschlaggebend. Wenn ein Berater versucht, alle Klienten über einen Kamm zu scheren, kommt kein positiver Rapport zustande, weil er von der irrigen Annahme ausgeht, die Menschen seien sich alle gleich.

Wir Menschen sind aber *nicht* alle gleich. Dieser Tatsache muß beim Aufbau zwischenmenschlicher Beziehungen wie bei der Wahl seelsorgerischer Vorgehensweisen Rechnung getragen werden.

Jesus ging nicht nur auf individuelle Unterschiede zwischen den Menschen ein, sondern variierte zudem die Tiefe und Intensität seiner Beziehungen. Wie es scheint, stand ihm Johannes am nächsten. Johannes galt als „der Jünger, den Jesus liebhatte" und war möglicherweise der engste Freund des Meisters. Petrus, Jakobus und Johannes bildeten gemeinsam einen inneren Kreis, mit dem Jesus eine besondere Beziehung verband. Die anderen Jünger standen Jesus nicht ganz so nahe wie diese drei, dennoch waren sie seine ständigen Begleiter, eine handverlesene Gruppe, die dazu ausersehen war, das Werk Jesu nach seiner Himmelfahrt fortzusetzen. Im zehnten Kapitel des Lukasevangeliums ist von einer Schar von 72 Jüngern die Rede, die eine besondere Ausbildung erhielten. Nach seiner Auferstehung erschien Jesus einer noch größeren Schar von 500 Personen. Bei anderen Gelegenheiten strömten Tausende von Menschen zusammen, von denen viele Jesus vielleicht nur ein einziges Mal aus der Ferne zu sehen bekamen.

Die meisten unter uns unterhalten Beziehungen dieser Art. Mit einigen Leuten sind wir eng befreundet, zu anderen besteht eine gewisse Distanz. Denken wir beispielsweise an die unterschiedlichen Beziehungen, die zwischen einem Hochschullehrer und seinen Studenten bestehen. Ich selbst war über viele Jahre Dozent an einem College. Als Nachfolger Jesu Christi empfand ich es als meine Pflicht, unter den Studenten sowie unter denen, die mich als Seelsorger aufsuchten, Jünger für den Meister zu gewinnen, trat jedoch auf unterschiedliche Weise an diese Leute heran und war mit einigen enger verbunden als mit anderen.

Mir stand normalerweise mein wissenschaftlicher Assistent am nächsten. Mit ihm traf ich mich fast täglich. Er arbeitete halbtags für mich, half mir in meinen Kursen und meiner Forschungsarbeit und hatte sich bei seinen eigenen Studien nach meinen Anweisungen zu richten. Hin und wieder beteten wir gemeinsam, tauschten unsere Gedanken aus und aßen zusammen zu Mittag. Mein Assistent besuchte mich häufig zu Hause und konnte so mein Verhalten in der Freizeit oder im Umgang mit meiner Familie beobachten. Von Zeit zu Zeit erlebte er mit, wie ich mit Druck fertig wurde, so beispielsweise wenn ich ein Problem zu lösen oder bis zu einem bestimmten Termin ein Manuskript abzuliefern hatte. Wir unterhielten uns hin und wieder über seine Konflikte und Probleme, doch teilte ich ihm auch offen meine eigenen Sorgen und Kämpfe mit. Ich habe im Laufe der Jahre die Verbindung zu einer ganzen Anzahl meiner ehemaligen Assistenten (mir wurde etwa alle zwei Jahre ein neuer zuge-teilt) nicht abbrechen lassen, obwohl wir uns jetzt, da sie weggezogen sind und eine eigene Karriere aufgebaut haben, nur noch selten zu sehen bekommen. Wie dem auch sei, sie konnten eine Zeitlang mit einem älte-ren Christen zusammenarbeiten und lernten dadurch, anderen einiges von dem beizubringen, was sie von mir gelernt hatten.

Als Hochschullehrer kam ich natürlich häufig mit Studenten zusam-men, manchmal in kleinen Gruppen. Die Diskussionen, die ich mit ihnen führte, waren aber oberflächlicher als meine Unterredungen mit meinem Assistenten. Noch distanzierter war mein Umgang mit den jeweils 70 bis 80 Studenten, die Semester für Semester meine Vorlesungen besuchten. Noch weniger intensiv waren meine Kontakte mit der großen Schar der Studenten, die mir hin und wieder auf dem Campus begegnete oder dabei war, wenn ich in der Kapelle eine Andacht hielt. Dann gibt es Leute, die mich als Sprecher auf einer Konferenz erlebt oder eines meiner Bücher gelesen, aber nie persönlichen Kontakt mit mir gehabt haben.

In einer seelsorgerischen Beziehung stehen sich die Beteiligten unter Umständen sehr nahe, so daß es manchmal sogar zu einem gegenseitigen Austausch von Gefühlen, Gedanken und Nöten kommt. In anderen Fäl-len jedoch kommt es nicht zu einer so engen Beziehung. Vielleicht sehen sich der Hilfesuchende und der Seelsorger nur ein einziges Mal und unterhalten sich ausschließlich über den Hilfesuchenden, oder sie spre-chen über ein relativ geringfügiges Problem. Es ist durchaus möglich, andere aus der Ferne zu betreuen, indem man beispielsweise Briefe schreibt, Unterricht erteilt oder Zeitschriftenartikel veröffentlicht. Dem einen ist durch ein Vieraugengespräch in formeller Umgebung zu hel-fen, einem anderen durch die Arbeit in der Gruppe; mit einem Dritten unterhalten wir uns gelegentlich auf dem Gehweg oder neben einer viel-befahrenen Straße, während wir anderen zu helfen vermögen, ohne daß wir ihnen jemals von Angesicht zu Angesicht begegnen.

Jede Beziehung zwischen einem Seelsorger und einem Hilfesuchenden ist in gewisser Weise einzigartig. Wie sich die Beziehung gestaltet, hängt von der Persönlichkeit der Beteiligten, den zu erörternden Problemen, der Tiefe des Gesprächs und der psychischen Nähe des Seelsorgers zum Hilfesuchenden ab. Wie wir gleich sehen werden, geht es in der Seelsorge um mehr als eine zwischenmenschliche Beziehung. Eine gute Beziehung ist jedoch die Voraussetzung für alles weitere. Im allgemeinen gilt: Je positiver die Beziehung zwischen dem Seelsorger und dem Hilfesuchen-den sich gestaltet, um so besser stehen die Chancen, daß dem Hilfesu-chenden wirklich geholfen wird.

Viertes Prinzip: Gefühle, Gedanken und Verhalten

Wir müssen uns in der Seelsorge auf die Gefühle, die Gedanken und das Verhalten des Hilfesuchenden konzentrieren — auf alle drei. Zu wirksamer Seelsorge gehört mehr als eine Beziehung zwischen zwei einfühlsamen Menschen. Zur Seelsorge gehören Fertigkeiten und Vorgehensweisen, die ein guter Seelsorger erlernen, einüben und ständig weiterentwickeln muß. Es stimmt natürlich, daß einige Leute ein angeborenes Talent für die Seelsorge zu haben scheinen. Allem Anschein nach kommen sie ohne Ausbildung klar, auch ohne sich um erprobte Verfahrensweisen zu kümmern. Sie können aber dennoch ihre Leistung steigern, wenn sie es lernen, auf die Gefühle und Gedanken von Hilfesuchenden zu achten und zu erkennen, wie deren Verhalten sich auf ihr Problem auswirkt oder dieses erst hervorruft.

Forschen wir in der Bibel, so erkennen wir, daß den Gefühlen, dem Denken und dem Verhalten große, vielleicht sogar gleich große Bedeutung beigemessen wird. Zunächst die *Gefühle.* Jesus selbst hat bei mindestens zwei Anlässen geweint, und manchmal wurde er auch zornig. Er unterdrückte weder sein Gefühlsleben noch verurteilte er Menschen, die ihren Gefühlen freien Lauf ließen. Jesus ging feinfühlig auf die Gefühle anderer ein, so beispielsweise als er seine leidende Mutter vom Kreuz aus tröstete oder sich den Eltern, die ihre Kinder zu ihm gebracht hatten, zuwandte, nachdem sie von seinen Jüngern abgewiesen worden waren. Im Rahmen einer seelsorgerischen Beziehung ist beides möglich: die Gefühle überzubetonen oder sie zu unterdrücken, gar zu leugnen. Jesus tat weder das eine noch das andere.

Zeitweise legte er allerdings größeren Wert auf rationales Denken. Thomas war für Zweifel anfällig; Jesus ging auf Verstandesebene auf seine Fragen ein. Er ignorierte weder die intellektuellen Probleme des Thomas noch warf er ihm Glaubensmangel vor. Vielmehr lieferte er seinem zweifelnden Jünger überzeugende Beweise. Nach der Auferstehung Jesu sagte Thomas sinngemäß: „Ich weigere mich zu glauben, solange ich Jesus nicht mit eigenen Augen zu sehen bekomme und seine Hände mit meinen Fingern berühren kann." Als sie sich dann begegneten, sagte Jesus zu Thomas: „Reiche deinen Finger her und sieh meine Hände und reiche deine Hand her und lege sie in meine Seite, und sei nicht ungläubig, sondern gläubig!" (Johannes 20,27). Er reagierte ähnlich, als Johannes dem Täufer vor seiner Hinrichtung im Gefängnis Zweifel kamen (Matthäus 11,2 ff.): Er ließ ihm die nüchternen Fakten mitteilen. Bei zahlreichen Gelegenheiten führte er intellektuelle Streitgespräche mit den religiösen Führern seiner Zeit. Das vermutlich bekannteste Beispiel ist die Diskussion über Theologie und Apologetik, die er bis in die Nacht hinein mit dem gelehrten Rabbiner Nikodemus führte.

Allerdings ging es Jesus nicht minder um das Verhalten. Eine ertappte Ehebrecherin forderte er auf, ihr Verhalten zu ändern und mit dem Sündigen aufzuhören. Martha riet er, ihren hektischen Lebensstil aufzugeben, dem reichen Jüngling, seinen Egoismus abzulegen, und den beiden sich streitenden Brüdern, weniger habgierig zu sein. Während eines Streitgesprächs mit den Juden behauptete er: „Wenn jemand dessen Willen tun will, wird ihm klar werden, ob diese Lehre von Gott ist oder ob ich aus mir selbst rede" (Johannes 7,17). Jesus wußte: Dem Handeln muß nicht immer die Erkenntnis vorausgehen; häufig müssen wir unser Verhalten ändern, gehorchen und aktiv werden, ehe wir die Wahrheit erkennen können. In seinen Predigten wie in seinen Einzelgesprächen konfrontierte Jesus die Menschen immer wieder mit ihrem sündigen, ichbezogenen Verhalten und forderte sie auf, ihr Leben zu ändern.

Die Bedeutung der Gefühle, des Denkens und des Verhaltens wird ebenfalls in der Apostelgeschichte und in allen neutestamentlichen Briefen hervorgehoben. Die Christen werden häufig für ihre eigene Handlungsweise verantwortlich gemacht, doch wird das Verhalten nirgendwo auf Kosten der Gefühle oder der Ratio überbetont.

Am Schluß seines Briefes an die Philipper bietet Paulus einige praktische Ratschläge für das tägliche Leben — Ratschläge, die ebensogut der Entwicklung geistiger Gesundheit gelten könnten. Zunächst geht er auf das Gemüt ein. „Freuet euch in dem Herrn allewege, und abermals sage ich euch: Freuet euch!" Der Apostel erinnert daran, daß der Herr nahe ist und wir deshalb unsere Bitten „im Gebet und Flehen mit Danksagung vor Gott kundwerden" lassen können. Haben wir das erkannt, brauchen wir uns nicht zu sorgen; wir können uns vielmehr am Frieden Gottes erfreuen, „der höher ist als alle Vernunft" (Philipper 4,4-7). Als nächstes wird nachdrücklich auf das Denken eingegangen. „Was wahrhaftig ist, was ehrbar, was gerecht, was rein, was liebenswert, was einen guten Ruf hat, sei es eine Tugend, sei es ein Lob — darauf seid bedacht!" (Philipper 4,8). Zuletzt wird das Verhalten betont. Was geistliche Leiter wie Paulus uns gelehrt und vorgelebt haben, sollen wir in praktisches Handeln umsetzen, und zwar in der Kraft dessen, „der [uns] mächtig macht" (Philipper 4,9-13).

Tabelle 2-1 **Denken, Gefühle, Verhalten**

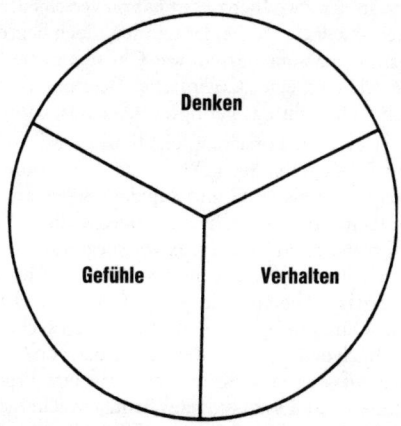

Die Gefühle, das Denken und das Verhalten – alle drei nehmen in der Bibel einen wichtigen Platz ein und müssen deshalb auch in der Seelsorge berücksichtigt werden. Wie aus Tabelle 2-1 ersichtlich wird, besteht eine Verbindung zwischen jedem dieser Bereiche und den anderen beiden. Haben wir beispielsweise emotionale Probleme, dann werden auch unser Denken und unser Verhalten in Mitleidenschaft gezogen. Es wäre äußerst unklug, uns auf einen einzigen Bereich zu konzentrieren und die anderen beiden zu vernachlässigen. Meistens reden Hilfesuchende zunächst über ihre Gefühle – beispielsweise ihre Trauer, Niedergeschlagenheit, Einsamkeit oder Angst. Es ist oftmals möglich, ihre Gefühle dadurch zu ändern, daß wir ihnen helfen, Änderungen in ihrem Denken oder ihrem Verhalten vorzunehmen.

Wir haben vier grundlegende Prinzipien der Seelsorge besprochen. Dennoch haben wir sehr wenig darüber gesagt, was wir konkret tun können, wenn jemand uns um seelsorgerlichen Beistand bittet. Dieser praktische Aspekt soll im nun folgenden Kapitel im Mittelpunkt stehen.

Anmerkungen

[1] Gary R. Collins, The Christian Psychology of Paul Tournier. Grand Rapids: Baker, 1973. Das Buch ist seit Jahren vergriffen.

[2] Mit dieser Bezeichnung möchte ich weder einen systematischen Zugang zur Beratung noch eine „neue" Beratungsschule begründen. Ich habe mich des

Begriffs discipleship counseling zum erstenmal 1976 in der Originalfassung dieses Buches bedient. In der Zwischenzeit ist er von verschiedenen Autoren aufgegriffen und unterschiedlich verwendet worden, doch begreife ich ihn selbst weiterhin als Zusammenfassung dessen, was Christen in der Seelsorge leisten. Ich habe noch nie versucht, eine „Collinssche" Beratungstheorie zu formulieren, verspüre auch jetzt nicht das geringste Bedürfnis, damit anzufangen.

[3] Ein Großteil der relevanten Forschungsergebnisse wird zusammengefaßt in dem hervorragenden Buch von Siang-Yang Tan, Lay Counseling: Equipping Christians for a Helping Ministry (Grand Rapids: Zondervan, 1990). Die klassische Forschungsarbeit über die Charaktereigenschaften von Therapeuten wurde von R. R. Carkhuff und C. B. Truax vorgelegt. Ihre Arbeit zog zunächst einige Aufmerksamkeit auf sich, das Interesse ließ jedoch im Laufe der Zeit nach. Siehe C. B. Truax, „Therapist Empathy, Genuineness and Warmth, and Patient Therapeutic Outcome", Journal of Consulting Psychology 30 (1966): S. 395—401. Ich habe mich dafür entschieden, die Arbeit von Carkhuff und Truax im Text zusammenzufassen — wohl wissend, daß ihre Ergebnisse bis heute umstritten sind. Eine kurze Diskussion aus heutiger Sicht bietet Catherine M. Flanagan in ihrem Buch People and Change (Hillsdale, New Jersey: Lawrence Erlbaum, 1990).

[4] H. H. Strupp, „Psychotherapy: Research, Practice, and Public Policy: How to Avoid Dead Ends", in: American Psychologist 41 (1986), S. 120—130.

[5] Irvin D. Yalom, The Theory and Practice of Group Psychotherapy. New York: Basic Books, 1985, S. 48 f. Yalom führt einige Forschungsarbeiten an, in denen die entscheidende Rolle der therapeutischen Beziehung untersucht wird. Als Beispiel sei genannt: S. Garfield und A. E. Bergin, eds., Handbook of Psychotherapy and Behavior Change: An Empirical Analysis. New York: Wiley, 1978, S. 233—329.

3. Seelsorgetechniken

Während eines missionarischen Einsatzes in Bolivien bat man Henri Nouwen, auf einen Friedhof zu gehen und dort mit einer Frau zu beten, deren 16jähriger Sohn Walter einen Monat zuvor gestorben war. Die Frau wartete auf einer Sitzbank auf dem Dorfplatz von Cochabamba. Während sie ihre traurige Geschichte erzählte, vergoß sie Ströme von Tränen.

Walter hatte sich auf einem mit landwirtschaftlichen Erzeugnissen und Menschen vollbeladenen Lkw befunden. Die jüngeren Männer fuhren wie üblich auf dem Trittbrett mit. Walter verlor dabei das Gleichgewicht, stürzte zwischen die Räder und wurde von den hinteren Reifen regelrecht zermalmt. Er war tot, noch ehe man ihn ins Krankenhaus einliefern konnte.

Als Nouwen am Grab neben der weinenden Mutter stand, fühlte er sich von seiner Unfähigkeit überwältigt, irgend etwas zu tun. Später schrieb er: „Ich konnte meinen Blick von dem sanftmütigen, leidgeprüften Gesicht der Frau nicht abwenden. Mich überkam dort am Grab ein Gefühl der Ohnmacht sowie ein starkes Verlangen, Walter ins Leben zurückzurufen. ‚Warum kann ich ihn seiner Mutter nicht wiedergeben?‘, fragte ich mich. Doch dann erkannte ich, daß Ohnmacht eher ein Merkmal meines Dienstes ist als Vollmacht. Ich hatte ihr nichts zu geben als meine Tränen.“[1]

Seelsorge gibt uns bisweilen das Gefühl, ohnmächtig und den Tränen nahe zu sein. Mit tiefer Trauer und menschlicher Not konfrontiert, sind wir oft mit unserer Weisheit am Ende. Dem Apostel Paulus ist es manchmal auch so ergangen. Er war sich häufig seiner Schwäche und Unzulänglichkeit bewußt, doch erkannte er, daß Gott uns gerade dann gebraucht und stärkt, wenn wir uns schwach fühlen. „Ich war bei euch in Schwachheit und in Furcht und mit großem Zittern“, schrieb Paulus an seine Mitchristen in Korinth (1. Korinther 2,3 f.). „Mein Wort und meine

Predigt geschahen nicht mit überredenden Worten menschlicher Weisheit, sondern in Erweisung des Geistes und der Kraft." Später fügte er hinzu: „Denn wenn ich schwach bin, so bin ich stark" (2. Korinther 12,10).

Paulus hat seine Schwäche aber niemals zum Vorwand genommen, nicht zu studieren oder sich nicht vorzubereiten. Er widmete sich dem Studium des Wortes Gottes. Er kannte sich im Denken und in der Gelehrsamkeit der Gesellschaft gut aus, in der er lebte. Er wußte alles über persönliche Kämpfe und war sensibel gegenüber den Nöten seiner Mitmenschen.

Wie Paulus kommen sich zeitweise alle Diener Christi schwach und ohnmächtig vor, doch wissen wir, daß Jesus uns Kraft und Weisheit schenkt, wenn wir sie am meisten benötigen. Allerdings wissen wir auch, daß er von uns erwartet, zu lernen und möglichst viel über die Aufgabe in Erfahrung zu bringen, die er uns anvertraut hat. Damit kommen wir zum nächsten Prinzip der biblischen Seelsorge.

Fünftes Prinzip: Fertigkeiten

Zur Seelsorge gehören eine Vielzahl von Fertigkeiten, die es zu erlernen gilt.
Über Beratungstechniken sind zahlreiche Bücher geschrieben worden. Schätzungen zufolge werden gegenwärtig über 3000 verschiedene Beratungstechniken eingesetzt, wobei die Angaben verschiedener Autoren erheblich voneinander abweichen. Die meisten Berater sind sich allerdings darüber einig, daß ein Seelsorger, der seine Mitmenschen verstehen und ihnen mit Rat und Tat beistehen möchte, folgende grundlegenden Fertigkeiten beherrschen und anwenden sollte.

Aufmerksam sein

Stellen Sie sich vor, was Sie empfinden würden, wenn Sie aufgrund irgendeiner Belastung in die Seelsorge gingen und dabei erlebten, daß der Seelsorger seine Post durchschaut, während Sie Ihr Problem schildern. Vermutlich würden Sie diesen Seelsorger nie wieder aufsuchen. Wer möchte sich schon mit jemandem unterhalten, der sich ablenken läßt und nicht aufmerksam zuhört?

Vor einigen Jahren entwickelte der Psychologe Allen Ivey ein mit viel Beifall aufgenommenes Ausbildungsprogramm für Lebensberater.[2] Zu diesem Programm gehören zwölf Schritte, die sich allesamt aus etwas ergeben, was Ivey als „aufmerksames Verhalten" bezeichnet. Damit ist gemeint, daß der Berater dem Hilfesuchenden seine ganze Aufmerksamkeit widmet, ihn ermutigt, sich zu öffnen, und durch sein eigenes Verhalten deutlich macht, daß er ganz Ohr ist und sich von anderen Dingen nicht ablenken läßt.

Ivey zufolge gehören zur Aufmerksamkeit mindestens vier Verhaltensweisen: Als erstes *Blickkontakt*. Sehen Sie den Hilfesuchenden an, wenn Sie sich mit ihm unterhalten oder ihm zuhören. Zeigen Sie Ihre Aufmerksamkeit durch Ihre *Körpersprache*. Anderen wird sofort klar, daß Sie sich für sie interessieren, wenn Sie sich so hinsetzen, daß Sie ihnen ins Gesicht sehen können, sich ein wenig nach vorne beugen, einen entspannten Eindruck erwecken und mit Ihrem Gesichtsausdruck sowie durch ein gelegentliches Kopfnicken deutlich machen, daß Sie aufmerksam zuhören. Drittens sind *stimmliche Eigenschaften* wichtig, wie zum Beispiel Ihr Tonfall, Ihre Stimmlage und die Lautstärke und Geschwindigkeit, in der Sie sprechen. Schließlich gehört etwas dazu, was Ivey als *verbales Spurhalten* bezeichnet. Es meint, daß Sie beim Thema bleiben, das den Hilfesuchenden beschäftigt, und der Versuchung widerstehen, den Gesprächsgegenstand zu wechseln oder nicht zur Sache gehörige Fragen zu stellen. Es wird Ihnen manchmal begegnen, daß Hilfesuchende selbst das Thema wechseln, vor allem, wenn sie sich in ihrer Haut nicht wohl fühlen. Ein zarter Wink oder eine kurze Anmerkung kann das Gespräch wieder in die richtige Bahn lenken.

Mit alledem verfolgen Sie das Ziel, dem Hilfesuchenden zu ermöglichen, sich zu entspannen, damit er sich zu öffnen vermag. Und vergessen Sie nicht: Sie können weder den Hilfesuchenden noch sein Problem kennenlernen, wenn Sie selbst die ganze Zeit reden. Versuchen Sie statt dessen, ermutigende Zwischenbemerkungen einzustreuen („Das kann ich mir gut denken"; „Jetzt verstehe ich, was Sie meinen"), hin und wieder zu einer ausführlicheren Darstellung der Lage aufzufordern („Erzählen Sie weiter"; „Darüber möchte ich mehr wissen"; „Was geschah als nächstes?") und das bereits Gesagte zusammenfassend zu wiederholen, um sicherzugehen, daß Sie alles wirklich verstanden haben.

Stellen Sie fest, daß Sie selbst zu viel reden — ein Fehler, der vielen Seelsorgern unterläuft —, dann fragen Sie sich, warum. Wir reden oft zu viel, wenn wir verlegen sind oder nicht wissen, was wir eigentlich sagen sollten. Effektive Seelsorge setzt voraus, daß wir es verstehen, den Hilfesuchenden zum Reden zu bewegen und selbst aufmerksam zuzuhören.

Zuhören

Jesus konnte mit großer Geduld zuhören (Lukas 24,13-24), obwohl ihm Persönlichkeit und Probleme der Leute, mit denen er sich unterhielt, von vornherein bekannt waren. Vielleicht wollte er dadurch auf den therapeutischen Wert eines seelsorgerlichen Gesprächs hinweisen: Es kann sehr wohltuend sein, seine Sorgen in Worte zu kleiden und sie einem anderen mitzuteilen (siehe Jakobus 5,16).

Wenn wir gut zuhören, versetzen wir uns in die Lage, andere mit ihren Problemen zu verstehen. Darüber hinaus fördert das Zuhören eine positive Haltung, macht unsere Fürsorglichkeit deutlich und zeigt, daß wir uns wirklich für den anderen interessieren und bereit sind, seine Lasten mit ihm zu teilen (Galater 6,2; Jakobus 1,19). Oftmals empfindet der Hilfesuchende schon unsere Bereitschaft, ihm zuzuhören, als hilfreich, weil er dadurch Gelegenheit bekommt, offen über ein Problem zu sprechen und seine Gefühle oder Gedanken in Worte zu kleiden.

In Tabelle 3-1 sind einige allgemeine Richtlinien für das Verhalten beim Zuhören zusammengefaßt. Denken Sie allerdings daran, daß es einem guten Zuhörer nicht nur darum geht, auf Gesprochenes zu reagieren. Er achtet ebenso auf den Gesichtsausdruck seines Gesprächspartners sowie auf mögliche Tränen, Schwankungen der Stimme, Gefühlsäußerungen, Veränderungen in der Körperhaltung und andere Hinweise auf das, was im Inneren des anderen vor sich geht. Wir möchten hören, was der Hilfesuchende zu sagen hat, möchten jedoch ebenfalls etwas über seine Empfindungen, seinen Standpunkt, seine Einstellung und seine Erwartungen erfahren.

Tabelle 3-1 **Richtlinien für das Verhalten beim Zuhören**

1. Bereiten Sie sich auf das Zuhören vor.	Manchmal fängt jemand ohne jegliche Vorwarnung an, über ein Problem zu sprechen. Haben Sie aber die Möglichkeit, sich vorzubereiten, dann sollten Sie sich körperlich wie mental auf das Gespräch einzustellen versuchen. Rein körperlich betrachtet ist das Zuhören Schwerstarbeit; ruhen Sie sich deshalb möglichst aus, ehe Sie sich mit einem Hilfesuchenden treffen. Nehmen Sie beim Zuhören eine entspannte Haltung ein, seien Sie jedoch nicht zu lässig, denn das könnte zu Müdigkeit oder Schläfrigkeit führen und

Tabelle 3-1 **Richtlinien für das Verhalten beim Zuhören**

	den Eindruck erwecken, Sie würden die Probleme des Hilfesuchenden nicht ernst nehmen. Bereiten Sie sich mental auf das Gespräch vor, indem Sie ein Buch oder einen Zeitschriftenartikel über das zu erörternde Problem lesen. Ein gutinformierter Zuhörer ist in der Lage, sensibel auf seinen Gesprächspartner einzugehen und ihm deshalb um so besser zuzuhören.
2. Überprüfen Sie Ihre Einstellung zum Zuhören.	Behalten Sie folgende Punkte im Gedächtnis: — Sie werden ein besserer Zuhörer sein, wenn Sie die Wichtigkeit des Zuhörens erkannt haben und deshalb wirklich zuhören möchten. — Durch Zuhören erfährt man nicht nur neue Informationen und Gedanken, sondern lernt auch Menschen kennen. Je intensiver wir zuhören — und dabei auf voreilige Schlußfolgerungen verzichten —, um so besser werden wir unseren Gesprächspartner verstehen. — Sich zu konzentrieren fällt niemandem leicht; um wirklich zuhören zu können, bedarf es Selbstdisziplin. — Das Zuhören ist ebenso wichtig wie das Reden; wer nicht zuhören kann, wird vermutlich auch nichts Besonderes zu sagen haben (siehe Jakobus 1,19). — Auch Gesprächspausen können nützlich sein, sofern wir der Versuchung widerstehen, sie mit Geplauder zu füllen. Hilfesuchende brauchen häufig Zeit zum Nachdenken, und genau diesem Zweck dienen Gesprächspausen — auch wenn sie peinlich wirken. — Wer gelernt hat, auf andere zu hören, hat sich damit in die Lage versetzt, auf Gott zu hören.
3. Achten Sie sowohl auf das Gesagte als auch auf die Art des Vortrags.	Was der Hilfesuchende sagt, ist wichtig; ebenso die Art, wie er es mitteilt. Achten Sie besonders auf Tränen, Zittern, häufige Änderungen der Sitzhaltung sowie Schwankungen der Stimme, der Sprechgeschwindigkeit und der Atemfrequenz. Notieren Sie, wann diese auftreten: Sie sind ein zuverlässiger Hinweis darauf, daß der Hilfesuchende über ein Thema spricht, das ihm besonders nahegeht.

Tabelle 3-1 **Richtlinien für das Verhalten beim Zuhören**

4. Seien Sie sich der eigenen Gefühle bewußt.	Sie werden sich von Zeit zu Zeit überwältigt, zornig, bedroht oder traurig fühlen. Hören Sie trotzdem weiter zu, auch wenn Ihnen die Situation peinlich ist oder Ihnen das, was Sie zu hören bekommen, nicht gefällt. Fragen Sie sich lieber, warum Sie so reagieren. Lassen Sie den anderen reden; üben Sie sich derweil in Geduld.
5. Lassen Sie sich nicht ablenken.	Unsere Aufmerksamkeit wird durch Geräusche, durch Dinge, die wir sehen, sowie durch abschweifende Gedanken abgelenkt. Widersetzen Sie sich möglichst derartigen Ablenkungen. Denken Sie darüber nach, weshalb Sie sich haben ablenken lassen.
6. Ermutigen Sie den Hilfesuchenden, weiterzureden.	Ein Kopfnicken, ein verständnisvolles „Ach ja", eine gelegentliche Zusammenfassung oder Wiederholung dessen, was der Hilfesuchende gerade gesagt hat, ein kurzer Einwurf wie: „Erzählen Sie mir mehr darüber" — das alles wird Ihr Gegenüber ermutigen, weiterzureden. Er wird sich vermutlich noch bereitwilliger mitteilen, wenn Ihre Haltung und Ihr Gesichtsausdruck deutlich machen, daß Sie das Gesagte aufschlußreich und wichtig finden.
7. Vergessen Sie nicht, daß Sie schneller denken können, als der Hilfesuchende reden kann.	Sie können deshalb über das nachdenken, was Sie zu sehen und zu hören bekommen, das Gehörte auswerten und sich fragen, was der Hilfesuchende Ihnen wirklich mitteilen möchte — oder möglicherweise vor Ihnen zu verbergen versucht.
8. Seien Sie insbesondere am Anfang des Gesprächs sparsam mit Fragen.	Meiden Sie tunlichst die Frage: „Warum?", denn sie kann einen Hilfesuchenden dazu verleiten, sein Verhalten erklären oder rechtfertigen zu wollen. Damit würde von dringenderen, eher gefühlsbezogenen Themen abgelenkt.
9. Versuchen Sie, den Hilfesuchenden nicht zu unterbrechen.	
10. Halten Sie keine Moralpredigten; erteilen Sie keine Ratschläge; lassen Sie sich nicht auf Streitgespräche ein.	

Tabelle 3-1 **Richtlinien für das Verhalten beim Zuhören**

11. Achten Sie auf wiederkehrende Themen.	Tauchen im Verlauf des Gesprächs bestimmte Themen, Redewendungen oder Namen wiederholt auf, können diese sich als Schlüssel zu wichtigen Problembereichen erweisen.
12. Lassen Sie sich nicht durch Neugier zu ungehörigen Fragen hinreißen.	Durch Zuhören verfolgen Sie das Ziel, den Hilfesuchenden zu verstehen und ihm beizustehen — nicht aber, Ihre Neugier, Ihre Begierden oder Ihre persönlichen Bedürfnisse zu befriedigen.

Es kann hilfreich sein, sich beim Zuhören und Beobachten gewisse Fragen zu stellen. So könnten Sie beispielsweise überlegen: „Handelt es sich bei dem, was mir hier erzählt wird, um das eigentliche Problem, oder geht es um etwas anderes?" Fragen Sie sich, ob Ihnen der Hilfesuchende möglicherweise gewisse Einzelheiten seiner Geschichte verschweigt. Was bringt er durch sein Verhalten und seine Worte wirklich zum Ausdruck? Es ist nicht unsere Aufgabe, dem Hilfesuchenden zu mißtrauen oder wie Sherlock Holmes nach verborgenen Hinweisen zu schnüffeln. Dennoch müssen wir uns vor Augen halten: Was wir zu sehen und zu hören bekommen, kann durchaus Ausdruck eines tieferliegenden Problems sein.

Jedes Elternteil weiß: Ein Baby, das schreit, will damit sagen: „Ich fühle mich unwohl." Den Eltern bleibt es dennoch nicht erspart, den Grund dafür herauszubekommen. Krankenschwestern stellen häufig fest, daß schwierige Patienten, die ständig Forderungen stellen, damit signalisieren: „Ich habe die Kontrolle über meine Situation verloren und weiß nicht, was ich tun soll." oder: „Ich habe Angst." Manchmal müssen wir beim Zuhören den Augenschein hinterfragen, um herauszubekommen, was der Hilfesuchende uns eigentlich mitteilen möchte.

Zuhören ist deshalb keine rein passive Angelegenheit, der wir uns nur halbherzig zu widmen brauchen. In Büchern für Lebensberater ist häufig vom aktiven Zuhören die Rede, weil effektives Zuhören höchste Konzentration und Aufmerksamkeit erfordert.

Wo die Bereitschaft fehlt, die Mühe des Zuhörens auf sich zu nehmen, kann sich dies als großes Hindernis für die Seelsorge erweisen. (Das gilt natürlich ebenso für die Evangelisation und die Jüngerschulung.) Wer immer nur selbst redet, wird die Nöte, Kämpfe und Fragen seines Gegenübers nicht verstehen. Wer schnell dabei ist, Ratschläge zu erteilen oder

Lösungen vorzuschlagen, wird wahrscheinlich unbewußt das eigene seelsorgerische Bemühen hintertreiben. Der kluge König Salomo sagte: „Wer antwortet, ehe er hört, dem ist's Torheit und Schande" (Sprüche 18,13).

Ich lernte einen Berater kennen, der nicht zuhören mochte, weil es ihm, wie er sagte, zuwider sei, „ein Abfalleimer für die Einzelheiten der Sünde und des Versagens anderer" zu sein. Für seinen Widerwillen hatte ich Verständnis. Unschuld und Reinheit zieren einen Seelsorger (Matthäus 10,16; 1. Korinther 14,20), und es ist weder hilfreich noch erbaulich, ein Fachmann auf dem Gebiet der Sünde zu sein. Deshalb sollten Sie manchmal folgenden Satz verwenden: „Ich glaube, Sie haben mich damit ausreichend unterrichtet; es ist nicht nötig, die Situation in allen Einzelheiten zu schildern." Achten Sie jedoch darauf, daß Sie nicht zu früh auf die Bremse treten. Damit könnten Sie das Gespräch abwürgen und sich auf diese Weise um seelsorgerlich wertvolle Informationen bringen. Wohlgemerkt: Der Bekannte, der sich darüber beklagte, ein Abfalleimer zu sein, ist kein Berater mehr. Als er aufhörte zuzuhören, war er nicht mehr fähig, anderen zu helfen.

Zum Reden ermutigen

Manchmal setzen wir bestimmte Techniken ein, um einen Hilfesuchenden zum Reden zu ermutigen. Vielleicht möchten wir, daß er uns seine Gefühle oder Gedanken mitteilt oder uns erzählt, was in der Vergangenheit unternommen — oder unterlassen — worden ist, um das Problem zu lösen. Gelegentlich kommt es in solchen Situationen vor, daß Hilfesuchende schweigen. Sie scheinen sich unwohl zu fühlen und sind entweder nicht willens oder nicht imstande weiterzusprechen. Es gibt, vor allem für den Neuling auf dem Gebiet der Seelsorge, kaum eine frustrierendere Erfahrung. Dennoch kann man versuchen, das Gespräch mit Hilfe eines der folgenden Anstöße wieder in Gang zu bringen. Man kann sie außerdem einsetzen, um Hilfesuchende gedanklich anzuregen, denen das Reden schwerfällt und die möglicherweise davon profitieren würden, die Situation aus einem anderen Blickwinkel zu betrachten.

* Stellen Sie eine Frage oder äußern Sie eine Bitte, auf die nicht mit einem einzigen Wort — mit einem einfachen Ja oder Nein — geantwortet werden kann. So könnten Sie beispielsweise sagen: „Erzählen Sie mir, woran Sie im Moment gerade den-

ken." „Erzählen Sie mir mehr über Ihre Eltern." „Sie meinten, Sie würden mit Ihrem Chef nicht klarkommen. Könnten
Sie das ein wenig konkretisieren?"

* Fassen Sie von Zeit zu Zeit die Situation, wie sie sich Ihnen
  darstellt, kurz zusammen und fragen Sie nach, ob Sie alles
  korrekt wiedergegeben haben. Wenn nicht, bitten Sie den
  Hilfesuchenden, Ihre Darstellung zu verbessern.

* Versuchen Sie es mit einer anregenden Frage oder Bemerkung, die zu einer Fortsetzung des Gesprächs einlädt: „Was
  geschah als nächstes?" „Wie haben Sie dann reagiert?" „Wie
  wird es Ihrer Ansicht nach weitergehen?"

* Bedienen Sie sich einer Verfahrensweise, die Psychologen als
  Reflexion bezeichnen. Damit ist im Grunde nur gemeint, daß
  der Seelsorger das, was der Hilfesuchende auszudrücken
  oder zu empfinden scheint, mit eigenen Worten wiedergibt.
  Zum Beispiel: „Dabei werden Sie sicher ein gutes Gefühl
  gehabt haben!" „Das klingt so, als hätten Sie aufgrund Ihrer
  Handlungsweise Schuldgefühle." „Wenn ich Sie recht verstehe, sind Sie bei diesen Worten wirklich wütend geworden."

* Formulieren Sie die Gedanken des Hilfesuchenden neu. Dies
  ist eine andere Form der Reflexion und schließt Aussagen ein
  wie: „Gehe ich recht in der Annahme, daß Sie sich bei Verabredungen unsicher fühlen?" „Dem, was Sie bisher gesagt
  haben, entnehme ich, daß es Ihnen schwerfällt, mit Ihrer her-
  anwachsenden Tochter zu reden." „Ich habe den Eindruck,
  daß das, was Ihr Chef Ihnen erzählt, Sie vollkommen durch-
  einanderbringt."

* Beschreiben Sie aus Ihrer Sicht das Verhalten des Hilfesuchenden. Einwürfe dieser Art bezeichnet man gelegentlich als
  Sofortrespons, weil der Seelsorger aus seiner Sicht wiedergibt,
  was in diesem Augenblick vor sich geht. So könnten Sie beispielsweise sagen: „Jetzt scheinen Sie sich in einem Zustand
  höchster Spannung zu befinden." „Sie lächeln zwar, doch ich
  habe den Eindruck, daß Sie in Wirklichkeit tief verletzt sind."

Nachdem Sie sich einer dieser Möglichkeiten bedient haben, sollten Sie
dem Hilfesuchenden Gelegenheit einräumen, Ihren Einwurf zu erwidern
— auch wenn er Ihnen dabei auf den Kopf zusagt, daß Sie mit Ihrer Einschätzung seiner Situation vollkommen danebenliegen. Schließlich ver-

folgen wir mit derartigen Einwürfen das Ziel, den Hilfesuchenden dazu zu bringen, seine Gefühle und Gedanken zu äußern und sich ehrlich mit dem eigenen Verhalten auseinanderzusetzen. Auf diese Weise erhalten wir weitere Informationen und können gleichzeitig Mißverständnisse aus der Welt schaffen. Darüber hinaus helfen wir dem Hilfesuchenden, sein Problem aus einem anderen Blickwinkel zu betrachten und dadurch neue Einsichten zu gewinnen. Dies kann zu einem Wandel in seinem Denken oder Verhalten führen.

Jesus bediente sich Bemerkungen dieser Art, als er sich mit den beiden entmutigten Emmausjüngern unterhielt. So fragte er: „Was sind das für Dinge, die ihr miteinander unterwegs verhandelt?" Daraufhin blieben sie mit trauriger Miene stehen. Ihr nichtverbales Verhalten ist Jesus sicherlich aufgefallen. Als nächstes erwähnte einer der beiden, Cleopas mit Namen, die Begebenheiten, die sich in letzter Zeit in Jerusalem zugetragen hätten. Jesus fragte: „Was denn?" Das war eine ausgezeichnete Frage, die in ein intensives Gespräch mündete (Lukas 24,17 ff.).

Stützen

Kaum ein biblisches Gleichnis ist so bekannt wie die Geschichte vom barmherzigen Samariter (Lukas 10,30 ff.). Ein Reisender wurde von Räubern überfallen und zusammengeschlagen. Dann ließen sie ihn halbtot am Straßenrand liegen, wo er einige Zeit später von einem Samariter aufgefunden wurde. Dieser stützte den Verletzten und brachte ihn in eine Herberge, wo er bis zur völligen Genesung gepflegt werden konnte. Jesus forderte seine Hörer am Ende der Geschichte auf: „Geht hin und tut desgleichen!"

Wir tun zumindest etwas Ähnliches, wenn wir Menschen stützend begleiten, die sich in einer Krise befinden oder seelisch verletzt worden sind. Mit dem Wort stützen soll keineswegs angedeutet werden, daß der Seelsorger psychische Krüppel auf eine Weise begleitet, die sie daran hindert, selbst mit ihren Problemen fertig zu werden. Der barmherzige Samariter hat den Verletzten bis zur Herberge begleitet, ihn auf den Weg der Genesung gebracht und sich dann von ihm verabschiedet. Wir sind nicht berufen, Retter zu sein, deren persönliches Selbstwertgefühl von dem ungesunden Bedürfnis bestimmt wird, andere von sich abhängig zu machen.

Von Zeit zu Zeit brauchen wir jedoch alle einen Mitmenschen, an den wir uns anlehnen können. In einem solchen Lebensabschnitt erfahren wir durch einen stützenden Freund oder Berater Ermutigung, Beistand, Wegweisung und manchmal auch materielle Hilfe. Seelsorger, die anderen eine geistliche oder psychische Stütze bieten, sind sich bewußt, daß es niemandem leichtfällt, sich zu offenbaren, über das eigene Versagen zu sprechen, sündige Gedanken und Handlungsweisen zuzugeben oder einzugestehen, daß ein Problem uns eine Niederlage zugefügt hat. Wer offen über solche Dinge redet, vor allem mit einem Mitchristen, der geht das Risiko ein, abgelehnt, kritisiert oder sogar geächtet zu werden. Deshalb behalten die meisten Menschen ihr Versagen und ihre persönlichen Gedanken für sich. Erzählen wir anderen davon, könnten sie sich abschätzig über uns äußern oder sich gar entsetzt von uns abwenden. Diese Angst vor Kritik oder Ablehnung verführt viele Menschen, Theater zu spielen, um den äußeren Schein zu wahren. Das hat zur Folge, daß die Person, die sich hinter der Maske versteckt, auf persönliche Unterstützung verzichten muß, die jedoch Balsam für ihre Seele wäre.

Die Bibel sagt, daß wir unsere Verfehlungen bekennen sollen, nicht nur im Gebet vor Gott, sondern auch voreinander (Jakobus 5,16). Wenn uns jemand eine Verfehlung beichtet, sollten wir weder schockiert reagieren noch den anderen verurteilen — obwohl wir sündiges Verhalten weder gutheißen noch so tun dürfen, als wäre es belanglos. Ein Christ hat vielmehr mitleidsvoll die Lasten anderer mitzutragen (Römer 15,1; Galater 6,2). Wir freuen uns mit anderen über ihre Siege, müssen aber auch manchmal miteinander weinen (Römer 12,15). Wo es um Sünde geht, ermutigen wir den Hilfesuchenden, sie zu bekennen, und bleiben in seiner Nähe, um ihm Trost und Beistand zu spenden, während er an seiner Einstellung und seinem Verhalten arbeitet. Auf diese Weise stützen wir ihn auf emotionaler und geistlicher Ebene, während er selbst Schritte unternimmt, um zu größerer persönlicher Reife und zu geistlichem Wachstum zu gelangen.

Beeinflussen

Auch wenn ein Seelsorger aufmerksam zuhört, hilfreiche Einwürfe einstreut und den Hilfesuchenden stützt, kann es dennoch vorkommen, daß eine Besserung ausbleibt. Das kommt im Normalfall dadurch, daß das Problem des Hilfesuchenden in einer Verhaltensweise, Einstellung oder Denkweise wurzelt, die unbedingt geändert werden muß. Damit dies eintritt, muß der Hilfesuchende sich mit dem eigenen Verhalten auseinandersetzen. Diesen Prozeß kann der Seelsorger an Hand von gewissen Techniken einleiten und lenken, durch die er den Hilfesuchenden zu beeinflussen vermag.

In einem seiner Seelsorgebücher stellt Jay Adams fest, daß alle Berater einen gemeinsamen Standpunkt vertreten. Wie sehr auch ihre Dogmen auseinandergehen mögen, alle Berater sind sich — auch die Christen unter ihnen — darüber einig, daß das Ziel jeglicher Beratung darin besteht, Menschen zu verändern. „Veränderungen in der Denkweise, dem Gefühlsleben, dem Verhalten, der Einstellung, der Sensitivität, dem Problembewußtsein oder dem Verständnis des Hilfesuchenden herbeizuführen, das ist das Ziel eines *jeden* Beratungsgesprächs."[3]

Wie beeinflussen wir Menschen, damit sie sich ändern? In Tabelle 3-2 werden einige Fertigkeiten aufgezählt, die Seelsorger einsetzen können, um andere zu beeinflussen. Die Liste beginnt mit Vorgehensweisen, mit deren Hilfe der Seelsorger nur ein wenig Einfluß ausübt, geht anschließend jedoch zu Beratungstechniken wie der Konfrontation über, die mehr direktiven Charakter haben.

Tabelle 3-2: **Fertigkeiten, mit denen man einen Hilfesuchenden beeinflussen kann**

1. **Neu formulieren, umschreiben, zusammenfassen.**	Der Seelsorger faßt das Gesagte zusammen oder wiederholt es mit eigenen Worten. So stellt sich dem Hilfesuchenden sein Problem in einem neuen Licht dar.
2. **Rückmeldungen geben**	Manchmal erweist es sich als hilfreich, genaue Angaben darüber zu machen, wie Sie als Seelsorger den Hilfesuchenden einschätzen. Drücken Sie sich dabei möglichst präzise aus. Reden Sie nicht von oben herab auf den Hilfesuchenden ein; bleiben Sie sachlich. Denken Sie daran, daß die meisten Menschen nur eine derartige Mitteilung zur Zeit verkraften können; erdrücken Sie den Hilfesuchenden nicht. Geben Sie ihm eine Gelegenheit, auf Ihre Bemerkungen einzugehen. Ein Beispiel: „Mary, ich frage mich, ob es Ihnen aufgefallen ist, daß Sie mich jedesmal unterbrechen, wenn ich zu sprechen anfange. Ich vermute, daß andere sich ebenso frustriert fühlen wie ich, wenn sie kaum zu Wort kommen."
3. **Sich selbst offenbaren.**	Zwischendurch teilt der Seelsorger dem Hilfesuchenden seine Empfindungen mit. Es kann von Nutzen sein, wenn der Hilfesuchende weiß, was Sie empfinden. Doch sollten Sie aufpassen,

nicht Ihre eigenen Probleme in den Mittelpunkt zu rücken oder anzudeuten, Ihre Einstellung, Ihre Empfindungen oder Ihre Ansichten seien die einzig richtigen. Wenn Sie etwas über sich selbst mitteilen möchten, könnten Sie Ihre Aussage einleiten mit: „Aus meiner Perspektive ..." „Ich frage mich, ob vielleicht ..." „Mir kommt es so vor, als ..." Oder: „Ich befand mich einst in einer ähnlichen Lage, als ..."

4. Vorschläge machen, Ratschläge und Wegweisung erteilen.

Manchmal brauchen andere Wegweisung, Informationen oder Fertigkeiten, die ihnen helfen werden, effektiver mit ihren Problemen umzugehen. Ratschläge, Wegweisung und Auskünfte sollte man unbedingt respektvoll und mit sanfter Stimme erteilen. Seelsorger machen oft Vorschläge, ohne dem Hilfesuchenden richtig zugehört zu haben. Sie erliegen auch häufig der Versuchung, Befehle zu erteilen — eine Versuchung, die sich immer als besonders stark erweist, wenn wir nichts anderes mehr zu sagen wissen. Die Menschen, an die wir derartige Aufforderungen richten, reagieren verständlicherweise oft ablehnend und ignorieren unseren Rat. Kleiden Sie eine Aufforderung lieber in die Form eines Vorschlags, beispielsweise: „Was halten Sie davon, Ihren Chef persönlich auf die Sache anzusprechen." Oder: „Ich habe einige Vorschläge zu machen, die Ihnen beim Lernen behilflich sein könnten." Räumen Sie dem Hilfesuchenden die Möglichkeit ein, Ihnen zuzustimmen, zu widersprechen oder auf andere Weise zu reagieren.

5. Die Fakten interpretieren.

Dadurch wird dem Hilfesuchenden eine neue, einzigartige Sicht der Dinge ermöglicht. Seien Sie aber vorsichtig, wenn Sie Vorgänge im Leben eines Hilfesuchenden deuten — Sie könnten mit Ihrer Meinung falschliegen. Sagen Sie beispielsweise: „Mir ist aufgefallen, daß sich bei einem Großteil der Probleme, die Sie erwähnt haben, alles um das Thema Autorität dreht. Könnte es sein, daß sich in all diesen Problemen Ihre Tendenz äußert, sich gegen Autoritätspersonen jeglicher Art aufzulehnen?"

Tabelle 3-2: **Fertigkeiten, mit denen man einen Hilfesuchenden beeinflussen kann**

6. Die logischen Folgen einer Verhaltensweise aufzeigen.	Der Seelsorger erklärt, was vermutlich geschehen wird, wenn der Hilfesuchende bei seiner gegenwärtigen Verhaltensweise bleibt. Meiden Sie wiederum die Holzhammermethode. Sie löst fast immer Widerstand aus. Sagen Sie also nicht: „Wenn Sie damit nicht aufhören, werden Sie in der Gosse landen." Versuchen Sie es lieber mit: „Sie haben es sicherlich schon gemerkt: Wenn Sie mit diesem arbeitswütigen Lebensstil fortfahren, werden Sie möglicherweise trotz aller beruflichen Erfolge Ihre Familie verlieren." Das Aufzeigen logischer Konsequenzen kann zu einer Diskussion darüber führen, wie der Hilfesuchende sein Verhalten ändern könnte.
7. Verhaltensmaßregeln treffen; den Hilfesuchenden mit seiner Sünde konfrontieren.	Dem Hilfesuchenden wird unmißverständlich mitgeteilt, was er tun muß, um eine Veränderung herbeizuführen. Dies bedeutet oft, auf Inkonsequenzen, sündige Beziehungen oder andere negative Einstellungen und Verhaltensweisen hinzuweisen, die geändert werden müssen.

Es ist unwahrscheinlich, daß Sie alle diese Seelsorgetechniken bei ein und demselben Hilfesuchenden anwenden müssen. Möglicherweise werden Sie einige dieser Techniken überhaupt nicht verwenden. So sind beispielsweise einige Leute von Natur aus sanftmütig und schrecken vor Konfrontationen zurück — auch da, wo sie vielleicht angebracht wären. Andere wiederum sind, wie ein mit mir befreundeter Berater, sehr mitfühlend und sensibel, doch erlaubt ihnen ihre Persönlichkeit, eine Konfrontation so zu gestalten, daß niemand sich mißachtet oder respektlos behandelt fühlt.

Alle hier besprochenen Seelsorgetechniken können bei Hilfesuchenden Veränderungen auslösen. Doch ist jede Veränderung letztlich auf das Wirken des Heiligen Geistes im Leben des Hilfesuchenden wie des Seelsorgers zurückzuführen. Es ist der Heilige Geist, der den Hilfesuchenden im Rahmen der helfenden Beziehung zu einer Einstellung und einem Verhalten hinführt, die mit der Lehre des Wortes Gottes im Einklang stehen. Ich stimme der Ansicht zu, daß es, welche Probleme der Hilfesuchende auch haben mag, „keine Veränderung geben kann, die für Gott und — auf lange Sicht — für den Hilfesuchenden selbst annehmbar sein wird, wenn nicht zuvor eine positive Veränderung in der Beziehung des Hilfesuchenden zu Gott eingetreten ist … Der christliche Seelsorger hat das Wort Gottes auf eine lebenverändernde Weise weiterzugeben, und zwar so, daß Gott selbst den Hilfesuchenden von innen nach außen verändert."[4]

Konfrontieren

Die konfrontierende Methode ist unter christlichen Seelsorgern umstritten. Viele beratende Seelsorger und kirchliche Mitarbeiter gehen im Anschluß an die personenzentrierten Verhaltensmaßregeln ablehnenden Therapien davon aus, daß eine Konfrontation nur selten, wenn überhaupt nötig ist und sich normalerweise als wirkungslos erweisen wird. Andere dagegen behaupten, kompetente, im Sinne Christi arbeitende Seelsorger müßten Hilfesuchende praktisch nur noch damit konfrontieren, daß sie nicht gemäß dem Worte Gottes leben.

Jesus bediente sich öfters der konfrontierenden Methode. Er konfrontierte die Pharisäer mit ihrer Heuchelei, die Jünger mit ihrem Kleinglauben, Martha mit ihrer übermäßigen Geschäftigkeit und den reichen Jüngling mit seinen unangebrachten Wertvorstellungen. Offensichtlich hielt Jesus die konfrontierende Methode für einen gangbaren Weg im Umgang mit anderen. Diese Ansicht hat die Frühkirche bedenkenlos übernommen. Das wird besonders deutlich an der Stelle, wo Paulus seinen Mitapostel Petrus mit seiner feigen Nachgiebigkeit gegenüber den Vertretern des jüdischen Gesetzes konfrontiert (Galater 2,1-21).

Zur Konfrontation gehört zwar, daß man auf Sünde im Leben einer anderen Person hinweist, doch muß nicht immer die Sünde im Mittelpunkt stehen. So könnten wir einen Hilfesuchenden beispielsweise mit seinem inkonsequenten Verhalten konfrontieren („Sie sagen, daß Sie Ihre Frau lieben, verhalten sich jedoch gemein ihr gegenüber"; „Sie behaupten, sportlich zu sein, spielen jedoch nie mit"), mit seinem überspannten Perfektionismus („Sie möchten erfolgreich sein, doch legen Sie Ihre Maßstäbe so hoch an, daß Sie von vornherein zum Versagen verurteilt sind") oder mit seiner Tendenz, bestimmten Themen auszuweichen („Sie behaupten, daß Sie geistlich wachsen möchten, doch wechseln Sie jedesmal, wenn wir darauf zu sprechen kommen, das Thema").

Einen anderen so zu konfrontieren, daß er sein Verhalten wirklich ändert, ist eine schwierige Aufgabe, die man am besten mit Sanftmut und ohne jegliche Selbstgerechtigkeit vornimmt (Matthäus 7,1; Galater 6,1).

Der Seelsorger muß genug Mut aufbringen, um offenen oder passiven Widerstand seitens des Hilfesuchenden zu verkraften. Dieser wird unter Umständen nur ungern der Wirklichkeit seiner Sünde, seines Versagens oder seiner Inkonsequenz ins Auge blicken. Beachten Sie aber, daß es nicht Ihre Aufgabe ist zu verurteilen, sondern zu helfen; es ist nicht Ihr Ziel, Ärger heraufzubeschwören, sondern eine Heilung herbeizuführen. Manchmal geht einer Heilung eine schmerzvolle Operation voraus; soll sie jedoch erfolgreich verlaufen, muß zuvor das Vertrauen in den „Chirurgen" hergestellt werden.

Ist eine Konfrontation Ihres Erachtens notwendig, sollten Sie dennoch versuchen, den Hilfesuchenden zugleich zu stützen. Sehr wahrscheinlich wird sich dieser im Verlauf der Konfrontation bedroht fühlen. Deshalb ist es angebracht, sie beispielsweise mit folgenden Worten einzuleiten: „Ich halte unsere Beziehung für sehr wertvoll, doch meine ich gerade deshalb, ein etwas schwieriges Thema ansprechen zu müssen . . ." Räumen Sie der Person, die Sie konfrontieren, viele Möglichkeiten ein, entweder verbal oder durch Verhaltensänderungen auf die Konfrontation einzugehen. Betrachten Sie sich selbst und den Hilfesuchenden als gleichwertige Partner, die gemeinsam an einem Problem arbeiten. Als Seelsorger dürfen Sie sich auf keinen Fall als Richter oder Herr über den Hilfesuchenden aufspielen.

Unterweisen

Es handelt sich bei der Lebensberatung und Seelsorge um spezialisierte Formen der Unterweisung. Der Hilfesuchende lernt, anders als bisher zu handeln, zu empfinden und zu denken; der Seelsorger übernimmt dabei die Rolle des Lehrers.

Es gibt viele verschiedene Möglichkeiten, einen anderen zu unterweisen. So kann man ihn beispielsweise belehren, ihm Ratschläge erteilen oder sogar konkrete Anordnungen treffen. Verbale Unterweisung dieser Art erweist sich jedoch meist als wenig wirksam. Im Normalfall ist es weit wirkungsvoller, wenn Verhalten und Lebensstil des Seelsorgers vorbildlich sind; wenn der Seelsorger den Hilfesuchenden bei jeder Besserung lobt und ermutigt oder andere Formen des Reinforcement (Erfolgsbestätigung) einsetzt; und wenn der Seelsorger dem Hilfesuchenden bei der selbständigen Entscheidungsfindung, der Umsetzung einmal getroffener Entscheidungen und der Auswertung seiner Bemühungen stützend zur Seite steht. Hilfreich sind bisweilen auch Rollenspiele, bei denen der

Hilfesuchende in Gegenwart des ihn anleitenden und mit Rückmeldungen versorgenden Seelsorgers ein neues Verhalten einübt. Auf diese Art könnte beispielsweise ein unsicherer junger Mann einüben, wie man ein Mädchen um eine Verabredung bittet. Ebenso könnte ein nervöser Geschäftsmann seine Verkaufspräsentation vor Mitarbeitern der eigenen Firma einüben, ehe er einen potentiellen Großkunden aufsucht.

Mit diesen Techniken haben wir recht umfassend das mögliche Betätigungsfeld des Beraters oder Seelsorgers beschrieben. Die Frage nach den Zielen der Seelsorge ist jedoch mindestens ebenso wichtig. Worauf will der Seelsorger hinaus? Was möchte er durch seine Bemühungen bewirken? Damit kommen wir zum nächsten Prinzip.

Sechstes Prinzip: Zu Jüngern machen

Das höchste Ziel der Seelsorge besteht darin, Hilfesuchende zu Jüngern zu machen, die dann ihrerseits imstande sein sollen, andere zu Jüngern auszubilden. Diese Aussage ist recht mißverständlich und wird von verschiedener Seite scharf kritisiert, weil sie anzudeuten scheint, daß es in der Seelsorge ausschließlich um geistliche Themen gehe und es wichtiger sei, Menschen zu bekehren, als ihnen bei der Bewältigung ihrer Nöte und Probleme behilflich zu sein.

Der Seelsorger kann verschiedene Ziele ins Auge fassen, je nachdem, welche Probleme und Bedürfnisse den Hilfesuchenden bewegen. So kann der Seelsorger beispielsweise

1. sich bemühen, das Verhalten, die Einstellung oder die Wertvorstellungen des Hilfesuchenden zu verändern;
2. ihn im sozialen Verhalten unterweisen;
3. den Hilfesuchenden ermutigen, seine Gefühle zu äußern;
4. ihm Mut machen und ihn stützen;
5. den Hilfesuchenden mit seiner Sünde, seiner Inkonsequenz oder seinem für sich oder andere schädlichen Verhalten konfrontieren;
6. ihm Einsichten vermitteln und ihn bei Entscheidungen lenken;
7. dem Hilfesuchenden verantwortliches Handeln beibringen;
8. ihm finanzielle oder materielle Unterstützung zukommen lassen;
9. den Hilfesuchenden zu geistlichem Wachstum anregen;

10. ihm helfen, seine zwischenmenschlichen Konflikte zu lösen; oder

11. ihm helfen, in Krisenzeiten seine inneren Kraftquellen anzuzapfen.

Diese Liste ist beeindruckend – und wahrscheinlich nicht einmal vollständig. Woher nehmen wir also das Recht zu behaupten, es sei das höchste Ziel der Seelsorge, Menschen zu Jüngern zu machen?

Denken wir einen Augenblick an einen christlichen Arzt. Diesem ist, wie jedem anderen Christen, die Aufgabe anvertraut, Menschen zu Jüngern zu machen. Ein kompetenter Arzt wird sich aber hüten, in der Notaufnahme eine Bibel zu zücken und eine Predigt zu halten. Wie Jesus begegnet ein Arzt den Menschen dort, wo sie sich in ihrer Not gerade befinden. Er macht seine christliche Nächstenliebe durch geschicktes ärztliches Vorgehen deutlich, denn er weiß, daß die Linderung von Leid Jesus ehrt und sich oft auch als erster Schritt in Richtung Evangelisation erweist (Sprüche 14,31; Matthäus 10,42). Ein gläubiger Arzt weicht Glaubensfragen nicht aus, doch ist er sich bewußt, daß ein geistliches Gespräch nicht zu den wichtigsten Elementen einer medizinischen Behandlung gehört. Er hofft, seinen Patienten zu einem späteren Zeitpunkt auf geistliche Themen ansprechen zu können.

Zum Prozeß, Menschen zu Jüngern zu machen, gehören mindestens fünf Schritte. Wir müssen als erstes Kontakt aufnehmen, dann verbal und nichtverbal – durch unser Verhalten – Christus bezeugen, die Person zur Bekehrung führen, ihr helfen, in der Jüngerschaft zu wachsen, und ihr beibringen, wie auch sie andere zu Jüngern machen kann. Dieses Schema ist in mehrfacher Hinsicht für die Seelsorge von Bedeutung.

Erstens kann der Seelsorger an jedem beliebigen Punkt dieser fünf Schritte in das Leben des Hilfesuchenden eintreten. Er kann es also mit einem Nichtchristen zu tun bekommen, der nie das Evangelium gehört hat, ebenso aber mit einem reifen Christen, der seit vielen Jahren in der Nachfolge Jesu lebt und schon viele andere für Jesus gewonnen hat. Einige christliche Berater vertreten die Ansicht, wir müßten uns mit unserem seelsorgerischen Bemühen auf entschiedene Christen beschränken. Dem steht jedoch eine klare Aussage der Bibel entgegen: „Darum, solange wir noch Zeit haben, laßt uns Gutes tun an jedermann, allermeist aber an des Glaubens Genossen" (Galater 6,10).

Zweitens: Auch wenn wir als Seelsorger hin und wieder jemanden durch alle fünf Stufen führen dürfen, begleiten wir die meisten Hilfesuchenden nur kurze Zeit, üben ein wenig Einfluß auf ihr Leben aus – und werden dann von jemand anderem abgelöst. Es kommt durchaus vor, daß eine erste Person den Kontakt knüpft und mit der seelsorgerlichen Beratung anfängt, eine zweite Christus bezeugt, eine dritte den Hilfesuchenden zu Christus führt und die Anleitung zur Jüngerschaft durch weitere Personen erfolgt. Gott bedient sich häufig vieler Einzelpersonen, um Hilfesuchende anzurühren und ihnen die benötigte Hilfe zu gewähren. Diese Wahrheit wird in 1. Korinther 3,4 ff. verdeutlicht, wo Paulus darauf hinweist, daß es manchmal der gemeinsamen Bemühungen mehrerer Christen bedarf, um andere für die Nachfolge zu gewinnen. Als Seelsorger möchten wir unter denen sein, die Gott gebraucht, um andere Menschen anzurühren. Es ist keineswegs unser Ziel, im Leben anderer Macht auszuüben, gewissermaßen Besitz von ihnen zu ergreifen und selbst alles für sie zu erledigen. Wir sind vielmehr bestrebt, langfristig am Prozeß der werdenden und wachsenden Jüngerschaft beteiligt zu sein, indem wir in entscheidenden Augenblicken eingreifen, um einen möglichst positiven Einfluß auszuüben.

Damit eng verbunden ist eine dritte Folgerung. Wie die Jüngerschaft im allgemeinen bezieht auch die Seelsorge den ganzen Leib Christi mit ein. Aus Römer 12, 1. Korinther 12 und weiteren Bibelstellen geht hervor, daß wir Christen als Leib zusammengefügt sind, damit wir einander stützen, helfen und auferbauen und uns gegenseitig die Lasten tragen. Vielleicht haben wir uns zu schnell und zu starrsinnig an den Gedanken gewöhnt, daß Jüngerschulung, Seelsorge und andere Formen des Helfens nur im Rahmen einer Zweierbeziehung möglich sind. In Wirklichkeit aber sollte die christliche Gemeinde eine heilende Gemeinschaft sein, die die Arbeit einzelner Seelsorger wie auch das geistliche Wachstum Hilfesuchender fördert.

Viertens: Wie geistliche Themen allzu häufig ignoriert werden, besteht auch in bestimmten Situationen die entgegengesetzte Gefahr, sie zu schnell und zu abrupt anzusprechen. Manche Hilfesuchende sind von wohlmeinenden, aber draufgängerischen Christen abgestoßen worden, die überstürzt gewisse Verhaltensweisen verurteilt, das Evangelium dargelegt oder Kurzpredigten darüber gehalten haben, wie man eigentlich leben müßte. Ein Seelsorger muß für die Leitung des Heiligen Geistes sensibel sein. Das kann es mit sich bringen, daß geistliche Themen erst nach einiger Zeit, bisweilen sogar überhaupt nicht erwähnt werden. Am Anfang ist es meist besser, zurückhaltend zu sein und sich mit dem Thema Jüngerschaft nicht aufzudrängen.

Fünftens und letztens geht es der „Seelsorge im Dienst der Jüngerschaft" um den ganzen Menschen. Jeder einzelne Mensch ist ein ganzheitliches Individuum. Es kommt selten vor, wenn überhaupt, daß jemand eine rein geistliche Not hat, unter einer rein psychischen Abnormität leidet, einen rein sozialen Konflikt durchzustehen hat oder rein körperlich erkrankt. Wenn etwas mit einem Aspekt des ganzheitlichen Individuums schiefläuft, wirkt sich das auf das gesamte Individuum aus. Auch wenn ein Angehöriger der helfenden Berufe als Mediziner, Psychotherapeut oder geistlicher Berater ausgebildet worden ist, darf er nie vergessen, daß es keineswegs eine scharfe Trennlinie gibt zwischen den geistlichen, den emotionalen, den eher dem Willen zuzuordnenden und den physischen Aspekten einer Person. Ein bestimmtes Symptom mag zwar besonders ins Auge fallen, doch gerät zu solchen Zeiten der gesamte Mensch aus dem Gleichgewicht. Wir dürfen uns also nicht ausschließlich auf die geistlichen Bedürfnisse eines Hilfesuchenden konzentrieren und seine psychischen oder physischen Nöte außer acht lassen: sie gehören zusammen. Der Seelsorger, der dies vergißt, erweist dem Hilfesuchenden wie auch dem Herrn einen schlechten Dienst.

Das sind also die sechs Prinzipien der „Seelsorge im Dienst der Jüngerschaft". Es ging dabei um die Persönlichkeit des Seelsorgers, um die Einstellung des Hilfesuchenden, die Gestaltung der helfenden Beziehung, die Wichtigkeit von Empfindungen, Gedanken und Verhalten, um den Einsatz seelsorgerischer Fertigkeiten und um das Ziel der Seelsorge: Menschen zu Jüngern zu machen. Anschließend wenden wir uns dem Seelsorgeverfahren zu. Dadurch werden wir erkennen, wie sich diese Prinzipien sowie unser helfendes Handeln in der Praxis auswirken.

Anmerkungen

[1] Henri J. M. Nouwen, Gracias! A Latin American Journal. San Francisco: Harper & Row, 1983, S. 91.

[2] Allen E. Ivey, Intentional Interviewing and Counseling. Monterey, Kalifornien: Brooks/Cole, 1988.

[3] Jay Adams, How to Help People Change. Grand Rapids: Zondervan, 1986. S. XI. Siehe ferner: Catherine M. Flanagan, People and Change: An Introduction to Counseling and Stress Management. Hillsdale, New Jersey: Lawrence Erlbaum, 1990.

[4] Adams, How to Help, S. 3 und 7.

4. Das Seelsorgeverfahren

Von Seelsorge ist in der Bibel häufig die Rede. Das wohl deutlichste Beispiel ist das seelsorgerliche Gespräch, das Jesus auf der Straße nach Emmaus führte (Lukas 24,13 ff.). Ein paar Tage nach der Auferstehung waren zwei Leute zu Fuß auf dem Weg in ein etwa elf Kilometer von Jerusalem entferntes Dorf. Die beiden waren bestürzt über die Ereignisse der vergangenen Woche, und im Gehen unterhielten sie sich darüber.

Als Jesus näher kam und sich ihnen anschloß, erkannten sie ihn nicht. Auch merkten sie nicht, daß er sich mehrerer Seelsorgetechniken bediente, um ihnen bei der Bewältigung ihrer Mutlosigkeit behilflich zu sein. In dieser Situation fand die seelsorgerliche Beratung wohlgemerkt nicht in einem Büro statt. Niemand hatte angerufen, um sich einen Termin geben zu lassen; es gab weder ein gerahmtes Diplom an der Wand noch waren irgendwelche Gebühren zu entrichten. Jesus trieb Seelsorge am späten Nachmittag bei einem Spaziergang zu dritt auf einer staubigen Straße.

Zunächst ging Jesus mit den beiden bestürzten Männern und begleitete sie ein Stück Weges. So fand er bald Zugang zu ihnen – weil er sein Interesse an ihrer Not bekundete und sich bereit zeigte, ihnen dort zu begegnen, wo sie sich gerade befanden. Wie Jesus muß auch der heutige Seelsorger die Bereitschaft mitbringen, dorthin zu gehen, wo Hilfesuchende sich befinden. Wenn Sie passiv darauf warten, daß Menschen mit ihren Problemen zu Ihnen kommen, werden Sie Ihre seelsorgerische Tätigkeit wahrscheinlich nur innerhalb enger Grenzen ausüben können.

Ein paar Tage nach dem Tode meiner Mutter, als die Trauerfeier vorbei war, erschienen eines Abends die Mitglieder unseres Hausbibelkreises vor unserer Haustür. Sie hatten zu essen mitgebracht, dazu Trauerkarten und viel Liebe. Während wir gemeinsam um den Tisch saßen, staunte ich über den Trost, den ich in der Gegenwart von Leuten empfand, die in einer für mich streßvollen und traurigen Situation bereit waren, ein Stück weit „neben mir herzugehen".

Nachdem er sich den beiden Reisenden angeschlossen hatte, fing Jesus an, *Fragen zu stellen.* Fragen ordnen wir im Normalfall einer von zwei Kategorien zu: den sogenannten „offenen" Fragen und den „abgeschlossenen" Fragen, auf die im Grunde genommen nur mit Ja oder Nein geantwortet werden kann. Ein Beispiel für diese zweite Kategorie wäre: „Sind Sie verheiratet?" Will man aber ein Gespräch in Gang bringen, sind „offene" Fragen natürlich erfolgversprechender. Jesus stellte gleich zwei solche Fragen. Die erste lautete: „Was sind das für Dinge, die ihr miteinander verhandelt unterwegs?" Als einer der beiden Männer daraufhin meinte, Jesus sei wohl der einzige, der nicht wisse, „was in diesen Tagen ... geschehen ist", fragte Jesus: „Was denn?"

Dadurch begannen die beiden zu reden – und Jesus hörte zu. Da er bereits wußte, was sie betrübt hatte, erfuhr er nichts Neues. Außerdem war er mit ihrer Deutung der Jerusalemer Ereignisse gewiß nicht einverstanden. Dennoch gab er ihnen eine Gelegenheit, sich ihre Enttäuschung von der Seele zu reden, und führte ihnen so die Liebe vor Augen, die ihn in die Welt getrieben hatte, um für Sünder zu sterben. Während sie weitergingen, wird Jesus hin und wieder eine seine Gesprächspartner beeinflussende Aussage eingestreut haben, um das Gespräch in Gang zu halten.

Nach einer gewissen Zeit *konfrontierte Jesus* seine Weggefährten mit ihren falschen Auffassungen und ihrem mangelhaften Schriftverständnis. Dies erfolgte leise und ruhig und wird die beiden zu einer allmählichen Änderung ihrer Denk- und Verhaltensweise angeregt haben. Dann *begann Jesus, sie zu unterweisen.* Er legte ihnen die Bibelstellen aus, in denen ihr Problem erläutert wurde. Seelsorger fungieren bis heute als Lehrer, wenn sie anderen helfen, Irrtümer einzusehen und ihr Denken oder Verhalten zu ändern.

Gegen Ende der Reise *vertiefte Jesus die Beziehung,* als er die Einladung der beiden Emmausjünger annahm, mit ihnen zu essen. Wollen wir anderen auf emotionaler oder psychischer Ebene helfen, dann müssen wir das Risiko einer tieferen Beziehung eingehen. Dabei ist allerdings Vorsicht geboten. In einem späteren Kapitel werden wir uns mit den Schwierigkeiten befassen, zu denen es kommen kann, wenn wir unsere Beziehung zu einem Hilfesuchenden zu intensiv werden lassen.

Wie Sie sicher wissen, nahm die Reise nach Emmaus ein ungewöhnliches Ende. Dabei geschah etwas, was jeder Seelsorger dann und wann für sich selbst wünscht – vor allem dann, wenn die seelsorgerische Beziehung sich als schwierig erweist: Jesus verschwand vor ihren Augen. Damit hat er seine Hilfesuchenden keineswegs im Stich gelassen. *Er ließ sie vielmehr allein, um sie zum Handeln anzuspornen.* Dies ist das höchste Ziel der Seelsorge — andere dahin zu bringen, unabhängig zu handeln und sich nicht länger auf die Hilfe des Seelsorgers zu verlassen.

Man beachte, wie die beiden Jünger reagierten, als sie merkten, daß ihr Seelsorger Jesus war. Bevor sie nach Jerusalem zurückeilten, „sprachen [sie] untereinander: Brannte nicht unser Herz in uns, als er mit uns redete auf dem Wege und uns die Schrift öffnete?" Obwohl sie Jesus nicht erkannt hatten, hatte er sie stark beeindruckt, vor allem durch seinen Umgang mit der Schrift.

Dieser letzte Punkt ist für heutige Seelsorger von besonderer Bedeutung. Jesus ist zwar in den Himmel zurückgekehrt, doch erleben wir als Christen weiterhin die Gegenwart seines Heiligen Geistes. Liefern wir uns ihm aus, dann leitet er uns in der Seelsorge, auch wenn wir uns seiner Gegenwart nicht immer bewußt sind. Manchmal merken wir allerdings, während wir biblische Seelsorge treiben, daß die Kraft Gottes „in uns brennt". Der Schöpfer des Himmels und der Erde läßt uns als christliche Seelsorger nicht allein.

Jesus bediente sich in der Seelsorge einer Vielzahl von Methoden; seine Vorgehensweise auf der Straße nach Emmaus ist nicht die einzig mögliche. So führte Jesus beispielsweise spät in der Nacht mit Nikodemus eine intellektuelle Diskussion über theologische Fragen. Er ermutigte und stützte die furchtsame Frau mit dem Blutfluß, konfrontierte die Frau am Brunnen mit ihrem unsittlichen Lebenswandel, wies die Ehebrecherin an, hinfort nicht mehr zu sündigen, übte an den stolzen Pharisäern harsche Kritik, bereitete seine Jünger auf die Zukunft vor, indem er sie zu zweit aussandte, und lebte selbst christliches Leben auf vorbildliche Weise vor.

Wer als Seelsorger in die Fußstapfen Jesu treten will, muß unbedingt in enger Gemeinschaft mit Gott leben. Wir müssen uns regelmäßig Zeit für das Gebet und für das Meditieren über die Schrift nehmen, im täglichen Leben die Sünde meiden und unsere Verfehlungen bekennen. In unserem Dienst am Nächsten müssen wir bereit sein, dem anderen dort zu begegnen, wo er sich gerade befindet, ihn auch dann zu lieben, wenn sein Verhalten alles andere als liebenswürdig ist, ihm ein gottgefälliges Leben vorzuleben und nicht zuletzt Seelsorgetechniken anzuwenden, die mit der Schrift im Einklang stehen. Es ist unser Verlangen, beim Hilfesuchenden ein Verhalten, eine Denkweise und Gefühle zu wecken, die mit dem Worte Gottes möglichst übereinstimmen.

An dieser Stelle ist allerdings zur Vorsicht zu mahnen. Bei jeder der hier beschriebenen Vorgehensweisen, auch beim Seelsorgeverfahren Jesu auf der Straße nach Emmaus, wird vorausgesetzt, daß der Seelsorger dem Hilfesuchenden länger zuhört und auf diese Weise eine positive Begegnung aufbaut. Am Anfang ihres Weges stehende Berater und Seelsorger setzen sich häufig aus lauter Begeisterung — oder aus dem Wunsch heraus, besonders hilfreich zu sein — unter Druck und meinen, sie müßten sich unter allen Umständen Lösungen einfallen lassen. Bisweilen drängen sie Hilfesuchende, zu handeln, obwohl diese dazu noch nicht imstande sind. Um ein Problem lösen zu können, bedarf es zumeist über einen längeren Zeitraum hinweg des Zuhörens, des Verständnisses und einer gründlichen Untersuchung des Problems. Damit wären wir beim Seelsorgeverfahren.

Schritte zur Seelsorge

Seelsorge kann eine sehr schwierige Aufgabe sein. Auch wenn wir uns noch so viel Mühe geben, widersetzen sich andere manchmal unserem Einfluß oder verweigern die Mitarbeit. Probleme sind häufig tiefverwurzelt und so vielschichtig, daß nur noch ein Experte auf dem Gebiet der Lebensberatung sich den nötigen Durchblick verschaffen kann. Einige Psychotherapeuten vertreten deshalb die Ansicht, anderen eine dauerhafte Hilfestellung zu bieten, sei zwangsläufig ein langwieriger Prozeß. Diesen Therapeuten zufolge wäre es unrealistisch, sich einzubilden, daß Probleme, die möglicherweise über viele Jahre hinweg entstanden sind, in ein paar Stunden oder gar in wenigen Minuten gelöst werden könnten.

Viele Probleme sind tatsächlich so vielschichtig, daß wir sie am besten den Experten überlassen.[1] Doch räumen auch die Experten ein, daß viele Fragen sich lösen lassen, wenn wir uns nach einem systematischen Schema richten. So legt beispielsweise Gerard Egan in einem seiner ausgezeichneten Bücher über effektive Lebensberatung ein aus drei Stufen bestehendes Verfahren zur Problembewältigung dar. Auf der ersten Stufe wird das Problem identifiziert und geklärt, auf der zweiten werden konkrete Ziele gesetzt und auf der dritten wird dem Hilfesuchenden geholfen, diese Ziele praktisch umzusetzen.[2] Carol Lesser Baldwin schlägt aus biblischer Perspektive einen ähnlichen — wenn auch mehr direktiven — Zugang vor. Ihr zufolge ist auf der ersten Stufe Zuhören angesagt, auf der zweiten „Wahrhaftig-Sein" und auf der dritten Unterweisung und Handlungsanweisungen für den Hilfesuchenden.[3] Eine berufsmäßige Beraterin, Catherine Flanagan, faßt eine Fülle von vielschichtigen Informationen für Lebensberater und Seelsorger in zwei Schritten zusammen: der

Identifizierung der Probleme und der Planung beabsichtigter Veränderungen.[4]

Wie wir in der Seelsorge vorgehen, wird meist davon abhängen, mit was für einem Problem wir es zu tun haben, aber auch von der Persönlichkeit des Seelsorgers und des Hilfesuchenden sowie von der Art ihrer gemeinsamen Beziehung. Dennoch können wir das Seelsorgeverfahren in sechs Schritte unterteilen, die uns in unserem Vorgehen als allgemeine Richtschnur dienen können.

ERSTER SCHRITT: *Rapport aufbauen.* Hier sind beim Seelsorger Einfühlungsvermögen, Herzlichkeit, Aufrichtigkeit und Fürsorglichkeit angesagt (Johannes 6,63; 16,7-13; 1. Johannes 4,6).

ZWEITER SCHRITT: *Klären, worum es geht.* Hierzu bedient man sich häufig des Zuhörens, der Ermutigung, des Stützens und einer vorsichtigen Erforschung der Lage anhand von „offenen" Fragen. Man darf sich damit auf keinen Fall übereilen. Versuchen Sie herauszubekommen, was bereits unternommen wurde, um das Problem zu lösen. Seien Sie sich der Empfindungen des Hilfesuchenden bewußt. Versuchen Sie ebenfalls herauszufinden, wie er das Problem gegenwärtig sieht und inwiefern sein eigenes Verhalten zum Problem beiträgt.

Mit alledem soll unterstrichen werden, wie wichtig es ist, Probleme zu untersuchen und zu verstehen, ehe man darangeht, nach Lösungen zu suchen (Römer 8,26; Jakobus 1,19).

DRITTER SCHRITT: *Verschiedene Lösungsvorschläge unter die Lupe nehmen.* Stellen Sie eine Liste der Maßnahmen auf, die der Hilfesuchende möglicherweise ergreifen könnte, und gehen Sie sie eine nach der anderen mit ihm durch. Hin und wieder kann es sich als hilfreich erweisen, ein Brainstorming durchzuführen, bei dem Sie gemeinsam mit dem Hilfesuchenden Lösungsvorschläge erarbeiten und diese auswerten (Johannes 14,26; 1. Korinther 2,13).

VIERTER SCHRITT: *Veränderungen anregen,* indem Sie sich für bestimmte Maßnahmen entscheiden und diese auch ergreifen. Zu diesen Maßnahmen werden unter Umständen Konfrontation, Unterweisung und der Einsatz von den Hilfesuchenden beeinflussenden Fertigkeiten gehören. Der Hilfesuchende wird sich vielleicht damit einverstanden erklären, sein Denken und Verhalten zu ändern. Dies ist oftmals der beste Weg, seinen Gefühlen oder Empfindungen eine andere Prägung zu geben. Wenn allem Anschein nach mehrere Alternativvorschläge durchführbar sind, sollte sich der Hilfesuchende versuchsweise für eine Maßnahme entscheiden und sich in diese Richtung bewegen. Bei allem muß sich der christliche Seelsorger ebenso wie der Hilfesuchende nach der

Leitung des Heiligen Geistes ausstrecken (Johannes 16,3; Apostelge-schichte 10,19 f.; 16,16; Hebräer 10,24).

FÜNFTER SCHRITT: *Ergebnisse auswerten*, um festzustellen, ob eine Maßnahme greift und ob es lohnt, sie noch einmal anzuwenden oder auf andere Weise einzusetzen.

SECHSTER SCHRITT: *Die Beziehung beenden* – und den Hilfesu-chenden ermutigen, das Gelernte in Eigenverantwortung umzusetzen (Römer 8,14).

Ich finde es hilfreich, mir dieses Verfahren als Kreis vorzustellen. Der erste Schritt gewährt uns Zutritt zum Kreis – und bleibt auf der gesamten zurückzulegenden Strecke wichtig. Manchmal müssen wir diese Strecke wiederholt zurücklegen, ehe wir zum sechsten Schritt übergehen kön-nen. Selbst wenn wir soweit sind, kann es sich trotzdem irgendwann als nötig erweisen, wieder in den Kreis einzutreten. Das alles wird in Tabelle 4-1 veranschaulicht. Halten Sie sich dieses Modell vor Augen, dann wird es für Sie in Ihrer seelsorgerischen Tätigkeit richtungsweisend sein.

Wie dies funktioniert, können wir am Beispiel der Entscheidungsfin-dung verdeutlichen. Probleme sind natürlich selten so einfach oder so erkenntnisbezogen, wie das hier dargestellte, doch wird Ihnen das Bei-spiel helfen, sich die sechs Schritte einzuprägen.

Bei der Entscheidungsfindung helfen

Was war Ihrer Ansicht nach die wichtigste Entscheidung, die Jesus jemals traf? Die Meinungen gehen in diesem Punkt auseinander. Meines Erach-tens müßte die Wahl der zwölf Jünger ziemlich weit oben auf der Liste stehen. Jesus hatte vor, diese Männer intensiv zu unterweisen und ihnen anschließend das gesamte Werk der Evangeliumsverkündigung und der Gemeindegründung anzuvertrauen. Er wird sicherlich viele Stunden im Gebet verbracht haben, ehe er seine endgültige Wahl traf.

Eine Entscheidung zu treffen, ist nicht einfach – vor allem dann nicht, wenn es sich dabei um eine wichtige, den Verlauf unseres ganzen Lebens beeinflussende Entscheidung handelt. Der weise König Salomo weist in seinen Schriften darauf hin, wie wichtig es ist, den Rat anderer einzuho-len, ehe man eine Entscheidung von großer Tragweite fällt (Sprüche 11,14; 15,22; 20,18). Bisweilen werden Sie selbst bei einer anderen Person oder einer Beratergruppe um Rat nachfragen; und manchmal wird jemand Sie um Ihren Rat bitten. Wie verhält man sich in einer solchen Situation?

Tabelle 4-1

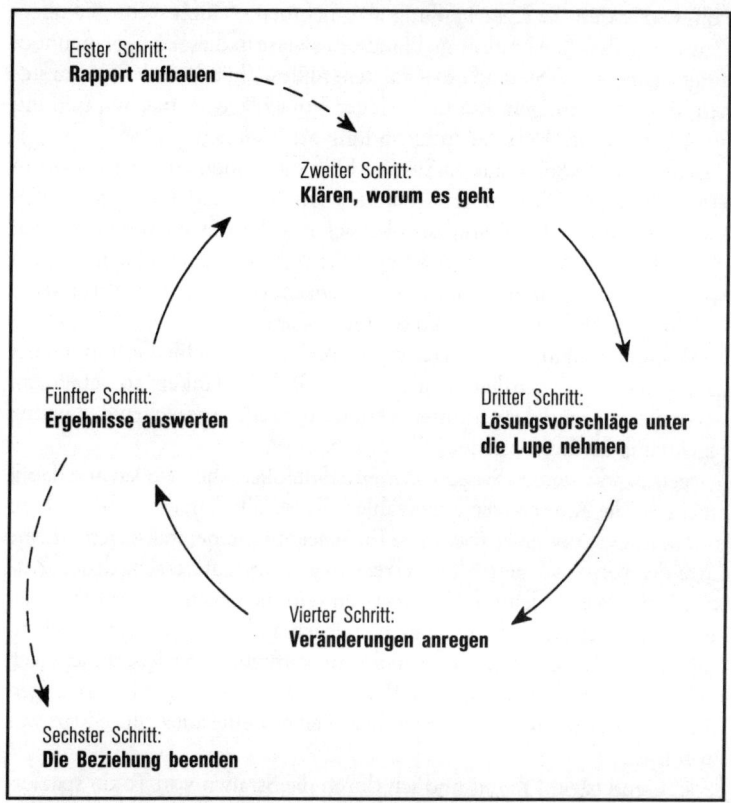

Erster Schritt:
Rapport aufbauen

Zweiter Schritt:
Klären, worum es geht

Fünfter Schritt:
Ergebnisse auswerten

Dritter Schritt:
Lösungsvorschläge unter die Lupe nehmen

Vierter Schritt:
Veränderungen anregen

Sechster Schritt:
Die Beziehung beenden

Bei meinen Vortragsreisen ins Ausland nehme ich am liebsten meine Frau als Begleiterin mit. Ist das nicht möglich, reise ich manchmal mit einem meiner Studenten oder mit einem befreundeten Berater. Bei einer Reise nach Tokio wurde ich von einem jungen Studenten begleitet, der mir während des Fluges anvertraute, daß er hin und her überlegt, ob er seine Freundin heiraten solle oder nicht. Während der gemeinsamen Reise hatten wir viel Zeit zum Reden, und ich konnte beobachten, wie mein junger Freund sich mit seiner Entscheidung herumschlug.

Sehen Sie sich noch einmal Tabelle 4-1 an. Auch wenn zwischen Ihnen und dem Hilfesuchenden — wie zwischen mir und meinem Studenten — bereits eine gute Beziehung besteht, sollten Sie weiter daran arbeiten, ihn zu ermutigen und zu stützen. Das ist der *erste Schritt*. Denken Sie daran, daß es *nicht* Ihre Aufgabe ist, etwa Anweisungen zu erteilen oder dem Hilfesuchenden die Entscheidung abzunehmen — auch wenn Sie überzeugt sind, daß eine bestimmte Handlungsweise in dieser Situation unbedingt richtig wäre. Sie sind dazu da, dem Hilfesuchenden zur Seite zu stehen, ihn zu ermutigen, hin und wieder Vorschläge zu machen und ihn beim Prozeß der Entscheidungsfindung zu begleiten.

Beim *zweiten Schritt* bitten Sie den Hilfesuchenden zu klären, worum es wirklich geht. Welche Entscheidung ist zu treffen? Und bis zu welchem Zeitpunkt? Mein Student, der sich mit der Frage einer möglichen Heirat herumschlug, hatte sich keine Frist gesetzt, doch machte er sich Sorgen, seine Freundin könne des Wartens müde werden. Es bestand die Gefahr, sich für einen anderen zu interessieren.

Gleich zu Anfang dieses Klärungsprozesses sollten Sie Gott im Gebet darum bitten, Sie zu leiten und Ihnen klare Gedanken zu schenken. Beten Sie während des gesamten Verlaufs der seelsorgerlichen Beziehung regelmäßig in diesem Sinne.

Irgendwann werden Sie zum *dritten Schritt* übergehen wollen und damit anfangen, die Alternativen aufzuzählen. Es ist hilfreich, dies schriftlich zu tun. Wenn ich vor einer wichtigen Entscheidung stehe, mache ich oft eine Liste der verschiedenen Alternativen, manchmal auf verschiedenen Zetteln. Dann notiere ich mir die positiven und die negativen Aspekte jeder einzelnen Alternative. Häufig beschäftige ich mich tage-, ja sogar wochenlang damit. Wenn mehr Informationen verfügbar werden, ändert sich meist meine Einschätzung des Für und Wider und wird eindeutiger. Manchmal wird mir beim Durchsehen meiner Zettel auf Anhieb klar, was zu tun ist.

Während mein Freund und ich durch die Straßen von Tokio spazierten, redete er über die Vor- und Nachteile einer Ehe mit seiner Freundin. „Erzählen Sie mir", sagte ich, „welche Vorteile es brächte, dieses Mädchen zu heiraten." Daraufhin erzählte er mir ausführlich über die guten Seiten des Mädchens und über die Vorteile einer Ehe mit ihr. Nach einiger Zeit kehrten wir in einem Café ein, wo ich einen Kugelschreiber zückte und ihn bat, mir die Nachteile einer Eheschließung aufzuzählen. Es fielen ihm aber überhaupt keine ein! Plötzlich wurde uns beiden klar, daß die Entscheidung bereits gefallen war. Er hatte nur einer zweiten Person bedurft, die ihm half, das Ganze zu durchdenken. Die beiden feierten ein paar Monate später eine wunderschöne Hochzeit!

Die meisten Entscheidungen fallen uns nicht so leicht. Nach dem Aufzählen der Alternativen und nach weiterem Gebet gehen der Seelsorger und der Hilfesuchende gemeinsam zum *vierten Schritt* über, dem Aussuchen der anscheinend besten Maßnahme. Dann bewegt sich der Hilfesuchende versuchsweise in diese Richtung.

Um sich diese Reihenfolge einzuprägen, kann man sich den Prozeß der Entscheidungsfindung als „Zustelldienst" des UPS vorstellen: Untersuchen Sie die Situation so lange, bis Sie sie wirklich verstehen; planen Sie alle möglichen Alternativen ein; schreiten Sie zur Tat. Wenn Sie sich für eine bestimmte Maßnahme entschieden haben, ist es an der Zeit, etwas zu tun. Also tun Sie es!

Was aber, wenn es nicht die richtige Entscheidung ist?

Wahrscheinlich ist Ihnen die alte Weisheit bekannt, daß ein in Bewegung befindliches Fahrzeug leichter zu steuern ist als eines, das stehengeblieben ist. Wenn wir unsere Entscheidung in Gebet tränken, schubst uns Gott oft in eine andere Richtung, als wir oder der Hilfesuchende anfänglich hatten einschlagen wollen.

Auch wenn Gott uns nicht zu leiten scheint und wir später zu dem Schluß gelangen, eine falsche Entscheidung getroffen zu haben, können wir immer noch unseren bisherigen Kurs auswerten, um festzustellen, wo wir falsch gelegen haben (damit sind wir beim *fünften Schritt),* und uns anschließend in eine neue Richtung bewegen. Wo das nicht möglich erscheint, stehen wir auf und gehen weiter in der Gewißheit, nach bestem Wissen und Gewissen gehandelt zu haben.

Ein Mentor sein

Manchmal helfen wir anderen auf eine weniger unmittelbare Art, indem wir ihnen als Vorbild dienen. Es kommt häufig vor, daß andere uns beobachten, ohne daß wir es wissen.

In einem seiner Briefe machte der Apostel Paulus diesbezüglich eine erstaunliche Aussage: „Folgt meinem Beispiel, wie ich dem Beispiel Christi!" (1. Korinther 11,1). Der Apostel wußte, was man auch heute feststellen kann: Menschen nehmen sich andere Menschen zum Vorbild. Kinder und Jugendliche ahmen oft ihre Eltern nach — auch wenn ihnen das Verhalten der Eltern nicht gefällt —, Schüler ahmen ihre Lehrer nach, junge Christen werden im Laufe der Zeit wie die älteren, und Geschäftsleute, die am Anfang ihrer Karriere stehen, versuchen, es denen nachzumachen, die bereits erfolgreich sind. Daraus können wir folgendes Fazit ziehen, das Ihnen möglicherweise nicht behagen wird: *Es ist durchaus wahrscheinlich, daß einzelne Personen oder sogar ganze Gruppen von Menschen Sie beobachten und Ihnen immer ähnlicher werden.*

Ein Mentor — was ist das?

Der Begriff Mentor hat seit einigen Jahren seine alte Beliebtheit wiedererlangt. Ihn griff kürzlich Ted Engstrom, ehemaliger Vorsitzender der Hilfsorganisation World Vision, aus christlicher Sicht auf. Ihm zufolge ist ein Mentor eine Person, die meist älter ist als ihr Schützling und „eine Vorbildfunktion ausübt, den Schützling bei besonderen Projekten beaufsichtigt und ihm in vielen Bereichen — Disziplin, Ermutigung, Korrektur, Konfrontation, Aufforderung zu verantwortlichem Handeln — persönlich beisteht".[5] Es gibt hierfür viele biblische Beispiele: Mose unterwies Josua und Naëmi Ruth; Elia wurde für Elisa zum väterlichen Freund; Elisabeth nahm Maria auf; Priszilla und Aquila unterwiesen Apollos; und Barnabas unterwies Paulus, der seinerseits Timotheus in Glaubensdingen unterrichtete. Im Gegensatz zu den meisten von uns hatte Jesus eine ganze Gruppe von Schützlingen: seine Jünger. Er baute sie auf, korrigierte sie, förderte sie, bildete sie aus und zeigte ihnen, was es heißt, als Nachfolger Christi zu leben. Jesus war der vollkommene Mentor — ein Vorbild, dem wir als Seelsorger nacheifern können.

Es ist nicht so, daß man als Mentor immer nur dasselbe tut. Ein Mentor erteilt manchmal Einzelunterricht oder beaufsichtigt die Arbeit eines anderen, doch wird er auch selbst beobachtet und übt eine Vorbildfunktion aus. Manchmal kennt der Mentor seine Schützlinge gut, manchmal weniger, oder wir haben gar einen Mentor, den wir nie persönlich kennengelernt haben.[6] Wie dem auch sei, jeder Christ benötigt Engstrom zufolge einen Mentor, einen Schützling und einen gleichaltrigen Freund. Dabei profitiert der Mentor ebenso von der Beziehung wie sein Schützling. Es könnte gut sein, daß wir in der Ewigkeit feststellen: Das Wichtigste, was wir in diesem Leben je getan haben, war, Mentor zu sein, ein Vorbild, ein älterer Freund und ein Förderer anderer. Das alles ist ein wesentlicher Aspekt der Seelsorge.

Mentoren und Seelsorger

Es gibt keine Regeln, die man nur befolgen muß, um Mentor zu werden. Dennoch können Sie ein paar Dinge tun.

Denken Sie als erstes über die Menschen nach, die Ihnen zum Mentor geworden sind. Das habe ich vor kurzem selbst getan. Ich notierte mir die Namen der Personen, die mein Leben am meisten beeinflußt haben. Es waren Menschen dabei, die ich gut kannte; andere habe ich aus der

Ferne als „Helden" verehrt und versucht, ihrem Beispiel zu folgen — obwohl mir dies nicht immer bewußt war. Wenn Sie über die Menschen nachgedacht haben, die Ihr Leben am nachhaltigsten geprägt haben, wird es Ihnen leichter fallen, darüber nachzudenken, wie Sie Ihrerseits das Leben anderer beeinflussen können.

Überlegen Sie als nächstes, wer vielleicht heute zu Ihnen aufschaut und Ihrem Vorbild nacheifert. Es kann sich bei Ihren „Schützlingen" um Ihre Kinder oder um andere Familienmitglieder handeln, oder aber um Mitglieder Ihrer Kirchengemeinde, um Arbeitskollegen oder, falls Sie Lehrer oder Lehrerin sind, um Ihre Schüler oder Studenten. In Büchern über die beratende Seelsorge wird nur selten hervorgehoben, daß der Seelsorger gleichzeitig Mentor sein sollte. Es ist dennoch wahrscheinlich, daß einige der Menschen, denen Sie als Seelsorger beistehen, zu Ihnen als ihrem Mentor aufschauen werden.

Während ich die letzten Absätze zu Papier brachte, wurde ich durch einen Anruf unterbrochen. Am Apparat war einer meiner ehemaligen Studenten, der mir von einem kürzlichen Todesfall in seiner Familie berichtete. Während des Gesprächs erwähnte er, daß ich während seiner Studienzeit für ihn ein Mentor war, dessen Vorbild er nachgeeifert habe. Seine Worte erinnerten mich daran, wie schnell andere uns zum Vorbild nehmen — vor allem in Zeiten der Trauer, oder wenn sie innere Kämpfe durchzustehen haben.

Möchten Sie ein guter Mentor sein, sollten Sie versuchen, dem Beispiel des Apostels Paulus zu folgen. Er selbst gab sich große Mühe, wie Christus zu leben (1. Korinther 11,1). Die jungen Christen, die damals zu Paulus aufschauten, werden sein Gebetsleben, sein ständiges Forschen in der Schrift und sein konsequentes Verlangen, dem Herrn zu dienen, erkannt haben. Gute geistliche Mentoren ordnen alles dem einen Ziel unter, ein guter Christ zu sein. Dabei übernimmt oftmals Gott die Führung, indem er uns Menschen über den Weg schickt, denen wir als Mentoren dienen können, und indem er anderen zeigt, sich uns zum Vorbild zu nehmen.

Wenn Sie Mentor sein möchten, sollten Sie Gott bitten, Sie zu jemandem zu führen, den Sie ermutigen und fördern können, ohne ihn mit Ihrer Fürsorge zu erdrücken. Die besten Mentoren erkennen die Fähigkeiten ihrer Schützlinge, wünschen ihnen von Herzen Erfolg, freuen sich mit ihnen, wenn dieser eintritt, beneiden sie nicht um ihre Leistungen, beten regelmäßig für sie, stellen sie gelegentlich zur Rede — und stehen ihnen auch dann zur Verfügung, wenn es von ihnen Opfer verlangt.

In einem seiner Briefe an Timotheus schildert Paulus treffend den christlichen Mentordienst: „So sei nun stark, mein Sohn, durch die

Gnade in Christus Jesus. Und was du gehört hast vor vielen Zeugen, das befiehl treuen Menschen an, die tüchtig sind, auch andere zu lehren" (2. Timotheus 2,1 f.).

Wir alle können anderen helfen, ohne Mentor zu sein. Beim Mentor-Sein aber handelt es sich um eine besondere Art der Seelsorge, die uns zwar viel abverlangt, sich aber als eine sehr dankbare Aufgabe erweist.

Wo fangen wir an?

Vor einiger Zeit las ich die Geschichte eines Elektrikers namens Richard, der angeheuert wurde, um beim Umbau eines alten Bürogebäudes mitzuhelfen. Richard war äußerst redselig, und nach einer Weile wurde er mit dem Spitznamen „Motor-Maul" belegt. Er mußte zu jedem Thema seinen Senf dazugeben. Weil er viel lachte, war er trotz seines ständigen Gelabers ein sympathischer Mensch.

Etwa ein Jahr nach dem Abschluß der Umbauarbeiten entschlossen sich die Eigentümer des Gebäudes zu einigen weiteren Veränderungen und fragten an, ob Richard auch diesmal die Kabel verlegen könne. Aber „Motor-Maul", der Mann, der ständig plauderte und immer zu einem Scherz aufgelegt war, stand nicht mehr zur Verfügung. Eines Vormittags war er nach einer Auseinandersetzung ins Schlafzimmer gegangen und anschließend in die Küche zurückgekehrt, wo seine Frau gerade am Spülbecken stand. Er tippte ihr auf die Schulter, und als sie sich umdrehte, sah sie, wie er die Pistole gegen die eigene Schläfe gedrückt hielt und abfeuerte.

„Ich hatte ihn schon oft gefragt, wie es ihm gehen würde", schreibt Bob Benson, „aber vermutlich nie so, daß er mir offen antworten wollte."

Benson meinte, das Leben ähnelt für viele unter uns einer Fahrt mit dem Autoskooter auf dem Jahrmarkt. „Wir fahren mehr oder weniger zufällig aufeinander zu, wir lächeln uns an, es rumst, und wir fahren weiter."

„Tag, Motor-Maul." *Rums! Rums!*

„Wie geht's denn so?" *Rums! Rums!*

„Danke, bestens. Alles in Butter!" *Rums! Rums! Rums!*

„Und jemand stiehlt sich davon und stirbt, weil es niemanden gibt, mit dem man sich unterhalten kann." *Rums! Rums! Rums!*[7]

Norman Cousins, langjähriger Herausgeber der Saturday Review, schildert, wie es vielen unter uns geht, wenn wir an das uns umgebende menschliche Elend denken. Unsere Briefkästen quellen über von Appellen der Hilfsorganisationen. Die Wohnblocks in unseren Stadtvierteln bergen riesige Probleme, die nach Lösungen schreien, werden aber kaum bemerkt. Und hinter jedem Menschen, der nach Hilfe schreit, gibt es möglicherweise unzählige, die ebenfalls Anspruch auf unsere Aufmerksamkeit haben. Wo soll man da anfangen? Was können wir tun, die „Motor-Mäuler" nicht zu verpassen, die nach außen hin lächeln, aber in ihrem Inneren tief verletzt sind? Wie können wir entscheiden, welchen Personen wir unsere Hilfe zukommen lassen wollen?

Befassen Sie sich nicht mit derartigen Fragen! Norman Cousins rät uns: „Ergreifen Sie die Hand der Person, die sich Ihnen am nächsten befindet. Selbst wenn Sie niemals einem anderen helfen, niemals einen anderen retten können, werden Sie wenigstens diese eine Person gerettet haben."[8] Wer sich einbildet, allen Menschen helfen zu müssen, wird eine Menge Frustration und bisweilen auch zwischenmenschliche Spannungen erzeugen. Die meisten unter uns werden keine ganze Gesellschaft oder gar einen ganzen Kulturkreis verändern. Aber jeder kann auf die Personen Einfluß ausüben, die ihm am nächsten stehen.

So geschieht Hilfe: Wir wenden uns nacheinander Personen zu – und fangen mit der Person an, die uns am nächsten ist.

Anmerkungen

[1] Überweisungsfälle, bei denen der Hilfesuchende an einen erfahreneren oder besser ausgebildeten Berater verwiesen werden muß, werden in Kapitel 8 erörtert.

[2] Gerard Egan, The Skilled Helper: A Systematic Approach to Effective Helping. Monterey, Kalifornien: Brooks/Cole, 1994. (Deutsch: Der fähige Helfer. Grundformen helfender Beziehung. Gelnhausen/Berlin/Sein: Burckhardthaus-Laetare, 1979; als Taschenbuch erschienen unter dem Titel Helfen durch Gespräch. Psychologische Beratung in Therapie, Beruf und Alltag. Reinbek bei Hamburg: Rowohlt Taschenbuch Verlag, 1984.)

[3] Carol Lesser Baldwin, Friendship Counseling: Biblical Foundations for Helping Others. Grand Rapids: Zondervan Pyranee Books, 1988.

[4] Catherine M. Flanagan, People and Change: An Introduction to Counseling and Stress Management. Hillsdale, New Jersey: Lawrence Erlbaum, 1990.

[5] Ted W. Engstrom mit Norman B. Rohrer, The Fine Art of Mentoring: Passing On to Others What God Has Given to You. Brentwood, Tennessee: Wolgemuth & Hyatt, 1989, S. 4.

[6] Die verschiedenen Möglichkeiten, Mentor zu sein, hat man im Search Institute (700 South Third Street, Suite 210, Minneapolis, MN 55415, USA) besonders im Hinblick auf die Beeinflussung junger Menschen erforscht. Siehe z. B. den kurzen Artikel „The Diversity of Mentoring" in der vom Search Institute herausgegebenen Zeitschrift Source, Ausgabe November 1992.

[7] Bob Benson und Michael W. Benson, Disciplines for the Inner Life. Waco, Texas: Word, 1985, S. 312.

[8] Norman Cousins, Human Options: An Autobiographical Notebook. New York: Norton, 1981, S. 35.

5. Seelsorge durch Nichtfachleute

Angenommen, Sie hätten ein Problem und brauchten Hilfe. An wen würden Sie sich wenden? Denken Sie dabei an einen ganz bestimmten Namen?

Wahrscheinlich fiel Ihre Wahl auf eine Freundin oder einen Freund, auf einen Verwandten oder eine andere Ihnen nahestehende Person. Berufsmäßige Berater gibt es in den meisten Städten und Gemeinden nur wenige, die sich der Nöte aller Bürger annehmen können. Selbst wenn sie in ausreichender Zahl vorhanden wären, würden viele Menschen sie nicht aufsuchen.

Dafür gibt es mehrere Gründe. Der berufsmäßige Berater verlangt ein verhältnismäßig hohes Honorar; der Freund oder die Freundin ist normalerweise bereit, ohne Entgelt zu helfen. Der berufsmäßige Berater ist meist nur begrenzt erreichbar — gewöhnlich hört man außerhalb der Sprechstunde nur einen unpersönlichen Anrufbeantworter; der ehrenamtliche Seelsorger wohnt möglicherweise gleich nebenan und ist telefonisch fast immer zu erreichen. Für einige Leute ist außerdem ein Anruf bei einem Psychiater oder Neurologen mit einem gewissen Stigma verbunden, das dem Laienseelsorger nicht anhaftet. „Mir muß es schon wirklich dreckig gehen", denken viele, „ehe ich zum Psychiater gehe!"

Es ist weit weniger bedrohlich, seine Probleme mit einem Freund oder Nachbarn zu Hause oder in einem Café durchzusprechen. Viele Menschen haben, wie es scheint, Angst vor berufsmäßigen Beratern, die sie als „Seelenärzte" oder „Klapsdoktoren" bezeichnen. Über Laienseelsorger wird so nicht gedacht. Ein Gespräch mit einem Freund oder einer Freundin kann zwar auch Risiken mit sich bringen, vor allem, wenn es gilt, peinliche Einzelheiten aus dem eigenen Leben zu erzählen; sich aber mit einem Fremden auf dieser Ebene zu unterhalten, empfinden viele als reine Qual. Als ich noch eine eigene Praxis hatte, kam einmal eine Frau in meine Sprechstunde und erzählte, sie habe wegen der Sorgen, die sie sich um unser Gespräch machte, zwei Nächte lang nicht geschlafen. Derartige Ängste stellen den berufsmäßigen Berater beim Aufbau einer helfenden Beziehung vor Probleme, die dem Laienseelsorger meist erspart bleiben.

Stimmt es, daß die meisten Menschen sich zuerst an einen Freund oder eine Freundin wenden, wenn sie in Not sind, dann ist die Seelsorge durch Nichtfachleute von größter Bedeutung. In vielen Kirchengemeinden kümmern sich Laien neben vielen anderen Diensten auch um die Seelsorge. Diese Laienseelsorger, die in der Fachliteratur gelegentlich als *Paraprofessionelle* bezeichnet werden[1], wissen zwar um ihre Grenzen, sind aber nach einer grundlegenden Ausbildung imstande, das Leben der Menschen um sie herum hilfreich zu beeinflussen.

Wir müssen uns bei der Bewertung der Seelsorge durch den Nichtfachmann mit einer Reihe wichtiger Fragen befassen. Ist Laienseelsorge wirklich hilfreich? Handelt es sich dabei um eine besondere Begabung, über die nur wenige Menschen verfügen, oder kann hier jeder mitmachen? Wenn eine Kirchengemeinde oder eine andere Organisation Laienseelsorger einsetzen möchte — nach welchen Kriterien sollen sie ausgewählt und wie ausgebildet werden? Und wenn sie einmal ausgebildet sind, was tun sie dann eigentlich? Welche Gefahren könnten auf sie lauern? Das sind Fragen, über die jeder Seelsorger ernsthaft nachdenken sollte.

Ist Seelsorge durch Nichtfachleute effektiv?

Wenn Sie schon mal erlebt haben, wie ein Freund oder eine Freundin Ihnen in einer Krisensituation beigestanden hat, werden Sie vermutlich bereits überzeugt sein, daß Seelsorge durch Nichtfachleute hilfreich ist. Gibt es aber, von unseren persönlichen Erfahrungen abgesehen, irgendwelche Beweise dafür, daß Laienseelsorge wirksam sein kann? Zahlreiche Forscher haben sich um eine Antwort auf diese Frage bemüht, und ihre Ergebnisse sind einhellig. Laien oder Nichtfachleute sind im allgemeinen ebenso wirksam wie berufsmäßige Berater. In seiner sehr gründlichen Darstellung der Laienseelsorge bietet der christliche Psychologe Siang-Yang Tan einen Überblick über sämtliche Forschungsarbeiten zur Wirksamkeit der Beratung durch Nichtfachleute. Das Thema wird allerdings noch in Fachkreisen diskutiert, das vorhandene Beweismaterial spricht jedoch eindeutig dafür. Es gibt sogar Belege, daß Laienseelsorger in vielen Fällen hilfreicher arbeiten als berufsmäßige Berater.[2]

Zu meinen früheren Lehrern zählt Dr. Joseph Matarazzo, der nach vielen Jahren Vorsitzender der American Psychological Association wurde. Nach 25 Jahren in Psychotherapie und Forschung gelangte mein ehemaliger Lehrer zu dem Schluß, die meisten Nichtfachleute würden außer in einigen wenigen Fällen — so beispielsweise bei Hilfesuchenden, die aufgrund einer schweren Lebenskrise oder wegen lähmender Angst aus dem inneren Gleichgewicht geraten sind — durchaus wirksam arbeiten. Die Leistung der meisten berufsmäßigen Berater und Psychotherapeuten unterscheide sich in nichts von dem, was jeden Morgen in Wohnungen und auf zahllosen Arbeitsplätzen in aller Welt von guten Freunden bei einer Tasse Kaffee geleistet werde.[3]

Wie ist es zu erklären, daß Laienseelsorger so erfolgreich arbeiten? Es gibt dafür mehrere Gründe. Anders als beim berufsmäßigen Berater sind der Laienseelsorger und der Hilfesuchende in vielen Fällen bereits miteinander bekannt. Dadurch fällt es dem Laienseelsorger leichter, die Probleme des Hilfesuchenden zu verstehen, dessen nichtverbales Verhalten (Körpersprache) zu deuten und sich aufrichtig in dessen Lage hineinzuversetzen. Der Laienseelsorger ist außerdem häufiger verfügbar, so daß er durchweg seine Hilfe anbieten kann, wann immer sie benötigt wird. In vielen Fällen kennt der Laienseelsorger die Familie des Hilfesuchenden sowie dessen Arbeitssituation, Lebensstil, Anschauungen und Wohngegend. Dies macht es dem Seelsorger leichter, sich aktiv am Prozeß der Entscheidungsfindung zu beteiligen oder den Hilfesuchenden dazu zu bewegen, Veränderungen an seinem Lebensstil vorzunehmen. Darüber hinaus sind Laienseelsorger meist in der Lage, sich mit Hilfe von Kolloquialismen (umgangssprachlichen Redewendungen) verständlich zu machen, die dem Hilfesuchenden vom Alltag her vertraut sind. Der Kommunikation stehen keine ausgefallenen psychologischen Fachtermini im Wege. Schließlich wird der Laienseelsorger wahrscheinlich realistischer sein als sein professioneller Kollege, sich entspannt, offen und locker verhalten und dazu neigen, etwaige Spannungen mit Hilfe humorvoller Äußerungen abzubauen.

Der berufsmäßige Berater gibt sich oft große Mühe, entsprechend irgendeiner hochkomplizierten Beratungstheorie vorzugehen. Es geht ihm darum, die richtigen Techniken anzuwenden, sein professionelles Image zu wahren und als Lebensberater erfolgreich zu sein. Der ehrenamtliche Seelsorger hingegen verschwendet kaum einen Gedanken daran. Er weiß wenig oder gar nichts über komplizierte psychologische Theorien und muß sich weder um seinen guten Ruf als Lebensberater noch um sein Honorar Gedanken machen. Dem Laienseelsorger geht es in erster Linie darum, anderen Menschen mit Rat und Tat beizustehen. Deshalb bietet er alle Energie für diesen Zweck auf. Das hat zur Folge, daß der Nichtfachmann am Ende oft bessere Arbeit leistet als der wissenschaftlich ausgebildete „Profi".

Wenn das alles stimmt, fragt man sich natürlich, weshalb überhaupt jemand sich zum professionellen Berater ausbilden läßt. Die Antwort ist einfacher, als Sie vielleicht denken. Laienseelsorger mögen oft sehr wirkungsvoll arbeiten, wenn sie es mit einfachen Problemen zu tun haben. Die eher vertrackten, komplizierten Probleme werden jedoch am erfolgreichsten von kompetenten, fachlich ausgebildeten Beratern bewältigt. Professionelle Berater profitieren sehr von ihrer Ausbildung, und es ist — wie wir noch sehen werden — kaum von der Hand zu weisen, daß auch Laienseelsorger besser arbeiten, wenn sie für ihren Dienst ausgebildet worden sind.

Ist Seelsorge eine besondere Gabe?

Einmal suchte mich ein intelligenter junger Student in meinem Büro auf, um sich mit mir über ein ungewöhnliches Problem zu unterhalten. Er wohnte im Studentenwohnheim und hatte festgestellt, daß seine Studienkollegen andauernd bei ihm hereingeschneit kamen, um über ihre Befürchtungen, Erfahrungen bei Verabredungen, über sexuelle Nöte, Versagensängste und sonstige Probleme zu reden. Mein Student glaubte nicht, seine Kommilitonen zu diesen Besuchen ermutigt zu haben. Jetzt war er selbst in Schwierigkeiten, weil er vor lauter ratsuchenden Kollegen kaum noch zum Studieren kam.

Gelegentlich höre ich ähnliche Geschichten über Menschen, die keinerlei seelsorgerische Ausbildung haben und dennoch die Erfahrung machen, daß andere sie immer wieder um Rat und Hilfe bitten. Bei ihnen klingelt das Telefon — manchmal zum Ärger ihrer Familie oder ihrer Zimmergenossen — ständig, oder sie werden zu jeder Tages- und Nachtzeit von Leuten aufgesucht, die über irgendwelche persönlichen Probleme sprechen möchten. Warum sind einige Leute anscheinend zum Seelsorger „prädestiniert", während andere entweder kein Interesse zeigen oder scheinbar über keinerlei Fähigkeiten auf diesem Gebiet verfügen? Sind einige auf dem Gebiet der Seelsorge besonders begabt oder verfügen über angeborene Fähigkeiten?

Jeder Christ ein Seelsorger

Nach Aussage der Bibel soll sich jeder Christ praktisch und selbstlos um die Nöte seiner Mitmenschen kümmern. Jakobus erinnert uns wiederholt daran, daß ein Glaube tot ist, der sich nicht in praktischer Fürsorge für andere äußert (Jakobus 2,14-20). Derselbe Gedanke wird in der Bibel auch an anderer Stelle hervorgehoben. Wir alle müssen uns Gedanken machen um die Belange unserer Mitmenschen (Philipper 2,4). Wir werden aufgefordert, uns mit denen zu freuen, die Grund zur Freude haben, und in stützender Begleitung mit den Trauernden weinen (Römer 12,15). Wir sollen einander aufbauen und ermahnen, die Mutlosen ermutigen, den Schwachen beistehen und mit den Menschen um uns Geduld üben (1. Thessalonicher 5,11.14). Geistlich Gesinnten ist die verantwortungsvolle Aufgabe anvertraut, die von einer Verfehlung Ereilten mit sanftmütigem Geist wieder zurechtzuhelfen. Darüber hinaus werden wir alle aufgefordert: „Einer trage des andern Last" (Galater 6,1 f.). Immer wenn sich Gelegenheit dazu ergibt, sollen wir „Gutes tun an jedermann, allermeist aber an des Glaubens Genossen" (Galater 6,10).

Es ist also eindeutig, daß wir als Christen verpflichtet sind, anderen in Liebe zu dienen. Eine Möglichkeit hierzu ist die Seelsorge. Wenn uns Familienangehörige, Nachbarn, Arbeitskollegen oder Mitglieder unserer Kirchengemeinde bei einem Plausch eine Begebenheit aus ihrem Leben erzählen oder ein Thema anschneiden, das ihnen Probleme bereitet, werden die, die von der Liebe Christi motiviert sind, seelsorgerisch aktiv, ob sie es selbst merken und beabsichtigen oder nicht.

Eine besondere Gabe für einige Seelsorger

Jeder Christ ist mit der Aufgabe betraut, anderen mit Rat und Tat beizustehen. Seelsorge gehört wahrscheinlich aber auch zu den geistlichen Gaben, die besonders zur Erbauung der Gemeinde und zur Stärkung einzelner Christen ausgeteilt werden. Bei diesen Gaben — sie werden in Römer 12, 1. Korinther 12 und Epheser 4 aufgelistet — handelt es sich nicht um nur angeborene Fähigkeiten. Sie werden gläubigen Christen vom Heiligen Geist verliehen. Alle entschiedenen Christen haben die eine oder andere geistliche Gabe empfangen, aber niemand hat sie alle. So sind einige Christen besonders talentierte Lehrer, Pastoren, Evangelisten oder Verwalter; andere wiederum haben eine seelsorgerische Begabung empfangen.

In Römer 12,8 ist von einer Gabe der Ermahnung die Rede. Das griechische Wort, das hier verwendet wird, heißt *paraklesis* und bedeutet wörtlich: „sich jemandem an die Seite stellen, um ihm zu helfen". Man kann aus diesem Begriff ableiten, daß zur biblischen Ermahnung neben Zurechtweisung auch Trost, Unterstützung und Ermutigung im Blick auf die Zukunft gehören. Das alles klingt der Seelsorge sehr ähnlich – und bezieht sich auf eine Gabe, die Gott bestimmten auserwählten Christen verleiht.

Daraus darf aber nicht gefolgert werden, daß nur besonders Begabte zur Seelsorge berufen sind. Die Seelsorge ähnelt in dieser Hinsicht der Evangelisation oder der Lehre. Einige Christen haben zwar eine besondere Gabe der Evangelisation empfangen (Epheser 4,11), doch soll jeder Jünger Jesu ein Zeuge sein und sich eifrig darum bemühen, andere für seinen Herrn zu gewinnen. Einige Christen verfügen über eine besondere Gabe der Lehre (Römer 12,7; Epheser 4,11), doch sind wir alle mit der Aufgabe betraut worden, andere zu unterweisen. Ebenso müssen wir alle die Lasten anderer tragen und ihnen helfen, auch wenn wir nicht zu denen zählen, die eine besondere Gabe der Seelsorge empfangen haben.

Wer diese Gabe besitzt, wird normalerweise ein starkes Verlangen verspüren, anderen Menschen bei der Bewältigung ihrer Probleme zu helfen. Er wird feststellen, daß seine seelsorgerischen Bemühungen oftmals positive, konstruktive Folgen zeitigen. Und er wird seine Gabe der Seelsorge freiwillig zum Aufbau der christlichen Gemeinde einsetzen. Darüber hinaus werden Christen, denen diese Gabe geschenkt wurde, häufig von Menschen angesprochen, die ihren seelsorgerischen Beistand brauchen. Wenn Sie wissen möchten, ob Ihnen selbst die Gabe der Seelsorge zuteil geworden ist, sollten Sie Menschen fragen, die Sie gut kennen, und darüber nachdenken, ob andere Sie spontan aufsuchen, um über ihre Probleme zu reden. Andere können oftmals Gaben an uns erkennen, die wir selbst nicht wahrnehmen.

Jeder christliche Seelsorger, ob Pfarrer oder Laie, ist ein Werkzeug, durch das der Heilige Geist Hilfe und Heilung bringt. Der Heilige Geist allein kann Menschen wirklich helfen, auch wenn der Mensch sich häufig eines Seelsorgers bedient (Johannes 14,16.26). Dabei steht außer Zweifel, daß er jeden Christen zu diesem Zweck gebrauchen kann, doch handelt er mit Vorliebe durch Menschen, die er zuvor mit der Gabe der Seelsorge ausgerüstet hat, damit sie Notleidenden beizustehen vermögen.

Nach welchen Gesichtspunkten sind Laienseelsorger auszuwählen?

Als ich das erste Mal einen Grundkurs der Seelsorge für Laien anbot, wurde dies im Gemeindebrief bekanntgegeben. Ich rechnete mit wenigen Interessenten, doch als ich zur angegebenen Uhrzeit eintraf, platzte der Raum aus allen Nähten. Einige Anwesende waren bereits gute Seelsorger und wollten lediglich ihre Kenntnisse auffrischen. Viele andere waren sich nicht sicher, ob sie sich für die Seelsorge eigneten, und waren gekommen, um sich darüber Gewißheit zu verschaffen. Ein paar Leute waren dabei, deren eigene Probleme offenkundig waren und die anscheinend gekommen waren, um für sich selbst Hilfe zu suchen. Einige meinten wohl die eigenen Probleme dadurch zu vergessen, daß sie anderen ihre seelsorgerischen Dienste anboten.

Wahrscheinlich steckt ein Körnchen Wahrheit in der alten Vorstellung, daß Menschen, die Seelsorge auf ihre Fahne geschrieben haben, oft nur ihre eigenen Probleme lösen wollen. Wir sind möglicherweise der Überzeugung, nichts anderes im Sinne zu haben, als anderen beizustehen, ihr Leid zu lindern und Jünger für Jesus Christus zu gewinnen. Doch können wir tatsächlich andere, versteckte Motive haben. Dazu zählen unter Umständen das Bedürfnis, sich wichtig vorzukommen, Macht über andere auszuüben oder die eigene Neugierde zu befriedigen, und der Wunsch, mit Hilfesuchenden offen über sexuelle Dinge zu reden.

Selbst wenn unsere Motive rein sind, können wir uns gefühlsmäßig von den Problemen anderer so stark in Anspruch nehmen lassen, daß wir weder objektiv bleiben noch die damit verbundene Spannung aushalten. In einer solchen Situation kommt es vor, daß Seelsorger selbst ein ungesundes Verhalten an den Tag legen und Hilfesuchende zu sinnlosen Maßnahmen auffordern, die ihr ursprüngliches Problem womöglich noch verschlimmern. Den gleichen Gefahren sind natürlich auch professionelle Berater ausgesetzt, doch sind sie aufgrund ihrer Ausbildung eher in der Lage, ihre Objektivität zu wahren, und erliegen weniger der Versuchung, Beratungsgespräche zur Bewältigung eigener Probleme zu mißbrauchen. Sie sind auch eher bereit, ihr eigenes Verhalten und ihre Motive von Vorgesetzten oder Kollegen in Frage zu stellen und objektiv beurteilen zu lassen. Am besten ist es, man ist sich von vornherein der Gefahren bewußt und prüft sorgfältig und aufrichtig die eigenen Motive, ehe man überhaupt mit der Seelsorge bzw. mit der Ausbildung anderer anfängt.

In Tabelle 5-1 werden acht Kriterien aufgezählt, auf die man bei der Auswahl von Laienseelsorgern oder „Seelsorgehelfern" achten sollte. Einige Kirchengemeinden sind dazu übergegangen, psychologische Eignungstests und ähnliche Verfahren einzusetzen,[4] doch handelt es sich hierbei vielfach nur um eine systematische Überprüfung potentieller Seelsorger anhand der in der Tabelle zusammengefaßten Kriterien.

Tabelle 5-1 **Kriterien für die Auswahl von Laienseelsorgern**

Folgende Auswahlkriterien für Laienseelsorger entsprechen sowohl biblischen Anforderungen als auch den Erkenntnissen einer gesunden Psychologie.

1. Geistliche Reife	Ein Seelsorger sollte ein geisterfüllter, reifer Christ sein (vgl. Galater 6,1), der sich in der Schrift gut auskennt, über die nötige Weisheit verfügt, um sie auf das Leben anzuwenden, und der ein regelmäßiges Gebetsleben führt.
2. Psychische Ausgewogenheit	Ein Seelsorger sollte psychisch und emotional stabil sein, weder labil noch unbeständig, sondern offen und verwundbar. Er sollte keinesfalls unter einer ernsthaften psychischen Störung leiden.
3. Menschen-freundlichkeit	Ein Seelsorger sollte ein herzlicher, fürsorglicher, aufrichtiger Mensch sein, der ein wirkliches Interesse an seinen Mitmenschen und deren Wohlergehen hat.
4. Geistliche Gaben	Ein Seelsorger sollte über angemessene geistliche Gaben verfügen, so beispielsweise die Ermahnung (weitere Beispiele: Weisheit, Erkenntnis, Geisterunterscheidung, Barmherzigkeit, Heilung).
5. Lebenserfahrung	Ein Seelsorger sollte einiges an Lebenserfahrung mitbringen — und darf deshalb nicht allzu jung sein.
6. Frühere Erfahrungen in der Seelsorge	Frühere Erfahrungen in der Seelsorge erweisen sich oftmals als in der Seelsorge hilfreich, sind jedoch keine unerläßliche Voraussetzung.
7. Verschwiegenheit	Ein Seelsorger sollte verschwiegen sein, imstande also, Dinge für sich zu behalten, die ihm im vertraulichen Gespräch mitgeteilt werden.
8. Vielfalt	Bei der Auswahl von Seelsorgehelfern sollte man darauf achten, Vertreter beider Geschlechter zu berücksichtigen, ebenso Menschen aus verschiedenen Altersgruppen und mit einem unterschiedlichen Bildungsgrad, wirtschaftlichen Status und ethnischen bzw. kulturellen Hintergrund.

Mit geringen Abweichungen übernommen aus: Siang-Yang Tan, Lay Counseling: Equipping Christians for a Helping Ministry. Grand Rapids: Zondervan, 1991, S. 100 ff.

Wie sind Laienseelsorger auszubilden?

Dr. Paul Tournier fragte sich, ob er nicht besser Psychiater werden sollte. Seine in der Psychiatrie tätigen Freunde rieten ihm davon ab. „Schließ dich uns nicht an", warnten sie. „Die Ausbildung würde dich schier ersticken und dir jede Herzlichkeit und Spontaneität nehmen."

Für Nichtfachleute besteht das Problem nicht so sehr darin, ob sie eine Ausbildung brauchen, sondern welche *Art* von Ausbildung für sie angebracht ist. Bei Ausbildungsprogrammen für professionelle Lebensberater stehen häufig ausgeklügelte Forschungsmethoden, vielschichtige Theorien über die menschliche Persönlichkeit sowie komplizierte Analysen von Fallgeschichten im Mittelpunkt. Das alles lenkt die Aufmerksamkeit des Auszubildenden von den Menschen ab und gibt ihm zu verstehen, daß die Beherrschung von Beratungstechniken oder das Befolgen einer Beratungstheorie wichtiger sei als persönliche, praktische Kontakte mit verletzten Menschen.

Im Gegensatz hierzu ist der Nichtfachmann meist weniger an der Psychologie interessiert als der berufsmäßige Berater. Es liegt ihm weniger daran, die richtige Diagnose zu erstellen oder die neuesten Beratungstechniken einzusetzen. Theorie und Forschung sind ihm meist gleichgültig. Er möchte anderen helfen, ist aber nicht bereit, sich einer langen, komplizierten Ausbildung zu unterziehen. Er interessiert sich deshalb für eine kurze, äußerst praktische Unterweisung, die darauf ausgerichtet ist, Herzlichkeit, Aufrichtigkeit, das Einfühlungsvermögen und die anderen Eigenschaften zu fördern, die für wirksame Seelsorge unerläßlich sind. Ein für Laienseelsorger gedachtes Ausbildungsprogramm sollte äußerst realistisch und praktisch sein und sich mit den Problemen beschäftigen, mit denen sich wirkliche Menschen herumschlagen. Wir professionellen Berater können sicher eine ganze Menge zu einem solchen Ausbildungsprogramm beitragen, doch können wir auch von Laienseelsorgern — und ebenfalls von Hilfesuchenden — eine Menge lernen.

Für die Ausbildung von Laienseelsorgern sind viele verschiedene Programme entworfen worden, die einige gemeinsame Aspekte aufweisen. Die folgenden Absätze werden Ihnen bei der Ausbildung zum Seelsorger behilflich sein. Darüber hinaus enthalten sie Richtlinien, die Sie bei der Ausbildung anderer anwenden können.

Der Mensch im Blickpunkt

Im Mittelpunkt einer effektiven Ausbildung steht *die Person des potentiellen Seelsorgers*. Wenn „in jeder seelsorgerischen Beziehung die Persönlichkeit, die Wertvorstellungen, die Einstellung und die Glaubensgrundsätze des Seelsorgers eine zentrale Rolle spielen", dann sollte diesen Faktoren auch in einem Ausbildungsprogramm ein zentraler Platz eingeräumt werden. Dabei sind die Stärken und Schwächen des Seelsorgers zu berücksichtigen. Wenn Sie Ihren Mitmenschen seelsorgerisch beistehen möchten, sollten Sie sich im Licht der Bibel prüfen (Psalm 119,9-11; 139,23 f.) und mit Gottes Hilfe entsprechende Änderungen an Ihrem Lebensstil vornehmen. Sie sollten sich mit Ihren besonderen Fähigkeiten und Gaben befassen und so ehrlich sein, sich mit einer oder zwei anderen Personen über Ihr Leben zu unterhalten. Man lernt sich selbst besser kennen, wenn man sich sowohl Gott als auch einem vertrauenswürdigen Menschen offenbart (Jakobus 5,16).

Wenn der Laienseelsorger seine Arbeit aufnimmt, braucht er Ermutigung und psychologische Unterstützung, vor allem dann, wenn er es gleich mit einem oder gar mehreren schwierigen Fällen zu tun bekommt. Der Anfänger wird — ebenso wie der „Profi" — das Bedürfnis verspüren, über seine Unsicherheit in der Seelsorge sowie über die Ängste und Versuchungen zu reden, die sich einstellen, wenn wir uns intensiv mit intimen Einzelheiten aus dem Leben einer anderen Person befassen. Seelsorger, die noch am Anfang ihres Dienstes stehen, sollten diese Fragen unbedingt mit jemandem durchsprechen, der über einen größeren Erfahrungsreichtum verfügt.

Sich Fertigkeiten aneignen

Zu den meistverwendeten Lehrwerken für angehende Berater zählt Gerard Egans Buch „Der fähige Helfer"[5]. Der Autor, er ist Professor an der Loyola University in Chicago, hat ein umfassendes Trainingsprogramm verfaßt, um dem Leser das beizubringen, was er als die „helfenden Fertigkeiten" bezeichnet. Beratungstheorien und Erkenntnisse über menschliche Probleme können für Lebensberater wichtig sein, letztlich aber ist derjenige der beste Seelsorger, der über die nötigen Fertigkeiten verfügt, um Hilfesuchende richtig zu verstehen und sie positiv zu beeinflussen.

Zu einer guten Ausbildung für Seelsorger gehört daher die Vermittlung von Fertigkeiten. Der angehende Seelsorger muß lernen, was zu tun ist, andere bei der Ausübung der entsprechenden Fertigkeiten beobachten und diese selbst einüben. Das sind die gleichen drei Schritte, die wir beim Erlernen des Golfspiels oder im Klavierunterricht beachten müssen. Beim Erlernen jeglicher Fertigkeit, auch im Bereich der Seelsorge, spielen Wissen, Beobachtung und Praxis eine bedeutende Rolle.

Erfahrung ermöglichen

Zu einer wirksamen Ausbildung gehört unbedingt praktische Erfahrung.
Vielen professionellen Lebensberatern bereiten Aussagen dieser Art
Kopfschmerzen, weil hier allem Anschein nach vorgeschlagen wird,
Anfänger auf dem Gebiet der Seelsorge auf nichtsahnende Hilfesuchende
loszulassen, bei ihnen „den Psychiater zu spielen". Wir müssen jedoch
bedenken, daß Laien im wirklichen Leben bereits Hilfesuchende beraten.
Unsere Aufgabe besteht darin, ihnen dabei zu helfen, ihrer bisherigen
Tätigkeit besser nachzugehen.

Die Vorstellung, daß der Praxis eine lange Ausbildung vorausgehen
muß, gilt heute in vielen Berufszweigen als überholt. So werden beispielsweise Medizinstudenten und Krankenschwestern in der Ausbildung bereits zu einem sehr frühen Zeitpunkt im Krankenhaus eingesetzt.
In christlichen Kreisen beteiligen wir Neubekehrte schon bald nach ihrer
Bekehrung an evangelistischen Aktionen. Eine praktische Ausbildung
dieser Art, unter der Aufsicht erfahrener Personen, wird sich meines
Erachtens auch bei der Vorbereitung angehender Seelsorger auf ihren
Dienst durchsetzen.

Welche Gefahren lauern auf den Laienseelsorger?

Vor einigen Jahren beging ein junger Mann an der amerikanischen West-
küste Selbstmord. Gleich nach der Beerdigung strengten die Eltern eine
Zivilklage gegen eine große evangelikale Kirchengemeinde an. Sie warfen
einigen Mitarbeitern Inkompetenz bei der seelsorgerlichen Betreuung
ihres Sohnes vor. Dadurch sei der junge Mann, so die Anklage, daran
gehindert worden, die Hilfe zu erhalten, die ihm möglicherweise das
Leben gerettet hätte. Die Klage wurde am Ende abgewiesen, und ein
Expertengremium, das die Unterlagen der Kirchengemeinde untersuchte, gelangte zu dem Schluß, die Seelsorgemitarbeiter hätten nichts
Unrechtes getan, nicht gegen die Ethik verstoßen und sich nicht inkom-
petent verhalten. Der Medienrummel aber, der um diesen Fall entstand,
machte viele Kirchengemeinden auf eine Situation aufmerksam, die vor
wenigen Jahren niemand für denkbar gehalten hätte. In den Vereinigten
Staaten werden, im Gegensatz zu den meisten anderen Ländern, Zivil-
klagen sehr häufig zugelassen. Lebensberater, auch Pastoren und Laienseelsorger, können von unzufriedenen Hilfesuchenden oder deren Familien verklagt werden.

Es überrascht vielleicht manch deutschen Leser, aber die Aktivitäten von Laienseelsorgern verstoßen mancherorts in den USA sogar gegen das Gesetz. Wenn Sie beispielsweise für ein seelsorgerliches Gespräch ein Honorar festsetzen, machen Sie sich nach Ansicht der Behörden der Amtsanmaßung oder zumindest der ungenehmigten Berufsausübung schuldig — eine strafbare Handlung. Wenn Sie sich, *zumindest in den Vereinigten Staaten,* ohne die entsprechende staatliche Zulassung erworben zu haben, als Psychologe oder Lebensberater bezeichnen, verstoßen Sie ebenfalls gegen das Gesetz. Aus diesem Grunde verzichten viele Christen auf Begriffe wie Beratung und verwenden eher Bezeichnungen wie *Laienseelsorger, Seelsorgehelfer* oder ganz einfach *Helfer.* Bei jeder Bekanntgabe unseres Dienstes muß sorgfältig darauf geachtet werden, irreführende Behauptungen über unsere Sachkenntnis, unsere Kompetenz oder unsere Fähigkeit, Veränderungen herbeizuführen, zu vermeiden.[6] *Das gilt es weltweit zu beachten.*

Damit wollte ich Sie nicht von der Seelsorge abschrecken, sondern nur vor übertriebenen Darstellungen Ihrer Fähigkeiten warnen. Wenn Sie im Rahmen einer Kirchengemeinde tätig sind, sollte sich die Gemeindeleitung über die jeweils geltende rechtliche Situation vor Ort informieren, ehe sie den Seelsorgedienst öffentlich bekanntgibt.

Rechtliche Verstrickungen sind nicht die einzigen Gefahren, die auf einen Seelsorger lauern. Manchmal werden wir von den Problemen anderer so stark in Anspruch genommen, daß unsere eigene psychische Ausgewogenheit oder unser Familienleben darunter leidet. Jeder Seelsorger quält sich von Zeit zu Zeit damit herum, ausgebrannt zu sein, weil seine helfende Tätigkeit ihn so stark beansprucht, daß er weder Ruhe bekommt noch Zeit für die Befriedigung eigener Bedürfnisse findet. Hin und wieder werden Sie möglicherweise in besondere Schwierigkeiten geraten, wenn jemand droht, Selbstmord zu begehen oder anderen — vielleicht auch Ihnen — Schaden zuzufügen, und Sie nicht wissen, an wen Sie sich wenden sollen. Auf Laienseelsorger lauern jedoch noch vier weitere, besonders heimtückische Gefahren. Nur wenn Sie darüber Bescheid wissen, werden Sie imstande sein, ihnen aus dem Weg zu gehen.

Neugierde

Im alltäglichen Gespräch vermeiden wir gewisse Themen, weil sie zu persönlich sind. Es gilt als ungehörig, andere nach ihrem Einkommen, ihrem Liebesleben, ihren Ängsten oder dem Zustand ihrer Ehe zu befragen. In einer helfenden Beziehung hingegen kommen diese Themen offen zur Sprache, weil sie häufig der Grund sind, weshalb der Hilfesuchende einen Seelsorger aufsucht.

Diese Freiheit, offen zu reden, wirft einige ethische Fragen auf, mit denen sich jeder Laienseelsorger befassen sollte. Da ist zunächst das Problem der *Neugierde seitens des Seelsorgers*. Während eines helfenden Gesprächs kann es vorkommen, daß wir vorübergehend die Bedürfnisse des Hilfesuchenden aus den Augen verlieren und anfangen, ihn um Informationen zu bitten, mit denen wir in erster Linie nur unsere eigene Neugierde befriedigen. Ein Seelsorger muß sich dieser Tendenz bewußt sein und sie zu unterbinden versuchen, vor allem dann, wenn es im Gespräch um Themen, die an Tratsch grenzen, oder um das Sexualverhalten des Hilfesuchenden geht.

Sexuelle Stimulierung

Eng damit verbunden ist die Frage nach *sexueller Stimulierung*. Davon können beide Gesprächspartner betroffen sein: Der Seelsorger kann durch eine attraktive Hilfesuchende ebenso stimuliert werden wie eine Hilfesuchende durch den Seelsorger. Wir können die andere Person stimulieren oder selbst stimuliert werden, ohne dies zu beabsichtigen oder zu erwarten, und ohne daß wir oder die andere Person es merken. Der männliche Seelsorger, der einer weiblichen (sogar einem männlichen) Hilfesuchenden einen Arm um die Schulter legt, wird möglicherweise nicht daran denken, daß der Sinn dieser Umarmung mißdeutet werden kann. Ein zurückhaltender physischer Kontakt zwischen dem Seelsorger und dem Hilfesuchenden ist nicht unbedingt zu verurteilen, weil er sich bisweilen als stützend und ermutigend erweisen kann. Dennoch müssen wir uns stets fragen: Wie wird der/die Hilfesuchende mein Vorgehen deuten? Und: Welche Befriedigung verschafft mir diese Berührung?

Für den christlichen Seelsorger ist es unbedingt erforderlich, das Böse in jeder Gestalt zu meiden (1. Thessalonicher 5,22). Einige Berater, darunter auch Pfarrer, haben dies mißachtet, sich auf allzu intensive Beziehungen mit Hilfesuchenden eingelassen und dadurch ihre Familie, ihr Leben, ihren Ruf und ihren Dienst ruiniert. Und wer sagt: „Mir könnte so etwas nie passieren", befindet sich bereits auf sehr dünnem Eis (1. Korinther 10,12).

Vertrauensbruch

Eine dritte Gefahr für den Laienseelsorger ist der Vertrauensbruch. Es stimmt zwar, daß der Laienseelsorger im Gegensatz zum professionellen Berater keiner gesetzlichen Schweigepflicht unterliegt. Dennoch grenzt es an Klatsch und Tratsch, wenn ein Laienseelsorger über Hilfesuchende redet. Unter Umständen richtet er damit großen Schaden an. Auch wenn wir die Einzelheiten eines Falles verschleiern, kann es durchaus vorkommen, daß jemand errät, von wem die Rede ist. Derartiges Gerede ist deshalb unter allen Umständen zu vermeiden. Es trägt zu unserem eigenen geistlichen Wohlergehen nicht das geringste bei und wird nur das Vertrauen des Hilfesuchenden in den Seelsorger erschüttern.

Geistliche Ausgewogenheit

Eine weitere Gefahr besteht in der *Unter- oder Überbetonung geistlicher Themen.* Im Falle der Unterbetonung werden dem Hilfesuchenden die Hilfsquellen der Heiligen Schrift und des Gebets vorenthalten. Manchmal bekommt er das Evangelium überhaupt nicht zu hören, weil der Seelsorger sich fürchtet, dieses Thema anzuschneiden. Andererseits besteht dort, wo religiöse Themen allzusehr in den Vordergrund treten, die Gefahr, daß Hilfesuchende abgeschreckt werden oder den Eindruck gewinnen, allein der geistliche Aspekt unseres Wesens sei wichtig. Für eine derartige Ansicht gibt es in der Bibel keinerlei Anhaltspunkte, ebensowenig für die Vorstellung, alle Probleme würden automatisch verschwinden, wenn wir in eine rechte Beziehung zum Herrn treten. Geistliche Themen gehören unbedingt in die Seelsorge, denn sie sind im Leben überaus bedeutsam. Sie dürfen jedoch nicht auf Kosten anderer wichtiger Themen überbetont werden.

Den Gefahren ausweichen

Wie können wir diesen und anderen Gefahren entkommen? Erstens können wir uns einen geistlichen Schutzschild zulegen. Wenn wir täglich in der Bibel lesen und ein beständiges Gebetsleben entwickeln, so daß wir auch während eines seelsorgerlichen Gesprächs in der Lage sind, im stillen mit Gott zu reden, wird uns dies davor bewahren, unsere Gedanken schweifen und unseren Mund Dinge sagen zu lassen, die schädlich oder gar mit Sünde behaftet sind. Zweitens ist es immer hilfreich, vor Gefahren auf der Hut zu sein. Gewarnt sein heißt, gewappnet sein! Drittens können wir es uns bewußt zum Ziel setzen, kompromittierenden Situationen aus dem Wege zu gehen, sexuell stimulierende Themen nicht überzubetonen und weiteren Gefahren möglichst auszuweichen. Viertens können wir es uns zur Gewohnheit machen, unsere Seelsorgetätigkeit *unter dem Siegel der Verschwiegenheit* mit einer weiteren Person zu besprechen — mit einem Pastor, einem professionellen Lebensberater oder mit einem Freund, der uns helfen kann, die Dinge aus dem richtigen Blickwinkel zu betrachten und Gefahrenzonen weiträumig zu umsegeln.

Die schlimmste Gefahr von allen

Daß Laienseelsorger geschult und eingesetzt werden können, um anderen zu helfen, ist eine begeisternde Vorstellung, die innerhalb der Christenheit auf weitgehende Zustimmung stößt. Wir bilden Laien für den evangelistischen Zeugendienst aus. Wir bringen ihnen bei, andere zu unterweisen, und mittlerweile schulen wir sie sogar, damit sie andere für die Nachfolge gewinnen. Da müßte es eigentlich selbstverständlich sein, daß wir ihnen *Beziehungsfähigkeit* beibringen, das heißt die Fähigkeit, sich gegenseitig die Lasten zu tragen und einander seelsorgerlich zu betreuen.

Die Laienseelsorge birgt zwar Gefahren in sich, kann aber ebenso eine Quelle unermeßlichen Segens sein, vor allem dort, wo Laienseelsorger praxisbezogen geschult werden. Es stimmt natürlich, daß wenig Wissen auf dem Gebiet der Seelsorge gefährlich sein kann. Das völlige Fehlen von Wissen und Schulung aber kann weitaus schlimmere Folgen haben. Und wer der helfenden Beziehung zwischen Laien ausweicht, ist vermutlich der schlimmsten Gefahr von allen erlegen.

Anmerkungen

[1] Im vorliegenden Kapitel verwende ich Begriffe wie Paraprofessionelle (Nichtfachleute) und Laienseelsorger, als wären sie beliebig austauschbar. Genaugenommen gibt es Unterschiede. Laienseelsorger verfügen im allgemeinen nur über ein elementares psychologisches Fachwissen. Echte Paraprofessionelle hingegen haben oft — wie Sanitäter im medizinischen Bereich — eine gründliche Ausbildung hinter sich, auch wenn der Staat sie als Berufsqualifikation nicht anerkennt.

[2] Siehe Siang-Yang Tan, Lay Counseling: Equipping Christians for a Helping Ministry. Grand Rapids: Zondervan, 1991, S. 62 ff.

[3] Joseph Matarazzo, „Comment on Licensing", in: A. P. A. Monitor 10 (Sept.–Okt. 1979), S. 36.

[4] Eine Beschreibung dieser Verfahren findet sich bei Tan, S. 96 ff.

[5] Gerard Egan, The Skilled Helper – A Systematic Approach to Effective Helping. Monterey, Kalifornien: Brooks/Cole, 1994 (deutsch: Der fähige Helfer. Grundformen helfender Beziehung. Gelnhausen/Berlin/Sein: Burckhardthaus-Laetare, 1979; TB-Lizenzausgabe: Helfen durch Gespräch. Psychologische Beratung in Therapie, Beruf und Alltag. Reinbek bei Hamburg: Rowohlt Taschenbuch-Verlag, 1984; dazu als Arbeitsbuch: Helfen durch Gespräch. Ein Trainingsprogramm für helfende Berufe. Aus dem Amerikanischen übersetzt von Harry Friedl und Volker Krumm. Weinheim und Basel: Beltz, 1993).

[6] Eine ausgezeichnete Erläuterung der rechtlichen Stellung des Seelsorgers findet sich bei: George Ohlschlager und Peter Mongofian, Law for the Christian Counselor. Dallas: Word, 1992.

94

6. Seelsorge in Streßsituationen

Ein streßfreies Leben — wie wäre das? Die meisten Menschen in unserer streßgeplagten Gesellschaft würden wahrscheinlich antworten, daß ein Leben ohne Streß wesentlich leichter sei. Es wäre aber auch langweiliger, weniger motivierend — und möglicherweise um einiges kürzer. Einige Streßforscher sind der Ansicht, wir benötigten wenigstens etwas Streß, um uns am Leben und in Gang zu halten. Sie sind sich allerdings auch darüber im klaren, daß zuviel Streß uns umbringen kann.

Der kanadische Wissenschaftler Hans Selye widmete sein ganzes Leben der Erforschung dieses Phänomens. Ihm zufolge läßt sich Streß in zwei Kategorien einteilen. Unangenehmen, schädlichen Streß bezeichnet er als *Distreß* (engl. = Sorge, Kummer). Beispiele hierfür wären Trauer, das Bewußtsein persönlichen Versagens, lähmende Angst, Depressionen und körperliche Erkrankungen. *Eustreß* hingegen ist eine positive Erfahrung. Eine Beförderung, ein Umzug, der Besuch einer Hochzeit, ein sportlicher Sieg — diese Erfahrungen bringen zwar alle unserem Körper Streß, doch handelt es sich um Streß der angenehmen Art. Manche Menschen empfinden den Streß eines hektischen Lebensstils oder eines anspruchsvollen Berufs als wohltuend, weil er motivierend und anregend auf sie wirkt. Beide Arten von Streß setzen unseren Körper unter Druck und zwingen uns, sie zu bewältigen. Eustreß ist natürlich weitaus angenehmer und verträglicher als die schmerzlichen Erfahrungen, die wir unter dem Oberbegriff *Distreß* zusammenfassen.

Es ist die Aufgabe und Pflicht eines Seelsorgers, Streß zu bewältigen — im eigenen Leben wie im Leben anderer. Natürlich sprechen nur wenige Hilfesuchende mit einem Berater über Eustreß; die meisten suchen einen Seelsorger auf, weil sie Kummer *(Distreß)* haben. Wir werden bessere Seelsorger sein, wenn wir verstehen, was Streß ist; wenn wir wissen, wie er sich auf uns auswirkt; und wenn wir imstande sind, anderen bei der Bewältigung der in jedem Menschenleben auftretenden Streßsituationen zu helfen.

Streß — was ist das?

„Was wäre Ihnen lieber — soll ich Ihnen jetzt den Tag vermiesen oder später?"

Vor einigen Jahren schrieb ich ein Buch über Streß. Ich vertiefte mich in die psychologische Fachliteratur, unterhielt mich mit streßgeplagten Menschen, schrieb Artikel über Streßbewältigung — und erkannte, daß ich selbst unter erheblichem Streß stand. Daran wurde ich erinnert, als ich beim Tippen der Überschrift „Streß — was ist das?" von meiner Assistentin gefragt wurde, ob sie mir den Tag sofort oder lieber erst später vermiesen solle. Es handelte sich um eine geschäftliche Angelegenheit, die ich früher hätte erledigen müssen, die aber meiner Aufmerksamkeit irgendwie entgangen war. Es war nur ein kleines Problem, diente jedoch als aktuelle Erinnerung dazu, daß Streß jederzeit in Form von *Distreß* sein häßliches Haupt erheben, unser Gefühlsleben beeinflussen, unser Leistungsvermögen beeinträchtigen und uns zumindest zeitweise den Tag vermiesen kann.

Es ist nicht einfach, Streß so zu definieren, daß jeder damit einverstanden ist. Den Begriff Streß verwenden wir häufig, wenn es um äußere Umstände unseres Lebens geht, etwa den „Streß", dem wir aufgrund unserer Arbeit, unserer finanziellen Situation oder unserer streitlustigen Verwandten ausgesetzt sind. Es wäre jedoch genauer und, wie ich meine, weniger irreführend, wenn wir uns Streß als einen Vorgang im Inneren einer Person vorstellen. Streß ist eine physisch-psychische Reaktion auf die Forderungen des Lebens. Selye definierte den Streß zunächst als zum Leben gehöriger Verschleiß. Was der eine unter Streß versteht, mag sich zwar von dem unterscheiden, was ein anderer sich darunter vorstellt, doch unterliegen wir alle jeden Tag aufgrund des Drucks, dem wir im Leben ausgesetzt sind, einem natürlichen körperlichen und emotionalen Verschleiß.

Vielleicht hilft uns Tabelle 6-1, die Bedeutung von Streß klarer zu erfassen. Diese Tabelle wird auch bei unseren Bemühungen, anderen Beistand zu leisten, hilfreich sein. Aus dem Diagramm geht hervor, daß Streß in vier Komponenten unterteilt werden kann: Ursachen, Wahrnehmung, Auswirkungen und Symptome. Der Streß hat viele *Ursachen*, zu denen auch der Einfluß früherer Erfahrungen und gegenwärtiger Ereignisse oder Umstände (wie beispielsweise die den Tag vermiesende Mitteilung meiner Assistentin) gehört. Die Ursachen unseres Stresses liegen häufig in unserem Umfeld – am Arbeitsplatz, in der Nachbarschaft oder der Familie oder irgendwo sonst draußen. Doch manchmal liegt die Ursache unseres Stresses im Gehirn. So rufen beispielsweise Menschen, die sich viele Sorgen machen, ihren Streß selbst hervor.

Tabelle 6-1 **Streß: Ursachen, Wahrnehmung, Auswirkungen, Symptome**

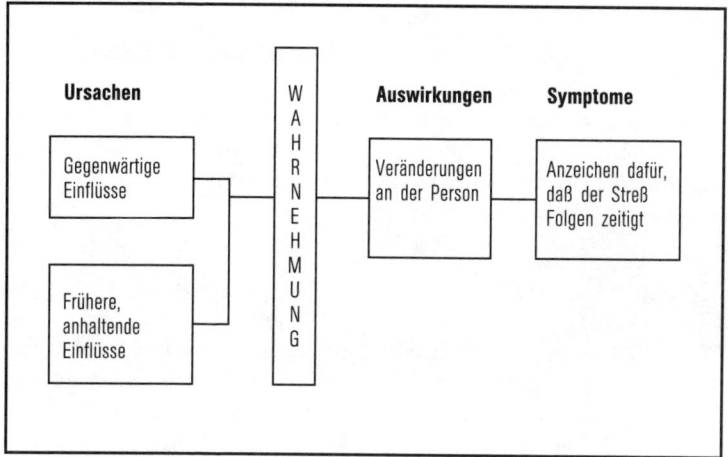

Der Begriff *Wahrnehmung* im zweiten Abschnitt des Diagramms bezieht sich darauf, wie wir den Streßfaktor beurteilen. Was einige als negativ ansehen, wird nicht unbedingt von anderen ebenso aufgefaßt. Wenn die Basketballmannschaft meiner Heimatstadt die Meisterschaft gewinnt, fassen es die Leute in unserer Gegend als gute Nachricht auf und erleben in ihrer Begeisterung *Eustreß*. Die Verlierer beurteilen die Situation anders, und einige stehen deshalb unter erheblichem *Distreß*.

Unterschiede gibt es auch bei den *Auswirkungen* von Streß. Dieselbe streßvolle Situation wirkt sich auf verschiedene Menschen unterschiedlich aus. Daran liegt es, daß wir den Streß, unter dem wir leiden, unterschiedlich zum Ausdruck bringen. Bittet Sie jemand um Ihren seelsorgerlichen Beistand, dann wissen Sie möglicherweise nicht, welche Streßquellen in seinem Leben vorhanden sind, wie er seine Lebenssituation wahrnimmt oder wie sich der Streß auf ihn auswirkt. Dennoch können Sie meistens einige *Symptome* von Streß erkennen.

Menschen, die einen Berater oder Seelsorger aufsuchen, beklagen sich häufig zuerst über ihre Sorgen, Beschwerden und Symptome. Um ihnen helfen zu können, müssen wir uns zunächst mit den Symptomen befassen (rechts im Diagramm). Dann bewegen wir uns gleichsam von rechts nach links und versuchen, die Auswirkungen des Stresses dadurch zu verringern, daß wir dem Hilfesuchenden zu einer veränderten Wahrnehmung der Ereignisse verhelfen und ihm Möglichkeiten aufzeigen, die Ursachen seines *Distreß* zu bewältigen.

Die Ursachen und die Wahrnehmung von Streß

Wir müssen keine Experten auf dem Gebiet der Streßbewältigung sein, um zu wissen, daß Streß auf viele unterschiedliche Ursachen zurückzuführen sein kann, von denen einige der Gegenwart, andere wiederum der Vergangenheit zuzuordnen sind.

Gegenwärtige Einflüsse

Wie Tabelle 6-2 zu entnehmen ist, läßt sich gegenwärtiger Streß in vier Kategorien einteilen. Zu den Ursachen physischen Stresses gehören Infekte und Krankheiten, der Einfluß von Drogen und Medikamenten, Eßgewohnheiten und Schlafmangel. Wir alle wissen, daß Kranksein ein Streßfaktor sein kann, doch trifft das ebenso auf Erschöpfung, einen zu hohen Kaffee- oder Zuckerkonsum, Bewegungsmangel und Zahnschmerzen zu.

Tabelle 6-2 **Gegenwärtige Einflüsse, die Streß auslösen können**

Physische (biologische) Streßfaktoren	Psychische Streßfaktoren

1. Infekte und/oder Krankheiten
2. Hirnschäden
3. Drogen und Medikamente
4. Biologische Deprivation
   * Schlafmangel
   * Unausgewogene Diät
   * Bewegungsmangel
   * Versagensängste;
    andere Formen von Ängstlichkeit
   * Sauerstoffmangel usw.
	1. Frustrationen einschließlich Langeweile
	2. Konfliktsituationen
	3. Innere Ängste, Konflikte oder Unsicherheiten
	4. Von außen kommender Druck
	5. Selbsterzeugter Druck
	6. Angst vor Umständen oder vor engen persönlichen Beziehungen;
	7. Zu viele oder zu schnell eintretende Veränderungen

Soziale Streßfaktoren	Geistliche Streßfaktoren
1. Ehestreitigkeiten	1. Sündenbewußtsein
2. Berufliche und finanzielle Spannungen	2. Schuld
3. Durch andere ausgeübter Druck	3. Geistliches Sichtreibenlassen
4. Katastrophe unter der Zivil-bevölkerung	4. Uneinigkeit innerhalb der Gemeinde
5. Krieg und andere Ereignisse auf nationaler Ebene	5. Unmittelbare satanische Beeinflussung
6. Unfälle	
7. Technischer Wandel	

Psychischer Streß entsteht am häufigsten durch Frustrationen, Konflikte mit anderen Personen, innere Ängste und Unsicherheiten sowie von außen kommendem Druck. Ein anspruchsvoller Chef oder ein quengeliges Kind kann uns unter Druck setzen, ebenso unsere eigenen Erwartungen. Am meisten geraten wir durch die eigene Unsicherheit sowie durch die Erwartungen oder Forderungen, die wir an uns selbst stellen, unter Druck.

Sozialer Streß, der dritte der vier Typen, entsteht durch die Gesellschaft, in der wir leben, oder durch die Menschen, mit denen wir zu tun haben. Streß dieser Art wird durch unseren Ehepartner oder unseren Chef, durch Lehrkräfte, durch Polizisten, die uns wegen zu schnellen Fahrens anhalten, und jedes Jahr einmal durch das Finanzamt ausgelöst.

Schließlich entsteht geistlicher Streß — wenn wir überzeugt sind, eine Sünde begangen zu haben, wenn wir keine stille Zeit gehalten oder nicht mit Jesus gelebt haben, und oftmals auch, wenn es in unserer Kirchengemeinde Spannungen gibt. Christen befinden sich mitten in einem geistlichen Kampf (Epheser 6,12 f.). Wir müssen erkennen, daß der Teufel und seine Helfershelfer uns nicht nur geistlich bedrücken, sondern auch im körperlichen, psychischen oder sozialen Bereich für zusätzlichen Streß sorgen können.

Frühere, anhaltende Einflüsse

Wie jemand in der Gegenwart auf Streß reagiert, hängt oftmals von seinen früheren Erlebnissen ab. Eines Tages entdeckte ich in einer Buchhandlung das Buch Toxic Parents: Overcoming their Hurtful Legacy and

Reclaiming Your Life [deutsch: Toxische Eltern. Wie Sie Ihr schmerzliches Vermächtnis bewältigen und Ihr Leben reklamieren können] von Susan Forward (New York: Bantam Books, 1989). Ein paar Monate später folgten Toxic Faith: Understanding and Overcoming Religious Addiction [Toxischer Glaube. Religiöse Suchterscheinungen verstehen und bewältigen] von Stephen Arterburn und Jack Felton (Nashville: Oliver Nelson, 1991) sowie einige andere Bücher, in denen auf den in die Gegenwart hineinwirkenden Einfluß früherer schädlicher Erfahrungen hingewiesen wird. Diese Einflüsse aus der Vergangenheit bleiben oftmals über Jahre bestehen und machen uns anfälliger für gegenwärtige Streßfaktoren.

Diese Einflüsse können wir wieder in vier Kategorien unterteilen, wie in Tabelle 6-3 dargestellt. Es handelt sich um Einflüsse aus der Vergangenheit, die zumindest teilweise darüber bestimmen, wie wir auf gegenwärtigen Streß reagieren. Zu den *physischen* Einflüssen aus der Vergangenheit zählen vererbte Charaktereigenschaften, frühere Krankheiten und frühere Drogen- oder Medikamentenabhängigkeit. Von *psychischen* Einflüssen aus der Vergangenheit kann die Rede sein, wenn jemand in einer „toxischen" oder dysfunktionalen Familie aufgewachsen ist, ein früheres psychisches Trauma erlebt hat und deshalb psychisch verletzt ist oder nie die Gelegenheit bekam, effektive soziale Fertigkeiten zu erlernen. Zu den *sozialen* Einflüssen aus der Vergangenheit zählt die Prägung, die wir durch unsere Volkszugehörigkeit, durch die soziale oder wirtschaftliche Stellung unserer Familie, durch unsere Erziehung oder durch unsere Zugehörigkeit zu einer bestimmten Religionsgemeinschaft oder Sekte erhalten haben. Von *geistlichen* Einflüssen aus der Vergangenheit sprechen wir, wenn jemand andauernd das Gefühl hat, Gott nicht zu gefallen, eine dauerhafte geistliche Leere empfindet oder frustriert ist, weil er den Anforderungen einer religiösen Respektsperson nicht zu entsprechen vermag.

Wir alle sind den verschiedensten Streßfaktoren unterworfen und haben alle einen unterschiedlichen Hintergrund. Daraus folgt, daß niemand den Streß auf genau dieselbe Weise erlebt. Das Problem wird außerdem durch unsere unterschiedlichen Wahrnehmungen verkompliziert.

Unterschiedliche Sichtweisen

Als meine Mutter in einem Seniorenheim wohnte, nahm sie ihre Mahlzeiten zusammen mit drei weiteren Bewohnerinnen ein. Diese vier Frauen saßen dreimal am Tag um denselben Tisch und lebten mehr oder weniger unter denselben Bedingungen; dennoch hatten sie anscheinend

Tabelle 6-3 **Einige frühere, anhaltende Einflüsse**

Physische (biologische) Einflüsse	**Psychische Einflüsse**

1. Vererbte Charaktereigenschaften
2. Kongenitale und erworbene Störungen
3. Frühere oder chronische Krankheit
4. Drogen- oder Medikamentenabhängigkeit
5. Weitere anhaltende physische Zustände
	1. Erziehung
	   * Verlust der Eltern; Vernachlässigung oder Mißhandlung durch die Eltern
	   * Ablehnung oder übermäßiges Behütetsein
	   * Überfürsorgliche, allzu nachsichtige oder tolerante Eltern
	   * Starre, perfektionistische Forderungen
	2. Zerstrittene oder dysfunktionale Familie
	3. Frühes Trauma
	4. Unangemessene Lernerfahrung

Soziale Einflüsse	**Geistliche Einflüsse**
1. Zugehörigkeit zu einer rassischen oder nationalen Minderheit 2. Sozialer oder wirtschaftlicher Status des Elternhauses 3. Bildungsstand 4. Wohnort 5. Religionszugehörigkeit 6. Ehestand 7. Geschlecht (und sexuelle Orientierung)	1. Gefühle des Unwürdigseins oder Versagens 2. Anhaltende geistliche Leere 3. Fehlender Glaube an Christus 4. Mitgliedschaft in einer starren oder gesetzlichen Religionsgemeinschaft oder Sekte 5. Theologische Irrtümer und Mißverständnisse

alle eine eigene Meinung über das Essen, das Heim und das Pflegepersonal. Unterschiedliche Sichtweisen dieser Art sind nicht auf ältere Menschen beschränkt. Jeder unter uns hat einen eigenen, einzigartigen Standpunkt, von dem aus er die Ereignisse und Belastungen des Lebens beurteilt. Wenn Studenten vor ihrer Abschlußprüfung stehen, bleiben einige ruhig, während andere völlig verunsichert reagieren. Menschen, die von einer Naturkatastrophe — beispielsweise einer Überschwemmung oder einem Sturm — heimgesucht werden, sehen sich zwar alle den gleichen Gefahren ausgesetzt, doch beurteilen sie den Streß, den sie dabei erleben, unterschiedlich.

Worauf sind diese Unterschiede zurückzuführen? Wahrscheinlich üben Unterschiede der Persönlichkeit einen gewissen Einfluß aus, aber auch unsere früheren Erfahrungen bei der Bewältigung ähnlicher Situationen. Menschen, die ihren Streß schon früher erfolgreich bewältigt haben, werden neuen Streß im Normalfall als eine willkommene Herausforderung auffassen. Ganz anders Menschen, die in der Vergangenheit nicht zurechtgekommen sind.

Wie wir eine Streßsituation wahrnehmen, hängt unter anderem davon ab, ob wir sie als bedrohlich empfinden oder nicht. Eine bedrohliche Situation wird besonders aufreibend empfunden, vor allem von Menschen, die nicht glauben, über die nötigen Kraftquellen oder Fähigkeiten zu verfügen, um sie zu bewältigen. Unsere Sichtweise hängt auch teilweise davon ab, ob wir das Gefühl haben, die jeweilige Situation unter Kontrolle zu haben. So wurde beispielsweise festgestellt, daß Patienten in chirurgischer Behandlung ihre Operationen weniger streßauslösend empfinden und sich schneller wieder erholen, wenn ihnen von vornherein realistische Erwartungen vermittelt werden und sie über Dinge Bescheid wissen, die sie selbst tun können, um den Genesungsprozeß in den Griff zu bekommen. Christen, die sich darüber im klaren sind, daß Gott in allen Dingen das letzte Wort hat, beurteilen die Schwierigkeiten des Lebens normalerweise anders als Nichtchristen.

Wenn wir die Ursachen unserer Streßsituationen verstehen und eine Vorstellung davon haben, wie lange sie anhalten werden, können wir sie bei ihrem Auftreten besser bewältigen. Um zu verstehen, wie sich der Streß auf einen Menschen auswirkt, sollten wir daher zu bestimmen versuchen, wie er seine Umstände sowie seine Fähigkeit wahrnimmt, sie zu bewältigen.

Die Auswirkungen von Streß

Streß wird nicht nur unterschiedlich wahrgenommen, sondern wirkt sich auch auf Menschen unterschiedlich aus. Vor einigen Jahren wiesen Kardiologen aus San Francisco darauf hin, daß sich die Menschen ganz grob in zwei Kategorien einteilen lassen, Typ A und Typ B. Niemand entspricht hundertprozentig einer der beiden Kategorien. Den Ärzten zufolge sind Personen des Typs A äußerst ehrgeizig, aggressiv und konkurrenzbewußt; sie treiben sich selbst an und streben ständig nach Erfolg. Personen des Typs B hingegen sind ganz anders: ruhiger, entspannter, weniger leistungsorientiert. Nach jahrelangen Forschungen berichteten die Ärzte, die die beiden Kategorien vorgeschlagen hatten, daß die Wahrscheinlichkeit, einen Herzinfarkt zu bekommen, bei Personen des Typs A siebenmal höher sei als bei Personen des Typs B.

In unserer streßgeplagten Gesellschaft wissen die meisten Menschen, daß ein dem Typ A entsprechender Lebensstil einen mächtigen, manchmal sogar lebensbedrohlichen Einfluß auf unseren Körper ausüben kann.

Ähnliches geschieht, wenn wir eine anspruchsvolle Arbeit tun, in ständiger Lebensgefahr leben müssen, unser Leben oder unsere Umstände nicht in den Griff bekommen oder auf andere Weise wochen- oder jahrelang unter ständigen inneren Spannungen leben. Wir sind dann physischen und psychischen Abnutzungserscheinungen unterworfen. Die Qualität unserer zwischenmenschlichen Beziehungen läßt nach, und oftmals fühlen wir uns von Gott abgeschnitten. Derartige Umstände bewirken schnell, eine sauertöpfische, verbitterte oder hoffnungslose Haltung einzunehmen, die ihrerseits noch mehr Streß hervorruft.

Außenstehende nehmen derartige Veränderungen nicht immer wahr, doch manifestieren sie sich im Laufe der Zeit als Anzeichen oder Symptome. Wenn diese Symptome fortdauern oder unerträglich werden, sucht man meist einen Arzt, einen Berater oder einen Freund auf, um Hilfe zu finden.

Anzeichen und Symptome von Streß

Wie reagieren Sie, wenn Sie unter Streß stehen? Wahrscheinlich haben die meisten Menschen eine eigene Art, auf den Druck zu reagieren, den das Leben mit sich bringt. Deshalb reagieren Sie möglicherweise anders auf Streß als Ihre Freunde oder Familienangehörigen. In Tabelle 6-4 — und ich verspreche Ihnen, daß dies die letzte Tabelle in diesem Kapitel sein wird — werden einige häufige Reaktionen auf Streß aufgezählt. Selbstverständlich sind nur ausgebildete Mediziner qualifiziert, die physischen Symptome, die vom Streß herrühren oder ihn bisweilen auch hervorrufen, zu diagnostizieren und zu behandeln. Ebenso verfügen nur professionelle Berater über das nötige Rüstzeug, um sich an Hand sorgfältig entwickelter psychologischer Testverfahren und ähnlicher Methoden ein genaues Bild von den streßbedingten psychischen Symptomen zu verschaffen.

Dennoch können wir alle durch Beobachten und Zuhören feststellen, wie Streß sich auf Hilfesuchende auswirkt. So neige ich beispielsweise dazu, mich in Streßsituationen zurückzuziehen, eine negative Einstellung an den Tag zu legen und ungeduldig zu werden. Es bedarf keiner ausgefeilten medizinischen oder psychologischen Untersuchung, damit meine Familie merkt, was sich da abspielt. Wir können viel erfahren, wenn wir unsere Augen und Ohren aufhalten und uns bemühen, ein gesundes Empfinden für das zu entwickeln, was die Worte und die Körpersprache unseres Gegenübers uns wirklich mitteilen.

Tabelle 6-4 **Einige Anzeichen und Symptome von Streß**

Physische Symptome	Psychische Symptome
1. Schwankungen des Blutdrucks; Kreislaufprobleme	1. Überhöhte Tendenz, andere anzugreifen oder sich von ihnen zurückzuziehen ("Kampf oder Flucht")
2. Erhöhter Blutzuckerspiegel	2. Einsatz von Abwehrmechanismen
3. Gastrointestinale Veränderungen, die zu Magengeschwüren führen können	3. Psychisch abnormes Verhalten, wie z. B.: * falsche Wahrnehmungen * übermäßiges Besorgtsein
4. Geringe Widerstandskraft gegen Krankheiten; Zunahme streß- bedingter Krankheiten	* verdrehtes Denken (verkehrte Annah- men; falsche Schlußfolgerungen) * unangemessene Gefühlsausbrüche
5. Nachlassende Muskelkraft, Rücken- probleme	* ständig wiederholte Tätigkeiten (wie Auf- und Abschreiten oder Kauen an den Fingernägeln)
6. Zunahme kardiovaskulärer Krankheiten	* unangemessenes oder ungewöhnliches Verhalten anderen Personen gegenüber * Desorientierung und Verwirrtheit * jedes andere seltsame Verhalten

Soziale Symptome	Geistliche Symptome
1. Zusammenbruch von Beziehungen (so z. B., wenn Familien auseinander- brechen, Kirchengemeinden sich spalten, Angestellte ein und derselben Firma sich gegenseitig zu erledigen versuchen)	1. Lang anhaltende Schuldgefühle, Zweifel, Versagensängste
2. Gesellschaftlicher Aufruhr (z. B. Streikbewegungen, Unruhen, Revolutionen, Kriege)	2. Das Gefühl, von Gott verlassen zu sein 3. Ständiges geistliches Suchen 4. Fanatismus und/oder Mitgliedschaft in einer Sekte oder Kultgemeinschaft

Hilfen bei der Bewältigung von Streß

Jeff Alm ging als Footballspieler einer glänzenden Zukunft entgegen. Er zeichnete sich bei Notre Dame aus und wurde daraufhin von den Houston Oilers verpflichtet. Von seinem Manager wurde er als „ungewöhnlicher Bursche" bezeichnet, der Intelligenz mit Bescheidenheit und Humor verbinde. Eines Abends jedoch verlor Jeff Alm auf einer Autobahnbrücke die Gewalt über sein Fahrzeug. Sein bester Freund, der auf dem Beifahrersitz saß, wurde aus dem Wagen geschleudert und stürzte über acht Meter tief in den Tod. Daraufhin griff der junge Footballspieler ins Handschuhfach, holte einen Revolver heraus, steckte ihn sich in den

Mund und drückte ab. Seine Freunde sowie ein ganzes Heer von Journalisten versuchten, der Tragödie einen Sinn abzugewinnen. Einig darüber waren sich alle, daß Jeff sich in einem Augenblick das Leben nahm, als er unter starker Schockwirkung stand und sich vermutlich am Tod seines Freundes schuldig fühlte. Der Streß hat ihn völlig überwältigt.

Diese Geschichte liefert ein tragisches, recht außergewöhnliches Beispiel dafür, wie jemand auf starken Streß reagieren kann. Unter ähnlichen Umständen hätten Sie oder ich ganz anders reagieren können, wobei die Folgen möglicherweise genauso destruktiv gewesen wären wie bei Jeff Alms Suizid. Jeder Berater weiß, daß aufreibende Streßsituationen bei einigen Personen starke Depressionen, geistige Krankheiten, einen starken Hang zum Alkohol- oder Medikamentenmißbrauch sowie streßbedingte körperliche Gebrechen und eine Verschlechterung des Gesundheitszustandes hervorrufen können. Besonders starker Streß wirkt zermürbend auf das Leistungsvermögen und die Konzentrationsfähigkeit, führt zu Erschöpfungszuständen, erschwert die Bewältigung zusätzlichen Drucks, schränkt die Beziehungsfähigkeit ein und greift das Immunsystem an.

Es gibt jedoch hilfreiche Möglichkeiten, sowohl selbst mit dem Streß fertig zu werden als auch anderen bei der Bewältigung von Streßsituationen zu helfen. Zunächst ist es ratsam, eine *Bestandsaufnahme* zu machen. Das kann beruhigen und dazu beitragen, die Streßsituation in die richtige Perspektive zu rücken. Manchmal schaffen wir dies allein mit Hilfe eines Notizblocks, oder aber es ist hilfreicher, sich mit einem fürsorglichen Seelsorger darüber zu unterhalten. Fragen Sie sich, was wirklich Ihren Streß auslöst. Haben Sie sich ein genaues Bild der Situation gemacht? Was könnten Sie unternehmen, um das Problem aus der Welt zu schaffen? Welche Hilfen haben sich in ähnlichen Situationen schon einmal bewährt? Wo mehrere Streßfaktoren zusammenkommen, hat einer von ihnen fast immer Vorrangstellung. Am besten arbeitet man zunächst an dem Streßfaktor, der am meisten beunruhigt oder zerrüttet, und geht dann erst zu den anderen über. Manchmal fängt man am besten mit der Erkenntnis an, daß einige Dinge aufgrund der Streßsituation, in der man gegenwärtig steht, möglicherweise für immer bleiben.

Der Streß zwingt uns oftmals zur Anpassung; gerade das macht es manchmal so schwer, ihn zu bewältigen. Es kann jedoch auch eine gesunde Reaktion auf den Streß sein, *Veränderungen in die Wege zu leiten*. Veränderungen können wir an unserem Umfeld, an unseren Wahrnehmungen, an unserem Körper und an unseren Fähigkeiten vornehmen. Um in Ihrem Umfeld Veränderungen vornehmen zu können, überlegen

Sie, ob Sie nicht einiges aus Ihrem Terminkalender streichen, Ihre Arbeitsstelle wechseln, sich — vielleicht auch geographisch — von Menschen, die bei Ihnen Streß hervorrufen, distanzieren oder sich die Zeit nehmen können, über Ihr Leben nachzudenken. Um Veränderungen an Ihren Wahrnehmungen vorzunehmen, müssen Sie zunächst einmal erkennen, daß uns in schweren Zeiten oftmals die richtige Perspektive abhanden kommt. An manchen Ereignissen, wie gefährlichen Wetterbedingungen oder einer unheilbaren Krankheit, läßt sich nichts ändern, aber auch in solchen Situationen können wir unsere eigene Sichtweise beeinflussen. Versuchen Sie, allein oder mit Hilfe einer anderen Person zu einer ausgewogeneren Sicht des Vorgefallenen sowie Ihrer eigenen Reaktionen zu gelangen.

Leicht übersehen wir, daß Streß sich leichter bewältigen läßt, wenn wir unserem Körper die nötige Aufmerksamkeit widmen. Einfache Maßnahmen — ausreichende Ruhezeiten, eine ausgewogene Diät, körperliche Bewegung — können uns durchaus in die Lage versetzen, besser den Belastungen des modernen Lebens standzuhalten.

Auch an unseren Fähigkeiten können wir Veränderungen vornehmen. Angenommen, jemand steht wegen des Verlustes seiner Arbeitsstelle unter Streß. Dann braucht er vielleicht Hilfe, Bewerbungen richtig zu schreiben, Vorstellungsgespräche besser zu meistern oder eine zusätzliche Ausbildung zu erhalten bzw. eine Umschulungsmaßnahme mitmachen zu können. Wenn wir Veränderungen an dem vornehmen, was wir wissen oder zu leisten imstande sind, könnte dies auch Auswirkungen von Streß lindern.

Neben der Bestandsaufnahme und dem Bemühen um Veränderungen kann es sich als hilfreich erweisen, *zukünftigen Streß im voraus abzuschätzen*, vor allem, wenn die befürchtete Streßsituation zu diesem Zeitpunkt noch nicht eingetreten ist. Aus der bereits erwähnten Forschungsarbeit geht hervor, daß Krankenhauspatienten, denen vor einer Operation eine realistische Vorstellung dessen vermittelt wurde, was auf sie zukommt, eher in der Lage waren, den prä- bzw. postoperativen Streß zu bewältigen und sich nach der Operation schneller zu erholen.[1] Diesen Prozeß hat man als „Schutzimpfung gegen den Streß" bezeichnet. Der Betroffene wird auf das vorbereitet, was auf ihn zukommt, so daß er, wenn die befürchtete Streßsituation eintritt, nicht überrascht ist, über einige notwendige Kenntnisse verfügt und weniger dazu neigt, sich von Furcht und Ungewißheit lähmen zu lassen.

Darüber hinaus fällt uns Christen die Streßbewältigung leichter, wenn wir *unsere geistlichen Kraftquellen anzapfen*. Unterschätzen Sie niemals die Macht des Gebets, den Trost, der uns aus dem Nachsinnen über Gottes Wort erwächst, die mutmachende Wirkung gemeinschaftlicher Anbetung, den Wert der Besinnung auf das Wesen Gottes oder die Unterstützung durch unsere Mitchristen.

Damit kommen wir zu einem weiteren gesunden Mittel der Streßbewältigung, der *sozialen Unterstützung*. Wenn Jeff Alm eine fürsorgliche Person zur Seite gestanden hätte, als er zum Revolver griff, wäre er wahrscheinlich noch heute am Leben. Die Forschung hat bestätigt, was den meisten unter uns ohnehin schon klar war: Die Anwesenheit anderer Menschen und ihre Unterstützung lindern die Auswirkungen von Streß wesentlich und machen Streßbewältigungsmaßnahmen wirksamer. Entgegengesetzt gilt: Wo einem Menschen die Unterstützung anderer oder seines Umfelds fehlt, trifft ihn der Streß um so härter, und seine Fähigkeit, standzuhalten, nimmt eher ab.[2]

Der Seelsorger kann anderen dabei helfen, eine Bestandsaufnahme zu machen, Veränderungen vorzunehmen, mögliche zukünftige Streßsituationen abzuschätzen und die Kraft und den Trost anzuzapfen, die Gott bereitstellt. In Streßsituationen stellen viele Menschen fest, daß die Anwesenheit einer fürsorglichen Person eine große Hilfe ist, vor allem dann, wenn diese Person an den Gott allen Trostes glaubt. Bisweilen erweist sich unsere bloße Anwesenheit als Quelle des Trostes.

Einander ermutigen

Die Bibel fordert uns auf, einander Mut zu machen, und in der Tat haben wir alle von Zeit zu Zeit eine Ermutigung nötig (Römer 1,11 f.; 1. Thessalonicher 4,18; 5,11; Hebräer 3,13; 10,24 f.). Zu den beliebtesten neutestamentlichen Persönlichkeiten zählt Joseph, ein Mann aus Zypern. Diesem Joseph lag es so sehr am Herzen, andere zu ermutigen, daß die ersten Christen ihm einen neuen Namen gaben: Barnabas oder „Sohn des Trostes". Er wird mehrmals in der Schrift erwähnt, und fast jedesmal tut er gerade etwas Ermutigendes.[3]

So waren beispielsweise viele Christen nach der Bekehrung des Paulus nicht bereit, ihm zu vertrauen. Ihr Mißtrauen war nicht ganz unbegründet, denn Paulus war bis dahin der eifrigste Verfolger der jungen Gemeinde gewesen. Barnabas aber ermutigte Paulus, führte ihn zu den Aposteln und stand ihm bei, als andere noch voller Argwohn waren.

Viele Jahre später machte Paulus in seinem wahrscheinlich letzten Brief deutlich, daß auch er es gelernt hatte, anderen Mut zu machen. (Vielleicht war ihm Barnabas hierin ein Vorbild.) Der alternde Apostel befand sich in einem kalten, feuchten Gefängnis, als er seinen Brief schrieb. Dennoch klagte er nicht. Statt dessen schrieb er Positives, Mutmachendes an Timotheus, den jüngeren Mann, der das Werk seines Mentors fortführen sollte. Gleich zu Anfang des Briefes dankt Paulus Gott trotz seiner schwierigen Umstände (2. Timotheus 1,3).

Als nächstes spricht Paulus vom Gebet. Wenn Menschen Ermutigung und Hilfe brauchen, können wir manchmal nichts für sie tun außer beten. Das ist tatsächlich das Beste, was wir für sie tun können. Wie sehr muß es Timotheus ermutigt haben, als er erfuhr, daß der Apostel Paulus unablässig seiner im Gebet gedachte (Vers 3)?

Paulus ermutigt Timotheus weiter, indem er ihm hilft, *die Dinge in die richtige Perspektive zu rücken.* Er erwähnt in seinem Brief die Tränen, die beide vergossen hatten, als sie voneinander Abschied nahmen. Dann kommt er auf die Familie und Erziehung des Timotheus zu sprechen, erinnert ihn an seine Berufung in den geistlichen Dienst und legt Wert auf die Feststellung, daß Gott, obwohl er Leid zuläßt, dennoch allmächtig ist (Verse 4-8).

In seinem ganzen Brief bleibt Paulus bemüht, seinem jüngeren Kollegen Wegweisung und Rat zu erteilen. So schreibt er unter anderem: „Bewahre das kostbare Gut, das dir anvertraut ist. Bilde jüngere Männer aus, damit sie deinen Dienst fortsetzen können. Bemühe dich darum, dich als ein rechtschaffener Arbeiter zu erweisen. Meide das Böse, den Zank und die Habgier. Trachte lieber nach Heiligkeit."

Als Timotheus den Brief las, wird er durch die Aufforderungen seines älteren Freundes ermutigt worden sein. Wahrscheinlich fühlte er sich auch herausgefordert, denn Paulus *ruft* ihn *zum Handeln auf.* „Beeile dich, daß du bald zu mir kommst ... Den Mantel, den ich in Troas ließ bei Karpus, bringe mit ... und die Bücher" (4,9.13). Außerdem fordert er Timotheus zum Predigen auf; er soll seine Hörer „mit aller Geduld und Lehre" zurechtweisen, drohen und ermahnen. Manchmal können wir andere sehr effektiv ermutigen, indem wir sie zum Handeln auffordern.

Wenn Sie ein Seelsorger sein möchten, aber nicht wissen, wie Sie damit anfangen sollen, sollten Sie ab sofort einen Dienst der Ermutigung tun. Beten Sie um Menschen, die Ihre ermutigenden Worte brauchen. Schicken Sie jemandem, der vielleicht nicht damit rechnet — einem Verwandten, einer Sekretärin, einem Pastor oder geistlichen Leiter, einer ehemaligen Lehrerin —, eine Postkarte oder einen kurzen Brief. Halten Sie jeden Tag nach Gelegenheiten Ausschau, jemanden durch ein Kompliment, ein Wort des Dankes oder eine positive Beurteilung seiner Arbeit zu ermutigen.

Dabei werden Sie wahrscheinlich – wie Paulus, als er im Gefängnis den zweiten Timotheusbrief abfaßte – feststellen, daß ermutigende Worte, die man an andere richtet, einen nicht unbedeutenden Beitrag zur Bewältigung des eigenen Schmerzes und der eigenen Kämpfe leisten. Es überrascht immer wieder, wie schnell ein freundliches, ermutigendes Wort den Angeredeten aufheitern und den Sprecher selbst ermutigen kann (Sprüche 12,25; 25,11).

Kürzlich erfuhr ein kalifornischer Hochschuldozent aus dem Fernsehen, daß in seiner Stadt ein weiterer „willkürlicher Akt sinnloser Gewalt" begangen worden war. Das brachte ihn dazu, sich zu fragen, wie es wäre, in einer Stadt zu leben, in der die Menschen „willkürliche Akte sinnloser Freundlichkeit" begehen würden.

Am folgenden Tag erteilte er seinen Studenten einen ausgefallenen Auftrag: Sie sollten etwas Außergewöhnliches tun, um jemand anderem zu helfen. Die Studenten gingen begeistert darauf ein. Ein junger Mann kaufte bei der Heilsarmee zwanzig Decken und verteilte sie an Obdachlose, die unter einer Brücke schliefen. Einer überließ einem anderen Autofahrer einen günstig gelegenen Parkplatz und fuhr selbst eine längere Strecke bis zur nächsten Parklücke.

Ein Mitarbeiter der örtlichen Bank hörte von diesem Experiment und ließ Autoaufkleber mit dem Text bedrucken: „Begehe einen willkürlichen Akt sinnloser Freundlichkeit." Diese Aufkleber wurden zum Stückpreis von einem Dollar verkauft, und das Geld floß einem Wohltätigkeitsverein zu. Zu den Abnehmern gehörte die örtliche Polizei, die die Aufkleber an ihren Streifenwagen anbrachte. Der Gedanke wurde in Rundfunksendungen erörtert, in Schulen verbreitet und von der Kanzel empfohlen.

Der Hochschuldozent war überrascht von der Reaktion – und begeistert. Es schien fast so, als wollten sich alle einhunderttausend Bewohner in seiner Stadt an der Aktion beteiligen. Eine Zeitlang zumindest wandte die gesamte Bevölkerung ein grundlegendes biblisches Prinzip an mit dem Ziel, einander zu ermutigen: „Seid untereinander freundlich" (Epheser 4,32).

Daß das starke Auswirkungen auf das Leben der ganzen Stadt hatte, versteht sich von selbst.

Anmerkungen

[1] Irving L. Janis, Psychological Stress: Psychological and Behavioral Studies of Surgical Patients. New York: Wiley, 1958.

[2] Robert C. Carson und James Butcher, Abnormal Psychology and Modern Life. New York: Harper Collins, 1992, S. 144.

[3] In den letzten Jahren ist Ermutigung unter Christen zum beliebten Thema avanciert. Es sind mehrere Bücher darüber erschienen, darunter: Gene A. Getz, Encouraging One Another. Wheaton: Victor Books, 1982; Lawrence Crabb und Dan B. Allender, Encouragement: Key to Caring. Grand Rapids: Zondervan, 1984. Ein Schriftsteller aus Großbritannien hat die Ermutigung zum „Barnabasfaktor" umgetauft: siehe Derek Wood, The Barnabas Factor: The Power of Encouragement. Leicester: InterVarsity Press, 1988.

7. Seelsorge in Lebenskrisen

Auf dem Weg durchs Leben geraten wir zumindest gelegentlich in Krisensituationen. Der Tod eines lieben Menschen, die Geburt eines mißgebildeten Kindes, das Scheitern einer Ehe, die Ablehnung eines Studienplatzes, ein Verkehrsunfall – das alles sind Ereignisse, die uns erschüttern und ein Gefühl der Bedrohung sowie Ängste, Verwirrung und häufig auch Depressionen hervorrufen. Man könnte eine Lebenskrise – pauschal ausgedrückt – als *Begebenheiten bezeichnen, die für das Wohlergehen eines Menschen eine Bedrohung darstellen und seine tägliche Lebensweise stören oder unterbrechen.* Krisensituationen erzeugen Streß, weil sie unseren Lebensrhythmus beeinträchtigen, meist dauerhafte Folgen nach sich ziehen und uns zwingen, sie mit Mitteln zu bewältigen, die wir möglicherweise bis dahin nicht angewandt haben.

Die meisten Menschen bewältigen mehr oder weniger erfolgreich die Probleme und Herausforderungen des Lebens. Hin und wieder entsteht jedoch eine Situation, die so neuartig und bedrohlich ist, daß unsere übliche Verhaltensweise versagt. Wir sehen uns plötzlich gezwungen, Druck und Spannungen mit Hilfe von neuen, unerprobten Möglichkeiten anzugehen.

Früher wandten sich die Menschen in Krisensituationen zuerst an Familienangehörige, um von ihnen Rat, Hilfe, Wegweisung und Zuspruch zu erhalten. Das ist in vielen Teilen der Welt noch immer so, nicht jedoch in großen Teilen Nordamerikas und auch Europas. Wir sind mobiler geworden, ziehen häufiger um und befinden uns oftmals weit von den Familienangehörigen entfernt, die am besten in der Lage wären, uns in Krisensituationen zu stützen. Deshalb wenden wir uns dann an Nachbarn, Freunde, Mitarbeiter, Mitglieder unserer Kirchengemeinde und Pastoren. Sie sind in Krisensituationen meist zur Stelle und leisten in vielen Fällen gute Dienste.

Lebenskrisen sind unterschiedlich

Wir können sie grob in zwei Kategorien unterteilen. *Entwicklungsbedingte Krisen* sind vorhersagbar und treten in ganz bestimmten Lebensabschnitten auf. Unser erster Schultag, die Pubertät, die Periode der Anpassung nach der Hochzeit, die Unwägbarkeiten des mittleren Lebensabschnitts, die Zeit der Gewöhnung an den Ruhestand – das alles sind Krisensituationen, deren Bewältigung eine besondere Anstrengung der Betroffenen und deren Familien erfordert. Diese Lebenskrisen können sehr ernsthaft sein, lassen sich aber im Normalfall vorhersagen und können durch Anpassung an die neue Lebensstufe bewältigt werden.

Zufällige Lebenskrisen hingegen sind kaum vorhersagbar. Deshalb treffen sie uns oft weit härter. Der plötzliche Verlust einer Arbeitsstelle, die Nachricht eines plötzlichen Todesfalles oder der unerwartete Abbruch einer festen Beziehung – das sind Beispiele für Krisensituationen, die höchste Anforderungen an die Beteiligten stellen und uns oft genug hilflos und ratlos machen.

Wie wir auf Lebenskrisen reagieren

Die meisten Menschen wenden in Krisenzeiten zunächst ihre gewöhnliche, bewährte Bewältigungsstrategie an. Es stellt sich jedoch schnell heraus, daß diese nicht greift. Der anfangs verspürte Streß läßt nicht nach; statt dessen kommen Frustrationen oder Verwirrung hinzu, weil der Betroffene seine Krise nicht zu bewältigen vermag. Dann werden sämtliche inneren Kraftquellen mobilisiert. Der Betroffene wendet die sogenannte Trial-and-error-Methode an, versucht, schöpferische, neue Möglichkeiten zu erschließen, und versucht, Umstände, an denen sich nichts ändern läßt, zu akzeptieren und daraus das Beste zu machen. Wenn das alles nicht funktioniert, erleidet der Betroffene früher oder später einen physischen oder seelischen Zusammenbruch. Sämtliche inneren Reserven und Kraftquellen zur Streßbewältigung sind verbraucht, und der Betroffene gibt erschöpft auf. Manchmal zieht er sich in eine Scheinwelt zurück oder entwickelt irrationale Verhaltensweisen, die das Problem überdecken, aber keineswegs zu einer Lösung beitragen.

Die Einzigartigkeit jeder Lebenskrise

Jede Krisensituation ist einzigartig. Was sich in einer Lebenskrise ereignet, hängt teilweise von den Umständen, der Persönlichkeit und der psychischen Veranlagung der Betroffenen sowie von der seelsorgerlichen Hilfe, dem Ausgang früher gemachter Erfahrungen und der Intensität des Streßerlebnisses ab. Bei besonders starkem Streß brechen einige Menschen fast sofort psychisch wie körperlich zusammen. Andere stellen fest, daß sie über innere Kraftreserven verfügen, die sie in die Lage versetzen, intensivem Druck auch über längere Zeiträume standzuhalten.

Allerdings weisen wir fast alle in Krisenzeiten bestimmte Merkmale auf, beispielsweise *Angst*. Manchmal tritt sie so intensiv auf, daß der Betroffene nicht mehr klar denken kann, was zu einer unangemessenen Handlungsweise oder zu unüberlegten Entscheidungen führen kann, die das ursprüngliche Problem weiter belasten. Dazu kommt oftmals ein Gefühl der *Hilflosigkeit*. Der Betroffene weiß nicht, wie er sich verhalten soll, und schämt sich häufig seiner mangelnden Selbstsicherheit. Eine gewisse *Abhängigkeit* von anderen läßt sich in einer solchen Situation nicht vermeiden, was aber auch zu weiteren Problemen führen kann. Bisweilen fühlt sich der Betroffene schuldig wegen seiner Abhängigkeit, frustriert wegen seines Unvermögens, Entscheidungen zu treffen – und zornig, weil andere in seinem Leben das Ruder übernommen haben. Das alles kann zum *Verlust des gesunden Selbstwertgefühls* beitragen; der Betroffene fühlt sich verwundbar, weil ihm die Kontrolle entglitten ist. Der aufgrund der Gesamtsituation aufgestaute Zorn richtet sich, auch wenn er häufig überdeckt wird, gegen andere, eventuell auch gegen den Seelsorger. Der von der Krise Betroffene weiß in seiner Frustration nicht, auf wen er böse sein soll und schlägt deshalb verbal gegen Menschen aus, die ihm am nächsten stehen, aber trotz seiner Ausbrüche vermutlich weiter zu ihm stehen werden. Manchmal empfinden Betroffene Zorn gegen Gott, was zu Schuldgefühlen führen kann. Dazu tritt möglicherweise ein *nachlassendes Leistungsvermögen* im Alltag: Der Betroffene grübelt ständig über sein Problem nach, macht sich Sorgen, was sich als nächstes ereignen könnte, und fragt sich, warum alles überhaupt so eingetreten ist. Diese Emotionen und Haltungen nehmen für sich die Zeit, Energie und Aufmerksamkeit in Anspruch, die normalerweise für andere Aktivitäten benötigt werden.

In Krisenzeiten Beistand leisten

Eine Krise ist eine mehr als vermehrt auftretende Spannung oder ein gestörter Tagesablauf. Krisen geben unserem Leben oftmals eine neue Richtung; von unserer Reaktion hängt möglicherweise unsere künftige Anpassungsfähigkeit sowie unsere geistige Gesundheit ab.

Wenn wir in der Lage sind, die Krise zu bewältigen, uns den veränderten Umständen anzupassen oder eine wirksame Lösung für das Problem zu finden, das die Krise auslöste, wächst unser Selbstvertrauen. Das wiederum befähigt uns, erfolgreicher mit künftigen Krisen umzugehen. Ist man aber nicht in der Lage, eine Krise zu bewältigen, stellen sich Gefühle des Versagens oder der Hilflosigkeit ein, die sich auf die nächste Krise übertragen und es in Zukunft noch schwerer machen, sich anzupassen.

In Krisenzeiten versuchen die meisten Menschen, ihre inneren Reserven zu mobilisieren. Manchmal nehmen sie dabei die Hilfe professioneller Lebensberater in Anspruch. Die geschicktesten Helfer sind jedoch in den meisten Fällen Leute, die der Hilfesuchende bereits kennt, achtet und liebt. Je enger wir uns mit dem von der Krise Betroffenen verbunden fühlen und je deutlicher uns die Krisensituation bewußt ist, um so wahrscheinlicher wird unsere Hilfe in Anspruch genommen – und um so leichter dürfte es uns fallen, von uns aus die Initiative zu ergreifen.

Wie können wir anderen in Krisenzeiten Beistand leisten? Es ist ratsam, uns zuerst mit Tabelle 7-1 zu befassen. Sie verdeutlicht uns eine ganze Reihe gesunder wie ungesunder Möglichkeiten der Krisenbewältigung. Ist es bei einem Hilfesuchenden zu einer schweren Erkrankung, einem Todesfall in der Familie, einem herben finanziellen Verlust, einem Ehestreit oder einer anderen Krisensituation gekommen, dann wird der Seelsorger darauf hinarbeiten, die Person möglichst von ungesunden Verhaltensweisen, Gefühlen und Gedanken abzuhalten und ihr zu helfen, sich statt dessen auf gesundes, aufbauendes Verhalten zu konzentrieren.

Um dieses Ziel zu verwirklichen, bedarf es zunächst der örtlichen Nähe. Es ist schwierig, obwohl nicht ganz unmöglich, jemandem aus der Ferne beizustehen. Darüber hinaus sollte der Seelsorger sofort verfügbar sein – mitten in der Nacht, wenn es sein muß. Er sollte mobil sein, damit er den Hilfesuchenden notfalls schnell besuchen kann; und im Blick auf seine seelsorgerlichen Methoden sollte er unbedingt flexibel sein. Diese Kriterien erfüllen am ehesten Familienangehörige, Freunde, Nachbarn, Gemeindemitglieder und Geistliche. Letztgenannte können in Krisenzeiten besonders hilfreich sein, weil sie in den Augen einer entmutigten, verunsicherten Person Hoffnung und in Gott wurzelnde Stabilität verkörpern.

Es wird Ihnen bei der Lektüre der folgenden Absätze über das *Einschreiten in Krisensituationen* auffallen, daß der Seelsorger im allgemeinen eine aktivere Rolle spielt als sonst: Er versucht, die Situation zu klären, er informiert und beruhigt, und manchmal schlägt er auch bestimmte Vorgehensweisen vor. Menschen, die in einer Krise stecken, sind normalerweise verwirrt und unsicher. Sie benötigen einen fürsorglichen Helfer, der auf jegliche Manipulation verzichtet, jedoch bereit ist, so lange stützend und wegweisend tätig zu sein, bis der Hilfesuchende imstande ist, selbst das Heft in die Hand zu nehmen.

Tabelle 7-1 **Ungesunde und gesunde Möglichkeiten der Krisenbewältigung**

Ungesunde Möglichkeiten der Krisenbewältigung	**Gesunde Möglichkeiten der Krisenbewältigung**
1. Das Vorhandensein eines Problems leugnen.	1. Die Tatsache erkennen, daß es ein Problem gibt.
2. Das Problem ignorieren, es vor anderen verbergen oder ihm mit Hilfe von Alkohol oder Drogen versuchen zu entkommen.	2. Die Situation von allen Seiten beleuchten und wirklich zu verstehen versuchen.
3. Sich weigern, Hilfe zu suchen oder sie anzunehmen.	3. Sich offen mit Menschen des Vertrauens — Freunden, Verwandten, Geistlichen oder anderen — unterhalten, die möglicherweise helfen können.
4. Gefühle wie Niedergeschlagenheit, Zorn, Schuld usw. vor anderen verbergen.	4. Sich mit eigenen negativen Gefühlen wie Schuld, Angst oder Groll auseinandersetzen und verschiedene Verhaltens- und Sichtweisen in Erwägung ziehen, diese Gefühle zu bewältigen.
5. Über praktische Möglichkeiten, die Krise zu überwinden, keine Gedanken verschwenden.	5. Zwischen dem, was sich an der Situation ändern läßt, und dem, woran nichts mehr zu ändern ist, unterscheiden und sich mit letzterem abfinden.
6. Anderen die Schuld an der Krise zuschieben und davon ausgehen, daß andere dafür verantwortlich sind, sie aus der Welt zu schaffen.	6. Nach praktischen Möglichkeiten suchen, das Problem zu bewältigen, und Maßnahmen ergreifen — so unbedeutend sie auch erscheinen mögen — um auf praktische Weise mit dem Problem fertig zu werden.
7. Sich in der Rolle des hilflosen, von anderen mißhandelten Opfers gefallen, das nur noch zum Leiden fähig ist.	7. Die Verantwortung für die Bewältigung der eigenen Probleme übernehmen, auch wenn diese Probleme durch Situationen entstanden sind, über die man selbst keine Kontrolle hatte.
8. Sich von seinen Freunden oder seiner Familie abwenden.	8. Die Verhältnisse durchbeten und seine Sorgen ehrlich vor Gott ausbreiten. Daran denken, daß Gott sich unserer Krisen bewußt ist und wir ihm am Herzen liegen.
9. Sich weigern, die Krise durchzubeten.	
10. Überzeugt sein, eine Krise sei ein Beweis dafür, daß Gott einen bestrafen will oder daß man bei ihm in Ungnade steht.	

Es gibt kein Patentrezept, um einem Menschen zu helfen, der in einer Krise steckt. Doch man kann in fast jedem Fall irgend etwas tun.

Kontakt aufnehmen

Als Christen glauben wir, daß wir durch Gebet aus der Ferne helfen können. In der Tat: Diese Wahrheit darf nicht übersehen werden. Dennoch sollten wir unsere Betroffenheit möglichst durch persönliche Anwesenheit zum Ausdruck bringen. So können wir unser Mitgefühl durch Herzlichkeit und die Bereitschaft, zuzuhören, deutlich machen. Je eher wir zur Stelle sind, um so wahrscheinlicher werden wir helfen können. Es wird sich weiter als hilfreich erweisen, den Kontakt im gesamten Verlauf der Krise aufrechtzuerhalten.

Angst abbauen

Angst wird nicht dadurch abgebaut, daß wir den Hilfesuchenden ermutigen, an etwas anderes zu denken. Manchmal lenken wir das Gespräch auf ein anderes Thema, weil wir das Bedürfnis verspüren, unsere eigene Angst abzubauen. Dadurch wird dem von der Krise Betroffenen kaum geholfen. Wer sich in einer Lebenskrise befindet, möchte meistens über die Situation sprechen, das Vorgefallene schildern, sich in Erinnerungen an glücklichere Zeiten ergehen und seinen Gefühlen — Traurigkeit, Kummer, Reue oder Zorn — freien Lauf lassen.

In solchen Zeiten sollte der Seelsorger Ruhe, Anteilnahme und bedingungslose Annahme ausstrahlen. Es ist selbstverständlich nicht falsch, den Hilfesuchenden mit Schriftworten zu trösten oder mit ihm zu beten; wir dürfen ihn jedoch auf diese Weise nicht davon abhalten, sein Verletztsein auszudrücken und seine Gefühle zu offenbaren.

Wenn Ihnen die Situation nicht vertraut ist, sollten Sie versuchen herauszubekommen, wann die Krise einsetzte und was ihr vorausging. Manchmal kommen Sie so der Ursache des Problems auf die Spur.

Um die Angst des Hilfesuchenden abzubauen, müssen wir es gelegentlich zulassen, daß sein Zorn sich zunächst über uns ergießt. Dann können wir ihm zu einer klareren Sicht des Problems verhelfen, Maßnahmen, die er bereits ergriffen hat, möglichst positiv kommentieren und ihm versichern, daß seine Situation nicht hoffnungslos ist. Das kann allerdings fehlschlagen, wenn es dem Seelsorger an Sensibilität mangelt. Wenn

Römer 8,28 oberflächlich heruntergeleiert wird, hat der Hilfesuchende allen Grund, böse zu sein, vor allem dann, wenn er das Gefühl hat, der Seelsorger habe sich gar nicht erst die Mühe gemacht, sich ein genaues Bild von seiner Situation zu machen.

Wo mehrere Personen an einer Krisensituation beteiligt sind, erweist es sich normalerweise als hilfreich, sich denen unter ihnen zuzuwenden, die am meisten verängstigt sind, und neugierige Zuschauer wegzuschicken.

Auf das eigentliche Problem konzentrieren

Wer in einer Krise steckt, sieht sich oftmals einem unübersichtlichen Knäuel von Ereignissen, Möglichkeiten und Ratgebern gegenüber. In dieser Situation kann der Seelsorger mehrere Maßnahmen ergreifen. Als erstes sollte er dem Hilfesuchenden die Möglichkeit einräumen, die gegenwärtige Situation durch Schilderung der eigenen Gefühle, Gedanken, möglichen Pläne und Lösungsbemühungen zu sichten. Der Knäuel wird dabei entwirrt. Der Seelsorger stellt fest, welches Problem der Hilfesuchende als bedrohlich empfindet, welche Hilfsmaßnahmen bereits ergriffen worden sind und welche noch ergriffen werden könnten.

Dann sollten die eigentlichen Probleme klar umrissen, die Möglichkeiten des Hilfesuchenden (welche Gelder, Fähigkeiten, Menschen, Möglichkeiten stehen ihm zur Verfügung?) ermittelt und die verschiedenen Alternativen, die ihm offenstehen, aufgelistet und ausgewertet werden. Hat der Hilfesuchende nicht alle Alternativen genannt, sollten Sie ein paar Vorschläge machen. Überlegen Sie bei jeder Alternative gemeinsam mit dem Hilfesuchenden, was machbar ist, was bei der Bewältigung des Problems wirklich hilfreich sein wird und was sich am einfachsten verwirklichen läßt.

Vor vielen Jahren besuchte ich eine Stadt, in der zahlreiche Häuser durch einen Tornado beschädigt worden waren. Eines der Häuser war bis auf eine einzige stehengebliebene Wand völlig zerstört worden. Jemand hatte jedoch in großen schwarzen Buchstaben an die Tapete gemalt: „Die Richardsons werden wieder bauen!" Diese Familie hatte sich mitten in der Krisensituation für einen gangbaren Weg entschieden!

Denken Sie daran, daß von Krisen geschüttelte Menschen häufig stark beeinflußbar sind. Deshalb müssen wir sorgfältig darauf achten, unsere eigenen Lösungsvorschläge nicht um jeden Preis durchzusetzen. Was ein von einer Krise Betroffener am allerwenigsten braucht, ist die Erfahrung des Versagens. Angst vor weiterem Versagen macht viele Menschen in Krisenzeiten unbeweglich. Deshalb brauchen sie Hilfe und Ermutigung, selbst zu entscheiden, was zu tun ist, und sich zum Handeln zu entschließen.

Denken Sie in Krisenzeiten ebenfalls daran, daß das Krisenopfer, dem Sie zu helfen versuchen, nicht ausschließlich auf Ihren persönlichen Beistand angewiesen ist. So könnten Sie beispielsweise Ihre Kirchen- oder Ortsgemeinde zu einer Hilfsaktion heranziehen. Tatkräftige Gebetsunterstützung ist nicht nur imstande, eine Person durch eine Krise hindurchzutragen, sondern vermag auf ermutigende Weise zu verdeutlichen, daß es noch Menschen gibt, die sich die Nöte anderer zu Herzen nehmen. Diese Wirkung verstärkt sich noch, wenn wir die materielle Hilfe hinzufügen, von der Jakobus schreibt: „Wenn ein Bruder oder eine Schwester Mangel hätte an Kleidung und an der täglichen Nahrung und jemand unter euch spräche zu ihnen: Geht hin in Frieden, wärmt euch und sättigt euch!, ihr gäbet ihnen aber nicht, was der Leib nötig hat – was könnte ihnen das helfen?" (Jakobus 2,15 f.). Daß Glaube an Jesus Christus und Hingabe an ihn wirklich vorhanden sind, wird deutlich, wenn fürsorgliche Christen materielle Hilfe leisten, Geld oder Lebensmittelvorräte spenden, für junge Eltern babysitten oder ihren Mitmenschen auf andere Weise praktisch beistehen.

Zum Handeln ermutigen

Es kommt bisweilen vor, daß ein Hilfesuchender sich zu einer bestimmten Vorgehensweise entschließt, jedoch Angst hat, den Plan umzusetzen. In einer solchen Situation sollte der Seelsorger den Hilfesuchenden ermutigen, sich eventuell benötigte Fertigkeiten anzueignen und zur Tat zu schreiten. Achten Sie jedoch darauf, nicht ständig für den Hilfesuchenden tätig zu werden. Wer in einer Krise steckt, dem fällt es leicht, sich zurückzulehnen, andere handeln zu lassen und hinterher über die Qualität der Hilfe zu klagen. In Krisensituationen müssen wir Hilfe zur Selbsthilfe leisten. Einzelne Vorgehensweisen sollten mit dem Seelsorger ausgewertet werden. Wenn ein erster Plan mißlingt, müssen andere, möglichst bessere Möglichkeiten ausprobiert werden.

Mit allem setzen wir natürlich voraus, daß nur der Seelsorger und der Hilfesuchende an der Bewältigung der Krise beteiligt sind. Wir müssen jedoch bedenken, daß die meisten Lebenskrisen durch eine ganze Reihe von Begebenheiten oder Umständen im Umfeld des Hilfesuchenden ausgelöst werden. Die effektivste Handlungsweise in einer Lebenskrise besteht oftmals darin, dieses Umfeld zu ändern. Dem Hilfesuchenden helfen, den Arbeitsplatz zu wechseln; den Gemeinderat dazu bringen, finanzielle Hilfe beim Wiederaufbau eines Hauses zu leisten oder die Kosten für eine ärztliche Behandlung zu übernehmen; mit Verwandten oder Bekannten sprechen, die die Streßsituation vielleicht herbeigeführt haben – das alles sind Möglichkeiten, durch Eingreifen in das Umfeld des Hilfesuchenden die Wucht der Krise zu verringern.

Hilfe beim Annehmen der Situation

Die Bewältigung eines ernsthaften Problems wird oftmals durch die Annahme der Situation wesentlich erleichtert. Eine Krise löst bisweilen dauerhafte Veränderungen aus. Der Tod eines lieben Menschen, der Verlust der Wohnung, die Nachricht, sich mit einer tödlichen Krankheit angesteckt zu haben, sind Beispiele für Ereignisse, die akzeptiert werden müssen. Alles andere hieße, die Augen vor der Wirklichkeit zu verschließen, das Problem zu leugnen und die Lösung auf einen späteren Zeitpunkt zu verschieben.

Wie das Gesundwerden braucht auch die Annahme einer Situation Zeit. Häufig gehört ein schmerzliches, sehr bewußtes Nachdenken über die Situation dazu, ebenso die Äußerung von Gefühlen, die Neuordnung des Lebensstils, der Aufbau neuer Beziehungen und das Schmieden von Zukunftsplänen. Unter Umständen gehören darüber hinaus auch Risiken und mögliches Versagen dazu. Der Prozeß der Annahme verläuft am erfolgreichsten, wenn wir von aufrichtigen, geduldigen, hilfsbereiten Freunden umgeben sind und den Heiland Jesus Christus kennen, der uns aufgefordert hat, mit unseren Lasten zu ihm zu kommen und sie auf ihn zu werfen. Dann können wir den *Frieden* und die *Wegweisung* erleben, die allein imstande sind, während einer Lebenskrise echte *Hoffnung* und *Stabilität* zu vermitteln (Psalm 32,8; 55,23; Matthäus 11,28 ff.). Denken Sie aber daran: Wirft jemand seine Lasten auf den Herrn, dann kann das zugleich zur Folge haben, daß der Herr ihn durch Menschen wie Sie oder mich stützt und trägt.

Jesus als Krisenberater

Im elften Kapitel des Johannesevangeliums wird uns vor Augen geführt, wie Jesus Menschen beistand, die von einer Lebenskrise betroffen waren. Die Krisen wurden durch eine unheilbare Krankheit, durch persönliche Gefahren und durch den Tod eines Familienangehörigen ausgelöst.

Als Lazarus aus Bethanien schwer erkrankte, ließen seine Schwestern, Maria und Martha, Jesus benachrichtigen. Statt ihnen sofort zu Hilfe zu eilen, wartete er zwei Tage ab. Natürlich wußte Jesus, was in Bethanien vor sich ging. Er nutzte die Krise sogar, seine Jünger zu unterweisen (Verse 4 und 9-15). Das geschah allerdings, bevor sie erkannten, daß Lazarus an seiner Krankheit sterben würde.

Die Jünger gerieten mittlerweile in eine eigene Lebenskrise. Jesus wurde von den Behörden gesucht. Nicht nur er, sondern auch sie befanden sich aufgrund ihrer Beziehung zu ihm in Lebensgefahr (Verse 8 und 16). Öffentlich aufzutreten hieße, einen gewaltsamen Tod zu riskieren. Als Jesus ihnen eröffnete, daß Lazarus tot sei, erklärten sie sich dennoch bereit, ihn nach Bethanien zu begleiten.

Bei ihrer Ankunft spielte sich eine traurige Szene ab. Achten Sie darauf, wie Jesus mit der Situation umging:

- Er klärte die verwirrten Jünger über die Ereignisse auf (Verse 4 und 14 f.).
- Er erlaubte Martha, ihren Gefühlen und ihren wirren Gedanken freien Lauf zu lassen (Vers 21 f.).
- Er beruhigte sie sanft und flößte ihr neue Hoffnung ein (Verse 23 und 25 f.).
- Er wies sie auf die Person Christi hin (Vers 25).
- Er gestattete Maria, ihre Gefühle zu äußern, obwohl diese möglicherweise von Zorn nicht ganz frei waren (Vers 32).
- Er hielt sie von der Trauerarbeit nicht ab, sondern brachte im Gegenteil seine eigene Trauer zum Ausdruck (Vers 33 ff.).
- Er ließ ruhig die feindseligen Bemerkungen einiger Trauergäste über sich ergehen (Vers 37), obwohl die ganze Situation ihn selbst zutiefst betroffen machte (Vers 37 f.).

Dann handelte Jesus — auf eine Weise, die Trauer in Freude verwandelte, Gott verherrlichte und viele Menschen zum Glauben an Christus führte (Verse 38-45). Diesmal schickte Jesus die Umstehenden nicht fort, wie er es bei der Auferweckung der Tochter des Jaïrus getan hatte, sondern machte seinen Sieg über den Tod, die größte aller Krisen, ein für allemal deutlich, indem er Lazarus aus dem Grab herausrief. Kurze Zeit später ging er bereitwillig ans Kreuz — und stand am dritten Tag auf von den Toten. Der Apostel Paulus konnte deshalb den Christen in Korinth bestätigend mitteilen: Der Tod ist verschlungen vom Sieg;

Christen haben die Gewißheit, nach dem Tod mit Christus weiterzuleben (1. Korinther 15,51 ff.).

Es stimmt, daß niemand unter uns einen Toten ins Leben zurückrufen kann, wie Jesus es tat. In Krisensituationen können wir aber als Seelsorger alle anderen Möglichkeiten anwenden, die Jesus während der Krise in Bethanien einsetzte. In Krisenzeiten lernen wir, aufkommende Probleme objektiver zu betrachten – und sie wirksamer zu lösen. Das wiederum trägt zu geistigem Wohlbefinden und psychischer Stabilität bei. Darüber hinaus lenken Krisen unsere Aufmerksamkeit auf geistliche Fragen und lehren uns, auf Christus zu bauen, der Lazarus aus dem Grab herausrief. Allerdings reagieren nicht alle so positiv. Einige Leute werden kritisch und böse auf Gott; andere jedoch erleben Krisen als Wendepunkt ihres geistlichen Weges.

Wie wir gesehen haben, sind von einer Krise Betroffene häufig verwirrt und stark beeinflußbar; von Schuldgefühlen geplagt, verurteilen sie sich selbst und haben wenig oder gar keine Hoffnung. In einer derartigen Situation ist es nicht schwer, einen Hilfesuchenden zu manipulieren, geistliche Entscheidungen zu treffen, die er später bereuen, ablehnen oder dem Seelsorger übelnehmen könnte.

Jesus hat auf eine derartige Taktik nicht zurückgegriffen. Als er mit dem Tod des Lazarus konfrontiert wurde und sich selbst in Lebensgefahr befand, leugnete er die geistliche Bedeutung des Vorgefallenen nicht. Er benutzte sie vielmehr, geistliche Wahrheiten zu vermitteln, um den Leuten zu zeigen, wie man Krisen bewältigt, und um die Kraft Gottes im Leben seiner Kinder deutlich zu machen. Beachten Sie jedoch: Bei allen Hinweisen auf den Glauben sprach Jesus die Menschen weder auf der reinen Gefühlsebene an, noch nahm er ihnen die Freiheit, ihre Zweifel zu äußern (Johannes 11,16), ihn zu kritisieren (Vers 37), ihm Widerstand entgegenzubringen (Verse 46-53) – oder aber sich ihm gläubig zuzuwenden (Vers 45).

Gott benutzt Lebenskrisen, um Menschen zu sich zu ziehen. Und er benutzt sie, um Christen dazu zu bringen, als Jünger zu wachsen und reif zu werden. Unsere Aufgabe als Seelsorger besteht darin, für die Leitung des Heiligen Geistes offen zu sein und darauf zu vertrauen, daß er uns zeigen wird, wann und wie wir in der Krisenberatung geistliche Themen so ansprechen sollen, daß die Beziehung des Hilfesuchenden zum Herrn gefestigt und letztlich Gott selbst verherrlicht wird.

8. Seelsorge an Suizidgefährdeten

Innerhalb der nächsten Sekunden wird es irgendwo auf der Welt einen Selbstmordversuch geben, der gelingen wird. Dabei wird es sich vornehmlich um ältere, an Depressionen leidende männliche Personen handeln — obwohl nach den neuesten Statistiken die Zahl der Selbstmorde unter Jugendlichen und jungen Erwachsenen auf alarmierende Weise zunimmt. Schätzungen zufolge unternehmen jedes Jahr allein in den Vereinigten Staaten etwa zweihunderttausend Menschen einen Selbstmordversuch. Das sind dreiundzwanzig versuchte Selbsttötungen in der Stunde. Alle zwanzig Minuten bringt sich jemand tatsächlich um. Der Selbstmord kommt bei alt und jung, arm und reich, Gebildeten und Ungebildeten vor. Christen bleiben ebensowenig wie Nichtchristen davon verschont.

Nehmen wir als Beispiel John Baucom. Nachdem seine Eltern sich hatten scheiden lassen, wurde sein Vater ermordet. Außer sich vor Schmerz über die Ereignisse in seiner Familie, beschloß der knapp zehn Jahre alte John, sich das Leben zu nehmen. Jahre später schilderte er in einem Buch — er war mittlerweile christlicher Psychologe geworden —, was dann geschah:

> Ich lief in Omas Küche und griff nach einem großen Schlachtmesser. Die Finger fest um den Griff geklammert, drückte ich mir das Messer an die Brust und begann mich selbst zu erstechen. Es kam mir damals folgerichtig vor, so zu reagieren. Ich wollte bei meinem Vater sein. Ich fühlte keinen Schmerz, als mir das Messer in die Seite drang. Meinem Inneren entrang sich zwar ein Schrei, doch erkannte ich die eigene Stimme nicht mehr. Ich weiß nur noch, wie mein Opa mich mit starken

Armen umfing. Als er mich an seine Brust drückte, bekam ich einen Weinkrampf. Mein Körper zuckte, und langsam verlor ich das Bewußtsein. – Ich überlebte.

Diese Erfahrung ist mir stets gegenwärtig. Ich bin überzeugt, daß sie noch heute meine Einstellung zum Leben beeinflußt.[1]

Das Wesen des Selbstmords

Der Selbstmord ist so alt wie die Menschheitsgeschichte. Er wird in frühen ägyptischen, hebräischen und römischen Schriften geschildert, wurde von den griechischen Philosophen erörtert und hat im gesamten Verlauf der christlichen Zeitrechnung immer wieder Schriftsteller und Theologen beschäftigt. Die Bibel weiß von sieben Selbstmorden zu berichten,[2] von denen zwei recht bekannt sein dürften: der Tod Sauls und das unrühmliche Ende des Judas Iskariot, der sich erhängte. Die Bibel bemüht sich nirgendwo um eine theoretische Beurteilung des Suizids, doch wird er als Verstoß gegen das fünfte Gebot und als Sünde gegen Gott bewertet. Gott hat durch seinen Sohn das Leben erschaffen (Hebräer 1,1-3). Er erhält uns am Leben, und es steht ihm allein zu, Leben zu beenden.

Viele Menschen erleben jedoch Krisen, die so erschütternd sind, und Situationen, die ihnen so hoffnungslos erscheinen, daß der Tod sich als einziger Ausweg anbietet. Wenn Sie seelsorgerisch tätig sind, werden Sie es aller Wahrscheinlichkeit nach eines Tages mit einer Person zu tun bekommen, die Selbstmord zu begehen droht. Ihre natürliche Reaktion wird vielleicht die sein, in Panik zu geraten oder den Hilfesuchenden so schnell wie möglich an einen Psychiater zu überweisen. Eine Überweisung könnte sich am Ende als die beste Reaktion erweisen, ist jedoch nicht immer machbar und nicht in jeder Situation klug. Louis Dublin, ein Pionier auf dem Gebiet der Suizidvorsorge, meinte, der Laienberater sei „wahrscheinlich die wichtigste Entdeckung in der fünfzigjährigen Geschichte der Suizidprävention". Vor dieser Entdeckung seien kaum Fortschritte erzielt worden.[3] Nichtprofessionelle Seelsorger haben sich in Krisensituationen, die zu Selbstmordabsichten führen können, als Helfer bewährt und können deshalb bei der Beratung Suizidgefährdeter eine Schlüsselrolle haben. Aus diesem Grunde brauchen Laienseelsorger ein fundiertes Wissen, das sie in die Lage versetzt, Selbstmordgefährdete zu erkennen und geeignete Maßnahmen zu ergreifen.

Während ich an diesem Kapitel arbeitete, rief ein Mann bei einem Chicagoer Rundfunksender an und verlangte ein Gespräch mit dem Diskjockey, der gerade auf Sendung war. Weil der Anrufer damit drohte, sich selbst umzubringen, begann der Rundfunkansager Fragen zu stellen, um herauszubekommen, ob diese Selbstmorddrohung wirklich ernst gemeint sei. Drei Stunden lang ersetzte er seinen üblichen Kommentar durch Musik und unterhielt sich so lange mit dem Anrufer, bis diesem anderweitig geholfen werden konnte. Am Ende der Marathonsitzung berichtete der Diskjockey, sich erschöpft und ausgelaugt zu fühlen; doch hatte er in einer Krisensituation geholfen, als kein professioneller Berater zur Verfügung stand. Als man ihn später fragte, woher er gewußt habe, was zu tun sei, gab er eine einfache, aber einleuchtende Antwort: „Ich weiß, wie es ist, ernsthafte Selbstmordabsichten mit sich herumzutragen. Mir ist einmal dasselbe widerfahren!"

Über viele Jahre hinweg sammelte man im Polizeipräsidium von Los Angeles die Abschiedsbriefe von Menschen, die Selbstmord begangen hatten, man schenkte ihnen jedoch kaum Beachtung, bis zwei Psychologen, Edwin Shneidman und Norman Farberow, sie lasen und analysierten. Ihre Arbeit führte zur Gründung des Los Angeles Suicide Prevention Center, wo man buchstäblich Tausenden von selbstmordgefährdeten Personen hat helfen können.

Dank der in diesem und ähnlichen Zentren gemachten Erfahrungen wissen wir jetzt eine ganze Menge über den Suizid und dessen Verhütung.[4] Beim Selbstmord handelt es sich fast immer um den Versuch, sich von unerträglichen psychischen Schmerzen zu befreien und einen Ausweg aus der eigenen Hoffnungs- und Hilflosigkeit zu finden. Ein Selbstmordversuch kommt in vielen Fällen einem nichtverbalen Hilferuf gleich: „Ich stehe unter großem Druck und weiß nicht weiter." Der Seelsorger hat hier eine zweifache Aufgabe. Zum einen muß er beurteilen, wie ernst der Hilfesuchende es mit seinen Selbstmorddrohungen meint. Zum anderen muß er aufgrund seiner Einschätzung geeignete Maßnahmen ergreifen.

Einschätzung des Selbstmordpotentials

Fast jeder Suizident weist auf die eine oder andere Weise im voraus auf seine Absichten hin. Manchmal sind die Hinweise eindeutig, wenn etwa jemand meint, es wäre das beste, „mit sich Schluß zu machen", um einem Problem zu entkommen. Häufiger jedoch fallen die Hinweise verborgen aus, die sich im Normalfall einer von fünf Kategorien zuordnen lassen. Es sind diese: verbale Hinweise (Was sagt die Person?), Hinweise im Verhalten (Wie gibt sich die Person?), deskriptive Hinweise (Um was für eine Person handelt es sich?), situationsbedingte Hinweise (Was ist passiert?) und symptombezogene Hinweise (Wie wird die Person mit der Situation fertig?). Bei der Einschätzung des Selbstmordpotentials sollte der Seelsorger möglichst sämtliche Hinweise berücksichtigen.

Verbale Hinweise

Es gibt zwei Arten von verbalen Hinweisen. Manchmal erklärt der Hilfesuchende ganz offen, daß er einen Selbstmord erwägt. Drohungen dieser Art müssen ernst genommen werden. Die alte Vorstellung: „Wer darüber spricht, tut es nicht" entbehrt jeder Grundlage.

Verbale Hinweise der zweiten Art sind etwas schwieriger zu deuten. In Aussagen wie: „Ich werde nächste Woche auf der Arbeit fehlen" oder: „Dies ist die letzte Prüfung, für die ich jemals pauken werde", kommt das Wort „Selbstmord" nicht vor, dennoch wird damit auf diese Möglichkeit hingewiesen. Fragen wie: „Wie könnte ich einem Freund helfen, der mit dem Gedanken spielt, sich umzubringen?" könnten ebenfalls einen verschleierten Hinweis auf Selbstmordabsichten des Fragestellers enthalten.

Manchmal ist es angebracht, einen potentiellen Selbstmörder danach zu fragen, ob er sich schon mit bestimmten Selbstmordmethoden befaßt hat. Im allgemeinen gilt: Wer über Ort, Zeit und Methode nachgedacht hat, hegt ernsthafte Absichten, vor allem dann, wenn er erwägt, sich zu erschießen oder sich von einem hohen Gebäude hinabzustürzen. Diese Methoden führen nämlich – im Gegensatz zum Aufschlitzen der Pulsschlagadern oder zum Hinunterschlucken von ein paar zusätzlichen Schlaftabletten – fast immer zum Ziel (vorausgesetzt natürlich, daß die Pistole geladen und das Gebäude hoch genug ist). Wenn die Person bereits eine Feuerwaffe besitzt oder sich Gift besorgt hat, ist die Gefahr um so größer.

Hinweise im Verhalten

Auch wenn ein möglicher Selbstmord im Gespräch nicht genannt wird, weisen manchmal die Emotionen oder die Verhaltensweise einer Person in diese Richtung. Befassen wir uns zunächst mit den Emotionen. Selbstmordgefährdete sind meist stark deprimiert und haben das Gefühl, das

Leben biete ihnen keine Hoffnung mehr. Sobald sie aber den Entschluß gefaßt haben, sich das Leben zu nehmen, wirken sie entspannt. Eine Entscheidung ist gefallen, der Druck läßt nach, und dies führt zu einem plötzlichen, auffälligen Stimmungsumschwung. Verwandte lassen sich davon oft täuschen und sind erleichtert – bis der Selbstmordversuch eintritt.

Manchmal zeigen sich die Absichten eines Menschen in seinem Verhalten. Wer alte Rechnungen begleicht, seine Versicherungspolicen auf den neuesten Stand bringt, wertvolles Eigentum wie eine Hi-Fi-Anlage oder Golfschläger verschenkt und die Verbindung zu seinem Seelsorger oder Berater abbricht, macht möglicherweise durch dieses Verhalten deutlich, daß er vorhat, sich das Leben zu nehmen.

Deskriptive Hinweise

Mit „deskriptiven Hinweisen" meinen wir eigentlich nur die Antwort auf die Frage, um was für eine Person es sich handelt. Derartige Hinweise können sich für den Seelsorger als hilfreich erweisen oder auch nicht. Wie wir bereits gesehen haben, begehen Menschen aus allen Altersgruppen und sozialen Schichten Selbstmord, doch sind einige anfälliger dafür als andere. Insgesamt nehmen sich mehr Männer das Leben als Frauen, obwohl Frauen häufiger einen Selbstmordversuch unternehmen. Ältere Menschen begehen des öfteren Selbstmord, wobei in den letzten Jahren vermehrt auf die „Hilfe" eines Arztes zurückgegriffen wird, obwohl dies umstritten und vom Gesetzgeber untersagt ist. Die Zahl der Selbstmordfälle unter Jugendlichen hat ebenfalls in den letzten zwei Jahrzehnten drastisch zugenommen. So hat sich beispielsweise in den USA seit Mitte der fünfziger Jahre die Selbstmordrate bei den Fünfzehn- bis Vierundzwanzigjährigen verdreifacht. In dieser Altersgruppe ist der Selbstmord mittlerweile die dritthäufigste Todesursache hinter Unfällen und Mord.[5]

Bis zu einem gewissen Grad spielt auch der Lebensstil der Person eine Rolle. Einige Leute drohen ständig damit, sich das Leben zu nehmen. Sie schlagen immer wieder blinden Alarm – obwohl die Wahrscheinlichkeit, daß sie mit ihren Drohungen ernst machen, mit fortschreitendem Alter zunimmt. Im allgemeinen jedoch sind die Drohungen dieser Leute nicht so ernst zu nehmen wie die Ankündigungen derer, die bis dahin ein beständiges Leben und eine harmonische Ehe geführt haben. Diese Personengruppe läßt sich oft durch eine Krise hindurchhelfen, doch meinen sie es mit ihren Selbstmorddrohungen todernst. Und wenn sie nicht sorgfältig beobachtet, ernstgenommen und liebevoll unterstützt werden, könnte das für sie durchaus den Tod bedeuten.

Situationsbedingte Hinweise

Selbstmordabsichten geht normalerweise eine Krise oder Streßsituation voraus, mit der der Betroffene nicht fertig wird. Der Tod eines lieben Menschen; die Diagnose eines bösartigen Tumors oder einer anderen schweren Krankheit (auch Aids); die Trennung von den eigenen Kindern; der Verlust einer Arbeitsstelle oder des gesellschaftlichen Status; eine Ehescheidung; die Verzweiflung über das eigene Unvermögen, mit dem Trinken oder mit sexuellen Ausschweifungen aufzuhören; eine Verhaftung; die Beteiligung an einem Verbrechen; die Verwüstung von Eigentum; herbe finanzielle Verluste – das alles kann bewirken, daß eine Person unter äußerst starkem Streß steht. Sogar positive Ereignisse wie eine Beförderung oder die Erlangung eines akademischen Grades lösen bei den meisten Menschen Streß aus, führen jedoch nur selten zum Selbstmord. Eine Streßsituation sollte deshalb immer aus dem Blickwinkel des Hilfesuchenden betrachtet werden, da es denkbar ist, daß er sie ganz anders beurteilt als wir. Je intensiver der Streß empfunden wird, um so wahrscheinlicher ist es, daß der Betroffene Selbstmord begehen wird.

Symptombezogene Hinweise

Die Überlegung, wie jemand seinen Streß bewältigt, ist so wichtig wie der Streß selbst. Wenn jemand nicht zurechtkommt, läßt sich dies anhand einer Reihe von Symptomen feststellen. Zu ihnen gehören unter anderem Depressionen und Hoffnungslosigkeit, Desorientiertheit und wirre Gedanken, eine Tendenz, ständig zu klagen oder unzufrieden zu sein, und manchmal auch eine trotzige Haltung, die im wesentlichen aussagt: „Auch wenn ich ganz unten bin, habe ich immer noch die Freiheit, das eigene Leben zu beenden!" Alkoholiker, Drogen- und Medikamentenabhängige, unheilbar Kranke sowie Leute, die sich einbilden, unheilbar krank zu sein, können unter Umständen äußerst selbstmordgefährdet sein, insbesondere dann, wenn sie aufgrund ihres Zustandes von ihren Gefühlen übermannt werden.

Wie steht es um den Glauben?

Bei so vielen deprimierenden Gedanken ist es erfrischend festzustellen, daß religiöse Menschen nicht so häufig Selbstmord begehen wie nichtreligiöse. Religiöse Menschen denken überhaupt weniger an einen Suizid. Auch in Streßsituationen sind sie weniger anfällig, sich das Leben zu nehmen.[6]

Hierfür gibt es mehrere Gründe. Neben der Familie stützt auch die Kirchengemeinde Entmutigte und von Not Betroffene und versetzt sie so in die Lage, aufkommende Probleme zu lösen oder zu bewältigen. Zudem glauben die meisten Christen an die Allmacht und Weltregierung Gottes und wissen, daß er ihnen auch inmitten schwierigster Umstände stets einen Hoffnungsschimmer läßt. Darüber hinaus nehmen sich einige Christen möglicherweise deshalb das Leben nicht, weil sie Angst haben, durch eine Selbsttötung das Mißfallen Gottes zu erregen.

Dennoch weiß vermutlich fast jeder Leser dieses Buches von Christen, die sich das Leben genommen haben. Wenn wir bei einem Christen Anzeichen von Selbstmordabsichten feststellen, sollten wir sie ernst nehmen und uns zu seelsorgerlichem Beistand verpflichtet fühlen.

Die Verfügbarkeit seelsorgerlicher Hilfe

Ist eine Person einsam und besorgt und hat sie niemanden, mit dem sie sich unterhalten kann, wird sie das Leben sehr viel schwieriger empfinden und einen Selbstmord weitaus eher in Betracht ziehen, als wenn sie fürsorgliche Verwandte und Freunde in der Nähe hat, die bereit sind, ihr Beistand zu leisten und sie zu stützen. Doch selbst wenn solche Freunde vorhanden sind, werden sie kaum imstande sein zu helfen, wenn sie von den Selbstmordabsichten der Person keine Ahnung haben. Man denke hier beispielsweise an Zahnärzte, Mediziner und Rechtsanwälte, bei denen die Selbstmordrate überdurchschnittlich hoch ist, obwohl sie jeden Tag mit anderen Menschen in Berührung kommen. Diesen hochqualifizierten Fachleuten fehlt es oftmals an einem fürsorglichen Gegenüber, mit dem sie sich in Streßsituationen ehrlich über ihre inneren Kämpfe unterhalten können.

Die Wahrscheinlichkeit, daß jemand Selbstmord begehen wird, geht erheblich zurück, wenn ein Gesprächspartner vorhanden ist. Für diesen helfenden Dienst kommen in erster Linie natürlich Bekannte und Verwandte in Frage, aber auch Nachbarn, Arbeitskollegen, Mitglieder der

Tabelle 8-1 **Checkliste zur Einschätzung von Selbstmordabsichten**

Verbale Hinweise	**Situationsbedingte Hinweise**
Der Hilfesuchende — spricht offen über Selbstmordpläne — spricht davon, demnächst nicht mehr dazusein — stellt Fragen zum Thema Selbstmord — hat die Beziehung zu seinem Berater oder Seelsorger abgebrochen **Hinweise im Verhalten** — Starke Depressionen (begleitet u. a. von Apathie und Schlaflosigkeit) — Plötzlicher, scheinbar positiver Stimmungsumschwung — Schuld-, Scham- oder Verlegenheitsgefühle — Feindselige Stimmung, Rachsucht — Spannungen und Angst — Mangelhaftes Urteilsvermögen — Beschäftigung mit möglichen Selbstmordmethoden — Verfolgung durchdachter Selbstmordpläne — Bevorzugte Methode ließe sich ohne weiteres anwenden (Pistole oder Medikamente vorhanden) — Wertvolles Eigentum verschenken — Abschluß einer Lebensversicherung in letzter Zeit oder eine alte Police auf den neuesten Stand bringen — Begleichung längst überfälliger Rechnungen — Ordnen persönlicher Angelegenheiten **Deskriptive Hinweise** — Hat bereits einen oder mehrere ernstzunehmende Selbstmordversuche hinter sich — Hat sich plötzlich und erstmalig zur Selbsttötung entschlossen — Persönlichkeit oder Familiengeschichte von psychischer Labilität geprägt	— Hat in letzter Zeit einen lieben Menschen durch den Tod, durch eine Ehescheidung oder durch Trennung verloren — Hat in letzter Zeit viel Geld verloren oder Prestige eingebüßt; Verlust der Arbeitsstelle durch Entlassung oder Pensionierung — Ist schwer erkrankt oder muß operiert werden — Hat einen Unfall gehabt oder eine seiner/ihrer Gliedmaßen verloren — Hat erfahren, daß er/sie unheilbar krank ist — Ein Prozeß oder eine Gerichtsverhandlung steht bevor — Veränderung(en) der Lebenssituation — Beratung fehlgeschlagen — Erfolg, Beförderung, zunehmende Verantwortung **Symptombezogene Hinweise** — Hat das Gefühl, keine Hoffnung mehr zu haben — Ist mit allem unzufrieden — Wirre Gedanken — Ständiges Klagen — Trotzige Haltung — Alkoholprobleme bzw. Drogen- oder Medikamentenmißbrauch — Unfähig, die eigenen Triebe zu beherrschen **Hilfsquellen** — Keine Hilfsquellen (Freunde, Verwandte usw.) — Familie, Freunde vorhanden, aber nicht hilfsbereit — Kein religiöser Glaube bzw. nur sehr nebulöse Gottesvorstellung — Keine kirchlichen oder gemeindlichen Kontakte — Lebt allein

örtlichen Kirchengemeinde, Pastoren, Lehrer, Hausärzte, Lebensberater oder sogar Friseure. Allesamt können sie sich als zuverlässige Helfer erweisen. Ebenso der Polizist, der einen Notruf entgegenimmt, oder der Fremde, der bei der Telefonseelsorge abnimmt, wenn es dort klingelt. Und ebenso Sie!

In Tabelle 8-1 werden einige der häufig vorkommenden Hinweise auf einen bevorstehenden Selbstmord zusammengefaßt. Sie können diese Tabelle als Checkliste benutzen, um mit ihrer Hilfe festzustellen, wie ernsthaft die Selbstmordabsichten eines Hilfesuchenden sind. Im allgemeinen gilt: Je mehr Punkte Sie ankreuzen müssen, um so größer ist die Suizidgefahr.

Selbstmordverhütung

Den meisten unter uns macht die Erkenntnis Angst, irgendwann einmal einem Hilfesuchenden gegenüberzusitzen, der ernsthafte Selbstmordabsichten hegt. Es ist in einer solchen Situation nicht ungewöhnlich, daß der Seelsorger meint, den Hilfesuchenden nicht richtig verstanden zu haben, oder annimmt, daß die Selbstmorddrohung nicht ernst sei – oder er hofft, daß sein Gegenüber mit seinem Problem zu einem anderen Berater gehen wird. Wenn jemand vor einem Selbstmordversuch seine Absichten kundtut, reagieren oftmals gerade diejenigen, die am ehesten imstande wären, ihm zu helfen, mit Panik, Angst, Sorge oder Nichtstun. Wer nichts tut, befürchtet womöglich, durch ein Eingreifen schlafende Hunde zu wecken. Wenn der Hilfesuchende trotzdem Selbstmord begeht, fühlen sich Personen, die eine mögliche Hilfeleistung unterlassen haben, in der Regel schuldig und leiden oft schwer darunter.

Die Entscheidung, sich das Leben zu nehmen, ist ein Hinweis darauf, daß der Betreffende sich in einer Lebenskrise befindet. Die in Kapitel 7 („Seelsorge in Lebenskrisen") erörterten Vorgehensweisen können sich auch bei der Beratung Selbstmordgefährdeter als nützlich erweisen. Hilfreich ist ebenfalls das Bemühen, dem Hilfesuchenden zuzuhören und fürsorglich wie ehrlich auf ihn einzugehen. Jemand hat einmal darauf hingewiesen, daß wir darüber hinaus „einen geschärften Blick und gespitzte Ohren" brauchen sowie „eine gute Intuition, ein Quentchen Weisheit, die Fähigkeit, angemessen zu handeln, und eine tiefe Entschlossenheit". Das klingt einleuchtend, ist jedoch nicht konkret genug, wirklich weiterzuhelfen.

Hilfreicher sind die Ratschläge einer kleinen, von dem New Yorker Public Affairs Committee herausgegebenen Broschüre:

Nehmen Sie jede auf einen möglichen Selbstmord hindeutende Drohung, Bemerkung oder Handlung ernst. Selbstmord ist eine bitterernste Angelegenheit. Haben Sie keine Bedenken, die Person zu fragen, ob sie wirklich einen Selbstmord erwägt. Damit werden Sie sie nicht erst auf den Gedanken bringen. Die Person wird vielmehr erleichtert sein, wenn sie merkt, daß Sie sie ernst nehmen und es besser verstehen, als sie vermutet hatte.

Gehen Sie niemals über eine Selbstmorddrohung hinweg, und unterschätzen Sie nie ihre Bedeutung. Sagen Sie niemals: „Vergiß es. Du wirst dich nie und nimmer umbringen. Das kann nicht dein Ernst sein. Dazu bist du nicht der Typ." Derartige Bemerkungen können Selbstmordgefährdete als regelrechte Herausforderung auffassen. Wer an einen Selbstmord denkt, braucht Ihre ungeteilte Aufmerksamkeit – und nicht das Gefühl, von Ihnen nicht ernstgenommen zu werden. Jeder, der verzweifelt genug ist, kann der „Typ" sein, sich das Leben zu nehmen.

Versuchen Sie nicht, die Person zu schockieren oder mit einem Satz wie: „Na, dann machen Sie's doch!" herauszufordern. Es mag Ihnen zwar schwerfallen, eine ungeduldige Bemerkung dieser Art zurückzuhalten, wenn die Person ihre Selbstmorddrohungen ständig wiederholt oder Ihnen damit zur Last fällt. Dennoch würde es sich um eine nicht zu verantwortende Aufforderung zum Selbstmord handeln!

Versuchen Sie nicht, das Verhalten der Person zu analysieren, und sie noch, während die Krise anhält, mit Interpretationen ihrer Handlungen und Gefühle zu konfrontieren. Diese Aufgabe sollte später von einem professionellen Lebensberater übernommen werden.

Lassen Sie sich nicht auf ein Gespräch darüber ein, ob die Person am Leben bleiben oder sich umbringen sollte. Es gibt hier nichts zu diskutieren. Der einzig mögliche Standpunkt ist: Die Person muß am Leben bleiben!

Gehen Sie nicht davon aus, daß die Zeit alle Wunden heilt oder daß sich alles von selbst regeln werde. Es kann so kommen, aber man darf sich nicht darauf verlassen.

Seien Sie stets zum Zuhören bereit. Sie haben sich die Geschichte schon einmal anhören müssen? Hören Sie sie sich noch einmal an! Zeigen Sie echtes Interesse. Seien Sie stark, stabil und bestimmt. Versprechen Sie der Person, alles Menschenmögliche zu tun, sie am Leben zu erhalten, weil das ihr dringendstes Bedürfnis sei.[7]

Als christliche Seelsorger wissen wir, daß wir in unserem seelsorgerischen Bemühen nicht auf uns selbst gestellt sind. Der Heilige Geist wohnt in uns — eine göttliche Quelle der Kraft und Weisheit. Er leitet uns bei unseren Gesprächen mit von Sorgen geplagten Menschen. Gerade deshalb sollen wir für diese Menschen wie für uns selbst beten. Darüber hinaus sollen wir versuchen, Leidenden, die eine schwere Lebenskrise zu bewältigen haben, ein Freund zu sein. Eine derartige Freundschaft ist oft der erste Schritt zur Annahme des Evangeliums und zu verbindlicher Jüngerschaft. Nur so können wir der Person zeigen, wie sie trotz aller gegenwärtigen Schwierigkeiten „das Leben und volle Genüge" haben kann (Johannes 10,10).

Überweisungsfälle

Laienseelsorger tun sowohl in der Krisenberatung als auch auf dem Gebiet der Suizidprävention einen äußerst nützlichen Dienst. Man darf jedoch nicht von ihnen erwarten, mit jedem Problemfall fertig zu werden, der ihnen über den Weg läuft. Kein Berater vermag jedes Problem erfolgreich anzugehen; von Zeit zu Zeit müssen wir alle einen Hilfesuchenden an jemanden überweisen, von dem wir annehmen, er sei eher in der Lage, mit dem vorliegenden Problem fertig zu werden. *Wir leisten durchaus wertvolle Hilfe, wenn wir Personen an kompetentere Berater abgeben und sie gegebenenfalls dorthin begleiten.* Eine Überweisung ist nicht mit einem Eingeständnis des Scheiterns gleichzusetzen. Im Gegenteil, sie ist eine Frucht der reifen Erkenntnis, daß niemand allen Menschen zu helfen vermag. Viele Hilfesuchende sind besser aufgehoben bei einer Fachkraft, die auf einem bestimmten Gebiet, auf dem wir uns nicht besonders gut auskennen, eine spezielle Ausbildung hat. Liegt uns wirklich daran, Menschen zu helfen, werden wir uns nicht gegen die Vorstellung wehren, sie zu überweisen.

Nehmen wir beispielsweise an, wir erfahren, daß ein junger Mann eine Überdosis Schlaftabletten genommen hat. Es ist klar, daß wir dann nicht neben ihm dasitzen und ihm Anteilnahme und Herzlichkeit entgegenbringen. Wir müssen ihn vielmehr so schnell wie möglich ins Krankenhaus bringen, wenn möglich seinen Hausarzt verständigen und als nächstes versuchen, einen Familienangehörigen zu benachrichtigen. Es ist unser vorrangiges Ziel, den jungen Mann so schnell wie möglich einer ärztlichen Behandlung zuzuführen. Können wir die Person, aus welchen Gründen auch immer, nicht selbst ins Krankenhaus fahren, werden wir den Notdienst anrufen und einen Krankenwagen oder die Polizei anfordern.

Die Notwendigkeit einer Überweisung kann sich auch in weniger dramatischen Fällen ergeben. Oftmals besteht unsere Aufgabe darin, den Hilfesuchenden kurzfristig zu stützen und zu ermutigen, ihn dann aber zu jemandem zu bringen, der besser als wir selbst in der Lage ist, ihm zu helfen. Um dies tun zu können, sollten Sie die Antworten auf drei grundsätzliche Fragen im Auge behalten: Wen überweist man? Wohin überweist man? Wie überweist man?

Wen überweist man?

Noch vor wenigen Jahren galt es unter professionellen Lebensberatern als Binsenwahrheit, daß sämtliche Problemfälle zu überweisen sind. Seitdem aber die Forschung die Effektivität von Laienseelsorgern sowie das Fehlen einer hinreichenden Anzahl professioneller Berater nachgewiesen hat, sind viele Experten zu dem Schluß gelangt, daß eine Überweisung nicht in jedem Fall die optimale Lösung darstellt. Manchmal ist es besser, wenn ein engagierter Seelsorger einen Hilfesuchenden weiterbetreut und dabei gelegentlich den Rat eines erfahrenen Beraters oder beratenden Seelsorgers einholt.

Eine Überweisung ist allerdings unumgänglich, wenn dem gegenwärtigen Laienseelsorger die zu einer Fortsetzung der Beratung notwendige Zeit, Energie, emotionale Stabilität oder Weisheit und Erfahrung fehlt. Im allgemeinen ist eine Überweisung dann geboten, wenn wir jemandem bei der Bewältigung seines Problems nicht weiterzuhelfen vermögen, wenn wir nicht wissen, wie wir vorgehen sollen, und wenn sich trotz unserer Bemühungen beim Hilfesuchenden weder Änderungen noch Wachstum einstellen. Die Überweisung an eine Fachkraft ist besonders angebracht bei Hilfesuchenden, die

* juristische Schwierigkeiten haben;
* in schweren finanziellen Nöten stecken;
* einer ärztlichen Behandlung bedürfen;
* unter starken Depressionen und/oder Selbstmordgedanken leiden;
* allem Anschein nach dabei sind, die Kontrolle über ihr Verhalten, ihre Gedanken oder ihre Gefühle zu verlieren;

* mehr Zeit oder emotionale Energie beanspruchen, als wir ihnen zu geben imstande sind;
* den Wunsch haben, den Seelsorger zu wechseln;
* sich äußerst aggressiv verhalten;
* übermäßig Alkohol oder andere Rauschmittel zu sich nehmen;
* eine starke Antipathie gegen den Seelsorger entwickeln, sich von ihm sexuell stimuliert fühlen oder ihn bedrohen;
* ein Problem haben, das trotz aller bisherigen seelsorgerischen Bemühungen schlimmer zu werden scheint;
* Probleme haben, für die der Seelsorger sich nicht zuständig fühlt oder auf die seine Ausbildung ihn nicht vorbereitet hat;
* anscheinend schwer geistesgestört sind.

Schwer geistesgestörte Personen sind manchmal leicht zu erkennen, nicht jedoch in allen Situationen. Ein Fachmann hat folgende kurze Liste mit Symptomen zusammengestellt, die auf das Vorhandensein einer ernsten psychischen Erkrankung schließen lassen:

1. Der Betreffende glaubt ohne hinreichenden Grund, daß andere ihn verfolgen, sexuell bedrängen oder ihn auf rätselhafte Weise beeinflussen.
2. Er leidet unter Größenwahn.
3. Seine Verhaltensweise ändert sich abrupt.
4. Er hört Stimmen, sieht Visionen oder nimmt Gerüche wahr, die nicht existieren.
5. Er hat fixe, bizarre Ideen und Ängste, die sich jeder Logik entziehen.
6. Es wiederholen sich bei ihm bestimmte Zwangshandlungen oder Wahnvorstellungen.
7. Er ist desorientiert (er weiß nichts von Zeit, Ort oder persönlicher Identität).
8. Er ist fast bis zur Erstarrung depressiv oder merkwürdig ausgelassen oder aggressiv.
9. Er zieht sich in seine innere Welt zurück und verliert alles Interesse an normalen Aktivitäten.[8]

Bei Hilfesuchenden, die Symptome dieser Art aufweisen, ist eine Überweisung überaus ratsam.

Wohin überweist man?

Pfarrer und professionelle Lebensberater führen oftmals eine Akte über Fachleute und Kliniken, an die Hilfesuchende weiterüberwiesen werden können. Dem Laienseelsorger fehlen in der Regel diese Informationen, doch reicht meist ein Anruf bei einem erfahrenen örtlichen Psychotherapeuten oder Lebensberater, um sich mit Vorschlägen einzudecken. In abgelegenen ländlichen Gegenden wird die Auswahl möglicherweise sehr begrenzt sein; in Großstädten hingegen tun sich fast unbegrenzt Möglichkeiten auf.

Meistens wendet man sich zunächst an einen niedergelassenen Psychiater oder Psychologen, an einen staatlich zugelassenen Lebensberater oder an einen psychologisch geschulten Sozialarbeiter. Legen Sie sich jedoch nicht von vornherein auf diese fest. Manchmal braucht ein Hilfesuchender zur Lösung seines Problems einen guten praktischen Arzt oder einen Zahnarzt, Rechtsanwalt oder Bankier. In vielen Fällen ist die Überweisung an einen Geistlichen besonders angebracht. Anders als die meisten Pfarrer verlangen Psychotherapeuten und Fachärzte in der Regel ein hohes Honorar, und dies sollten Sie bei der Entscheidung, wohin Sie jemanden überweisen, berücksichtigen. Denken Sie auch daran, daß Fachärzte sich oft in Kliniken und Gemeinschaftspraxen zusammengetan haben, in denen Hilfsleistungen der verschiedensten Art angeboten werden.

Auch kommunale Dienststellen können sich als wertvolle Hilfsquelle erweisen. In einigen von ihnen – Nervenkliniken, psychiatrischen Kliniken und allgemeinen Krankenhäusern, sofern sie eine ambulante psychiatrische Behandlung anbieten – befaßt man sich in erster Linie mit persönlichen Problemen. Für Eheprobleme sind natürlich Eheberatungszentren zuständig. Auf den Drogen- und Medikamentenmißbrauch haben sich Drogenkliniken und Drogenberatungsstellen spezialisiert. Das Arbeitsamt, ein staatlicher Rechtsberater, das Sozialamt, das Jugendamt oder eine andere Sozialeinrichtung wird oft in der Lage sein, kostenlos oder gegen ein geringes Entgelt weiterzuhelfen. Auch dürfen Gruppen und Vereine wie der Deutsche Blindenverband oder die örtliche Lebenshilfe nicht übersehen werden.

Es kann durchaus sinnvoll sein, Hilfesuchende an Laienorganisationen zu überweisen. So sind beispielsweise das Blaue Kreuz oder die Anonymen Alkoholiker oft die richtige Adresse für Menschen, die wegen Alkoholproblemen Hilfe suchen. In den letzten Jahren ist es darüber hinaus zur Gründung von zahllosen Selbsthilfegruppen gekommen, die auf fast jedem Gebiet Unterstützung, Beratung und Programme für Betroffene anbieten.

So gibt es Selbsthilfegruppen für Menschen, die gern abnehmen möchten, für ehemalige Patienten von Nervenheilanstalten usw. Die Anschrift oder Telefonnummer erfahren Sie entweder aus Ihrem örtlichen Telefonbuch oder Sie können sie bei Ihrem Pfarramt erfragen. Seit einigen Jahren richten immer mehr Kirchengemeinden ähnliche Gruppen ein, die entweder in Privathäusern oder in kirchlichen Räumlichkeiten zusammenkommen und bewußt an christlichen Maßstäben festhalten. Damit kommen wir zu einer wichtigen Überlegung, mit der sich christliche Laienseelsorger immer wieder auseinandersetzen müssen: Wie stehen die Lebensberater oder Gruppen, an die ich Hilfesuchende überweise, zum christlichen Glauben?

Wir tun nichtchristlichen Lebensberatern Unrecht, wenn wir davon ausgehen, daß sie dem Christentum gegenüber feindselig eingestellt und entschlossen seien, den Glauben ihrer Klienten zu unterminieren. Dennoch trifft diese Beschreibung auf einige unter ihnen zu. Es stimmt allerdings auch, daß viele christliche Psychologen und Lebensberater sich therapeutischer Verfahren bedienen, die sich kaum von den von nichtchristlichen Beratern bevorzugten unterscheiden. Wir möchten jedoch, daß Personen, die uns um unseren seelsorgerischen Beistand bitten, zu Jüngern Jesu werden und andere für die Nachfolge gewinnen. Es ist aber kaum vorstellbar, daß dieses Ziel in der Zusammenarbeit mit einem Berater verwirklicht wird, der selbst entweder rein säkulare Ziele verfolgt oder von der Nachfolge Jesu nicht die geringste Ahnung hat.

Wir dürfen allerdings nicht vergessen, daß Gott allmächtig und souverän ist. Er verlangt keineswegs von Menschen, die er gebraucht, um anderen zu helfen, daß sie eine hundertprozentige Theologie vertreten. Forschen wir in der Bibel, dann entdecken wir, daß Gott sich manchmal sogar glaubensloser Menschen bedient, um seine göttlichen Ziele zu verwirklichen. Es kommt vor, daß ein nichtchristlicher Lebensberater, Arzt oder Rechtsanwalt, die ihm zu Gebote stehenden Fertigkeiten einsetzt, um einen hilfesuchenden Klienten durch eine Krise zu lotsen und seine Persönlichkeit umzustrukturieren, und daß diese Maßnahmen den Klienten darauf vorbereiten, Jesus in sein Leben aufzunehmen und ein Jünger zu werden. Manchmal müssen körperliche oder seelische Probleme bewältigt werden, ehe jemand für geistliche Wahrheiten empfänglich ist; außerdem haben wir bereits darauf hingewiesen, daß sämtliche Aspekte der menschlichen Persönlichkeit wichtig sind.

Es bleibt dennoch risikoreich, einen Hilfesuchenden an einen nichtchristlichen Berater zu überweisen. Deshalb sollte man keine Mühe scheuen bei der Suche nach jemandem, dessen therapeutisches Verfahren mit biblischen Grundsätzen im Einklang steht. Seien wir aber realistisch:

Solche Leute haben Seltenheitswert! Manchmal werden wir uns deshalb mit einem Berater oder einer Selbsthilfegruppe begnügen müssen, die sich nicht als christlich bezeichnen. Das ist angebracht, solange sie den christlichen Glauben nicht rundweg leugnen. Gott bedient sich manchmal auch dieser Leute, um Heilung zu bewirken und Hilfesuchenden den Weg zu geistlichem Wachstum zu ebnen.

Wie überweist man?

Ein Hilfesuchender wird die Nachricht, daß Sie ihn zu überweisen gedenken, nicht immer mit Begeisterung aufnehmen, vor allem dann nicht, wenn er sich bewußt an Sie als Seelsorger gewandt und sich eine gute zwischenmenschliche Beziehung entwickelt hat. Es ist deshalb wichtig, dem Hilfesuchenden nicht das Gefühl zu vermitteln, abgelehnt oder auf unpersönliche Weise „weitergeleitet" zu werden. Damit die Überweisung möglichst glatt vor sich geht, sind mehrere Richtlinien zu beachten.

Erstens: Beteiligen Sie den Hilfesuchenden an der Entscheidung, ihn zu überweisen. Denken Sie daran, daß Sie als Seelsorger gemeinsam mit dem Hilfesuchenden daran arbeiten, dessen Probleme zu lösen. Sie sollten sich deshalb mit ihm auf eine erfolgversprechende Vorgehensweise einigen, was unter Umständen bedeuten kann, einen weiteren Berater heranzuziehen. Falls Sie als erster das Thema Überweisung ansprechen, müssen Sie mit großem Einfühlungsvermögen vorgehen und dem Hilfesuchenden viel Zeit lassen, auf Ihren Vorschlag zu reagieren.

Manchmal zeigt sich ein Hilfesuchender in dieser Situation enttäuscht und kann sich mit dem Gedanken einer Überweisung nicht anfreunden. Diese Reaktion läßt sich in vielen Fällen dadurch vermeiden, daß man gleich beim ersten Gespräch auf die Möglichkeit einer Überweisung hinweist. Wenn man diesen Gedanken rechtzeitig anbringt, lange bevor eine Überweisung nötig ist, fühlt sich der Hilfesuchende nicht überrumpelt, wenn man später darauf zurückkommt.

Zweitens: Der Seelsorger kann einer Überweisung den Weg ebnen, wenn er sich rechtzeitig darüber informiert, welche kommunalen Einrichtungen zur Verfügung stehen, was für ein Honorar sie verlangen und ob Hilfesuchende sich auf eine Warteliste setzen lassen müssen. Es ist im Normalfall besser, wenn der Hilfesuchende selbst einen Termin mit dem neuen Berater vereinbart, doch ist dies keine bindende Regel.

Drittens: Sprechen Sie darüber, wie Ihre Beziehung zum Hilfesuchenden nach der Überweisung sein soll. Unter berufsmäßigen Beratern ist es üblich, sobald der neue Berater eingeschaltet wurde, sich jeglicher Einmischung zu enthalten. In der Pastoralfürsorge wie in der Laienseelsorge wird dies bisweilen anders gehandhabt. Es darf weiterhin Kontakte geben, vor allem auf freundschaftlicher, stützender oder pastoraler Ebene. Dennoch wird der neue Berater oder die neue Gruppe in den meisten Fällen die Hauptlast der seelsorgerlichen Verantwortung übernehmen wollen.

Überweisungen in der Bibel

Der Gedanke, Hilfesuchende zu überweisen, ist so alt wie die Bibel. Das vielleicht aufschlußreichste Beispiel finden wir im 18. Kapitel des 2. Buches Mose. Die Israeliten hatten während der Wüstenwanderung ihr Lager am Fuße des Berges Horeb aufgeschlagen. Mose stellte bald fest, daß er ständig damit beschäftigt war, Gerichtsurteile auszusprechen, sich Klagen anzuhören und Streit zu schlichten. Zweifellos führte er dabei in den meisten Fällen eine Rechtsberatung durch; es ist jedoch möglich, daß ihm auch persönliche Probleme vorgetragen wurden.

Jetro, der Schwiegervater des Mose, war damals bei Mose zu Besuch und nahm das alles mit wachsender Besorgnis wahr, denn Mose schien wegen seiner umfassenden Pflichten überlastet zu sein (2. Mose 18,18). Jetro unterbreitete einen eigenen Vorschlag. Er riet Mose, sich nach einigen fähigen, gottesfürchtigen Helfern umzusehen. Diese sollten aufrichtig, redlich, jederzeit verfügbar und vor allen Dingen bereit sein, die Last der Seelsorge mit Mose zu teilen. Problemfälle, die sich für sie als zu schwer erweisen würden, sollten sie an einen erfahrenen Berater abgeben (2. Mose 18,26).

Dieses Modell ist auch heute noch aktuell. Fähigen, mit dem Geist Gottes erfüllten Männern und Frauen steht das Vorrecht zu, einander seelsorgerisch beizustehen. Somit sind sie aber auch verpflichtet, schwierige Fälle an erfahrene Fachkräfte zu überweisen. Jemanden zu überweisen kann manchmal der beste Weg sein, ihm zu helfen.

Anmerkungen

[1] John Q. Baucom, Fatal Choice: The Teenage Suicide Crisis. Chicago: Moody, 1986, S. 2.

[2] Abimelech (Richter 9,53 f.); Simson (Richter 16,28 ff.); Saul (1. Samuel 31,1 ff.); Ahitofel (2. Samuel 17,23); Simri (1. Könige 16,18); der Waffenträger Sauls (1. Chronik 10,4 f.); Judas Iskariot (Matthäus 27,3 ff.).

[3] Louis I. Dublin, „Suicide Prevention", in: On The Nature of Suicide, ed. E. S. Shneidman, San Francisco: Jossey Bass, 1969.

[4] Detailliertere Informationen über den Suizid finden sich in jedem guten Lehrbuch der Psychopathologie sowie — unter anderem — in folgenden fachspezifischen Veröffentlichungen: George E. Murphy, „Suicide and Attempted Suicide", sec. 71 in: Psychiatry, ed. Robert Michels et al. Philadelphia: Lippincott, 1992; Alec Roy, „Suicide", in: Comprehensive Textbook of Psychiatry, eds. Harold I. Kaplan und Benjamin J. Sadock. Baltimore: Williams & Wilkins, 1989, S. 1414 ff.

[5] Robert C. Carson und James N. Butcher, Abnormal Psychology and Modern Life. New York: HarperCollins, 1992, S. 412. Weitere Informationen zum Suizid bei Jugendlichen finden sich bei Alan L. Berman und David A. Jobes, Adolescent Suicide: Assessment and Intervention. Washington, D. C.: American Psychological Association, 1991; siehe ferner: Anthony T. Mitchel, Suicide: Knowing When Your Teen is at Risk. Ventura, Kalif.: Regal Books, 1991.

[6] Kenneth I. Pargament, Kenneth I. Maton und Robert E. Hess, eds., Religion and Prevention in Mental Health: Research, Vision and Action. Binghamton, New York: Haworth Press, 1992, S. 71 f.

[7] C. J. Fredrick und L. Lague, Dealing with the Crisis of Suicide. Public Affairs Pamphlet 406A, New York, 1972.

[8] Howard Clinebell, Modelle beratender Seelsorge. Aus dem Amerikanischen von Christian Hilbig und Waldemar Pisarski. München: Kaiser, 1985, S. 179 f.

9. Seelsorge am Telefon

In einer ostamerikanischen Kommune hat der örtliche Verein zur Förderung geistiger Gesundheit am Geländer einer hohen Brücke ein Telefon angebracht und unmittelbar darüber ein auffälliges Schild mit folgender Aufschrift: „Verzweifelt? Das Leben ist lebenswert! Greifen Sie zur HELPLINE. Wir stehen ihnen täglich 24 Stunden zur Verfügung."

Mir ist nicht bekannt, ob viele verzweifelte Menschen dieses Telefon benutzt haben, und wenn ja, ob sie überzeugt werden konnten, nicht von der Brücke zu springen. Wir alle wissen jedoch, daß die zunächst in England und Australien eingeführte Telefonseelsorge seit Jahren nicht mehr aus unseren Städten und Gemeinden wegzudenken ist.

Als 1958 das Los Angeles Suicide Prevention Center gegründet wurde, hatten die Gründungsmitglieder den Wert des Telefons als ein Mittel zur Beratung suizidgefährdeter Menschen erkannt. Diese seelsorgerische Hilfeinrichtung ist inzwischen in vielen Ländern zu finden. Ihre Mitarbeiter betreiben Pastoralfürsorge, verhüten Selbstmorde, überprüfen Giftstoffe, stehen Jugendlichen in Konfliktsituationen bei, informieren über Drogen und Rauschmittel, beraten Schwangere, halten Kontakt mit älteren Menschen und bieten eine Vielzahl weiterer kostenloser telefonischer Dienste an.[1]

Einige professionelle Berater üben an Seelsorgeeinrichtungen dieser Art Kritik und weisen darauf hin, daß die Effektivität telefonischer Beratung wissenschaftlich nicht abgesichert sei.[2] Vielen Menschen fehlt jedoch der Mut oder das nötige Kleingeld, sich zu einem Vieraugengespräch bei einem Berater anzumelden. Sich am Telefon mit einem Fremden zu unterhalten, ist leichter und wird von vielen Hilfesuchenden als weniger bedrohlich oder weniger peinlich empfunden. Wer anruft, hat das Gefühl, alles selbst in der Hand zu haben: Er braucht seinen Namen nicht zu nennen und kann zu jeder Zeit auflegen, wenn er möchte. Hinzu kommt, daß viele Hilfesuchende tatsächlich einen Berater aufsuchen, nachdem sie sich zu dem ersten Schritt durchgerungen haben, sich anonym mit einem Mitarbeiter der Telefonseelsorge zu unterhalten. Und für viele Menschen, insbesondere für Senioren und Behinderte, die nicht ohne weiteres zu einem Berater in die Sprechstunde gehen können, ist das Telefon die einzige Hilfsquelle.

Die einzigartige Chance der Telefonseelsorge

Vor einigen Jahren hielt ich mich mit meiner Familie längere Zeit in der Schweiz auf. Wir bewohnten dort ein entzückendes Chalet, in dem es kein Telefon gab. Diese einzigartige Erfahrung erwies sich als so entspannend, daß ich meine Familie – allerdings vergeblich – zu überreden versuchte, auch bei uns zu Hause das Telefon abzuschaffen. Am Ende erwiesen sich einige der zugunsten des Telefons vorgebrachten Argumente als recht überzeugend: Es versetzt uns in die Lage, den Kontakt mit Bekannten und Verwandten aufrechtzuerhalten; es ist in Notsituationen, wenn man schnell Hilfe braucht, unverzichtbar; und es stellt eine bequeme Möglichkeit dar, sich Informationen zu verschaffen oder Einkäufe zu tätigen. Wirtschaftsunternehmen, Bildungsinstitute und Behörden kämen kaum noch ohne Telefon aus, ebenso die meisten Privatpersonen, zumindest in hochentwickelten Ländern.

Es ist daher recht verwunderlich, daß die Seelsorge am Telefon in Büchern und Zeitschriftenartikeln über Seelsorge und Lebensberatung äußerst selten erwähnt wird – und das, obwohl es sich um eine der am häufigsten vorkommenden Formen des Helfens handelt. Telefonische Seelsorge ist bequem und praktisch, vor allem in Notsituationen, und äußerst wertvoll für Personen, deren Lebensstil oder Probleme sie von einem Vieraugengespräch mit einem Berater abhalten. Wer als Christ ein effektiver Seelsorger sein möchte, sollte sowohl Verständnis dafür entwickeln, wie die telefonische Seelsorge funktioniert, aber auch deren Grenzen kennen.

Die Vorteile telefonischer Seelsorge

Wir haben erkannt, daß „Hilfe so nahe ist wie das nächste Telefon". Telefonische Seelsorge ist aus verschiedenen Gründen bequem und praktisch.

Telefonische Seelsorge wird als weniger bedrohlich empfunden

Der Hilfesuchende fühlt sich bei einem Telefongespräch weniger bedroht, weil er die Situation selbst in der Hand hat. Als Anrufer hat er selbst die Nummer gewählt und weiß, daß er ohne weiteres auflegen kann, wenn ihm das Gespräch ungemütlich wird oder wenn er die Persönlichkeit oder die Fragen des Seelsorgers unsympathisch findet. Hilfesuchende fühlen sich oft wohler, wenn sie sich von der Geborgenheit der eigenen Wohnung aus an einen Berater oder Seelsorger wenden können, als wenn das Gespräch im Büro einer ihnen fremden Klinik, im Pfarramt oder im Wohnzimmer eines Bekannten stattfindet. Für Menschen, die Angst haben, sie könnten vom Berater in eine Falle gelockt werden, besteht eine zwingende Notwendigkeit zur telefonischen Kontaktaufnahme. Nur so können sie sich nach Hilfe ausstrecken und sich gleichzeitig sicher fühlen.

Eine telefonische Beratung kann anonym stattfinden

Eine telefonische Beratung bietet die Gewähr für die Anonymität des Anrufers. Einige Leute empfinden ein Vieraugengespräch so bedrohlich, daß sie nicht einmal ihren Namen preisgeben möchten. Es fällt jedoch schwer, anonym zu bleiben, wenn man seinem Gesprächspartner von Angesicht zu Angesicht gegenübersitzt. (Hin und wieder gelingt dies im Flugzeug, wenn ein Passagier seine Sorgen bei einem Mitreisenden ablädt, wohl wissend, daß es, nachdem beide in den Menschenmassen in der Ankunftshalle des nächsten Flughafens verschwinden, zu keinen weiteren Kontakten kommen wird.) Wer jedoch die Telefonseelsorge oder die Hörersprechstunde einer Rundfunkanstalt anruft und sich mit einem Fremden unterhält, der kann über die intimen Einzelheiten seines Lebens sprechen, ohne befürchten zu müssen, daß er von einer Person, die seine Identität kennt, abgelehnt wird. Selbst bei einer Unterhaltung zwischen Freunden schafft das Telefon eine gewisse Distanz. Als ich noch Junggeselle war, benutzte ich lieber das Telefon, wenn ich ein Mädchen um eine Verabredung bat, denn so war es weit weniger peinlich, wenn ich mir einen Korb holte.

Telefonische Hilfe ist verfügbar

Zeitweise ist telefonische Seelsorge die einzig verfügbare Hilfsquelle. Kranke, die niemanden haben, der sie fährt, sowie Menschen, die weitab von jeder Hilfe wohnen, stellen bald fest, daß ein Anruf der einfachste

Weg ist, an ein helfendes Gespräch zu kommen. Ebenso bedient sich eine Studentin, die ihre Mutter anruft, um mit ihr über ihre Sorgen zu reden, wahrscheinlich des besten verfügbaren Mittels. Es wird auch in Situationen angerufen, in denen die Anwesenheit eines Seelsorgers nicht angebracht wäre. Ein Kollege von mir erhielt einen Anruf von einem seiner früheren Studenten kurz nach dessen Hochzeit. Die jungen Eheleute hatten in der ersten Nacht der Flitterwochen einige sexuelle Schwierigkeiten und beschlossen deshalb, sich per Ferngespräch bei ihrem früheren Psychologieprofessor Rat zu holen — und das um zwei Uhr morgens! Der Professor konnte ihnen Mut machen und sie ein wenig unterweisen — in dieser Situation war telefonische Seelsorge zweifellos der beste Weg!

Telefonische Seelsorge ist zeitsparend

Bisher haben wir nur über die Vorteile telefonischer Seelsorge für den *Hilfesuchenden* gesprochen, doch ist sie auch für den *Seelsorger* ausgesprochen vorteilhaft, vor allem dann, wenn es sich um einen Nichtfachmann handelt, der mit Honorarforderungen und Terminabsprachen nichts im Sinne hat. Eine telefonische Beratung kann dem Seelsorger den Zeitaufwand und die Mühe ersparen, einen Gesprächstermin zu vereinbaren und hinterher wahrzunehmen. Mit Hilfe des Telefons kann er mit Hilfesuchenden in Verbindung bleiben und sie häufig anrufen, um sein Interesse an ihrem Wohlbefinden zu bekunden. Ist der Seelsorger aus irgendwelchen Gründen nicht in der Lage, sich persönlich mit einem Hilfesuchenden zu treffen, reicht vielleicht ein kurzes Telefonat. Das gilt insbesondere, wenn ein tägliches Treffen nicht möglich ist, aber der Hilfesuchende in einer Krise steckt und erfahren sollte, daß jemand um ihn besorgt ist. Die Anonymität eines Telefongesprächs kann sich auch auf andere Weise als nützlich erweisen:

Wer telefonisch berät, wird dem Klienten vorschwebenden Ideal weit eher entsprechen als ein Therapeut, der nur Vieraugengespräche führt, weil der Klient nur einen Teilaspekt der Wirklichkeit mitbekommt. Am Telefon bleiben uns die visuellen Hinweise zur Person verborgen, die wir bei einem Vieraugengespräch wahrnehmen. Wir haben keine Ahnung, wie unser Gesprächspartner aussieht, und können weder seinen Gesichtsausdruck wahrnehmen noch die Körpersprache beobachten, mit der er während eines Vieraugengesprächs seine Gedanken, seine Gefühle und seine Persönlichkeit zum Ausdruck bringt. Eine telefonische Beratung ermöglicht es dem Klienten weit besser als ein Vieraugengespräch, aus dem Therapeuten den zu machen, den er sucht und braucht.[3]

Telefonische Seelsorge im Notfall

Im Notfall erweist sich die Möglichkeit einer telefonischen Beratung besonders nützlich. Mit dem Griff zum Telefon kann ein Anrufer schnell und unbürokratisch Hilfe bekommen, ohne sich der langwierigen Prozedur unterziehen zu müssen, einen Termin zu vereinbaren, zum vereinbarten Treffpunkt hinzufahren und – falls er sich an einen Facharzt wendet – Formulare auszufüllen und sich auf eine Warteliste setzen zu lassen. Ein Anruf macht es möglich, derartige Barrieren zu umgehen. Er bietet unmittelbaren Zugang zu einer Person, die Hoffnung einzuflößen und die jeweilige Situation objektiv zu betrachten vermag.

Viele Menschen empfinden es als hilfreich zu wissen, daß jemand da ist, den sie im Notfall anrufen können. Ein Jugendlicher, der jederzeit beim Jugenddiakon seiner Kirchengemeinde oder beim Trainer seiner Basketballmannschaft anrufen darf, wird möglicherweise nie von dieser Möglichkeit Gebrauch machen, doch macht ihn die Gewißheit zuversichtlicher: Hilfe ist da, falls ich sie mal brauche.

Telefonische Seelsorge erweist sich für einige – ob im Notfall oder nicht – deshalb als vorteilhaft, weil ihre Persönlichkeit nicht zuläßt, auf einem anderen Weg Hilfe zu holen. So können beispielsweise Menschen, die allein leben, ein intimes Vieraugengespräch unter Umständen nicht aushalten. Ein Anruf hingegen bereitet ihnen keine Schwierigkeiten. In gleicher Weise sind Selbstmordgefährdete häufig verwirrt und so von ihren Umständen überwältigt, daß sie den telefonischen Kontakt als letzten Rettungsanker in der Not empfinden. Jugendlichen zum Beispiel fällt es oft schwer, ihre Verwundbarkeit und Hilfsbedürftigkeit zuzugeben. Einen Anruf empfinden sie weniger bedrohlich als ein Vieraugengespräch und lassen sich deshalb gern telefonisch auf die benötigte Hilfsquelle hinweisen.

Die Grenzen telefonischer Seelsorge

Dem angehenden Berater wird während seiner Ausbildung immer wieder eingeschärft, Ratsuchenden nicht nur zuzuhören, sondern sie auch zu beobachten. Wir können viel über andere erfahren, wenn wir uns merken, wie sie sich kleiden und pflegen und welche Haltung sie beim Gehen oder Sitzen einnehmen. Der Gesichtsausdruck, etwaige Anzeichen innerer Anspannung, körperliche Bewegungen, Tränen und die Atemfrequenz — das alles sind wichtige nichtverbale Hinweise, die uns helfen, einen Hilfesuchenden zu verstehen und schneller mit ihm zur Sache zu kommen. Darüber hinaus kann der Hilfesuchende durch Beobachten der Gestik, des Kopfnickens oder des Blicks seines Gegenübers leicht feststellen, ob dieser ihm wirklich zuhört und ihn zu verstehen versucht.

Unterhalten wir uns telefonisch, sind diese visuellen Hinweise nicht wahrnehmbar (jedenfalls solange das Bildtelefon keine verbreitete Verwendung findet). Das stellt beide Gesprächspartner vor Probleme. Da der Hilfesuchende den Seelsorger nicht sehen kann, weiß er nicht, wie seine Mitteilungen ankommen. Einige Hilfesuchende empfinden — wie bereits gesagt — diesen Tatbestand als trostreich, insbesondere wenn sie peinliches oder sündhaftes Verhalten bekennen möchten. Es kann jedoch auch trostreich sein zu wissen, daß der Seelsorger einen akzeptiert, Verständnis aufbringt und dem Gesagten seine ungeteilte Aufmerksamkeit widmet. Da ein Anrufer dies visuell nicht wahrnehmen kann, muß der Seelsorger sein Erbarmen oder seine Anteilnahme verbal zum Ausdruck bringen.

Wie der Anrufer, so kann auch der Seelsorger am Telefon im Nachteil sein. Von nichtverbalen Hinweisen abgeschnitten, muß er nicht nur sehr sorgfältig auf das Gesagte achten, sondern ebenfalls auf den Tonfall des Anrufers, auf etwaiges Innehalten beim Erzählen, auf Veränderungen in der Lautstärke, Geschwindigkeit oder Tonlage der Stimme, auf Seufzer, auf ein Zittern in der Stimme sowie auf andere Geräusche, die etwas über den Hilfesuchenden verraten. Ist der Anrufer dem Seelsorger persönlich nicht bekannt, könnte es sich auch als schwierig erweisen, sein Geschlecht oder sein Alter herauszuhören; ebenso bleiben uns seine körperliche Erscheinung wie auch etwaige nervöse Gesten verborgen. Deshalb müssen wir manchmal die Informationen, die wir brauchen — das Alter des Anrufers zum Beispiel, oder ob er gerade weint — vom Hilfesuchenden direkt erfragen.

Die Art, wie wir uns als Seelsorger am Telefon geben, ist besonders wichtig. Wir sollten durch ein gelegentliches „Mmm" deutlich machen, daß wir gut zuhören, und unsere Anteilnahme, Hilfsbereitschaft, Herzlichkeit und Ehrlichkeit durch unsere Worte und unseren Tonfall deutlich machen. Dem Besitzer einer monotonen, gelangweilten Stimme wird kaum jemand Fürsorglichkeit zutrauen. Dennoch müssen wir noch einmal betonen, wie wichtig es ist, sich „natürlich" zu verhalten. Wenn einem Seelsorger wirklich an einem Hilfesuchenden liegt, wird dies in seiner Stimme zum Ausdruck kommen. Ist ihm aber der Hilfesuchende gleichgültig, wird auch dies herauszuhören sein.

Ein weiteres Problem, das der telefonischen Seelsorge anhaftet, ist die Tendenz, anstelle eines wirklich hilfreichen Gesprächs einen gemütlichen Plausch zu halten. In gewisser Hinsicht gibt es keinen großen Unterschied zwischen einer normalen Unterhaltung und einem seelsorgerlichen Gespräch. Mit einem Freund zu plaudern, empfinden viele Menschen als heilsam, insbesondere wenn sie einsam sind oder der Unterstützung bedürfen. Zu echter Seelsorge gehört jedoch einiges mehr. Es ist ein Problem vorhanden, das angegangen werden soll, und der Seelsorger muß seine Objektivität wahren und bereit sein, den Hilfesuchenden — je nachdem, was sich als notwendig herausstellt — zu konfrontieren, zu unterweisen oder in eine bestimmte Richtung zu lenken. Dies ist nicht immer möglich, wenn ein Anruf sich zu einer gemütlichen Unterhaltung entwickelt, wie wir sie gemeinhin mit Telefongesprächen zwischen Freunden in Verbindung bringen.

Praktisches Helfen am Telefon

Ein Rundfunksender strahlte einen Werbespot aus, in dem die Hörer aufgefordert wurden, eine Telefonseelsorge-Einrichtung anzurufen, die „Heilung von akuter Schüchternheit, von panikartigen Anfällen und von Phobien jeder Art" sowie „Hilfe zu jedem anderen Problem" versprach. Dieser Werbespot löste einen Sturm der Empörung aus, zumindest unter professionellen Beratern, denen die Vorstellung, ernsthafte Probleme könnten am Telefon behandelt werden, nicht geheuer zu sein schien.

Trotzdem sind sich die meisten Seelsorger darüber einig, daß man am Telefon durchaus Anteilnahme und Verständnis für die Probleme des Anrufers zu erkennen geben kann. Anrufer brauchen in einer Krise häufig Auskunft, Zuspruch, Hoffnung, Unterweisung oder einfach das Wissen, daß jemand sich um sie sorgt. Das alles wird von Seelsorgern vermittelt, die sich das Telefon zunutze machen.

Vor einigen Jahren wurden in einem Zeitschriftenartikel einige recht nüchterne Richtlinien für telefonische Seelsorge abgedruckt. „Grenzen setzt uns dabei einzig und allein unser Erfindungsreichtum", meinte der Verfasser. Innerhalb dieser Grenzen können wir folgendes tun:

Wir können zuhören. Dies kann für den Anrufer eine Erfahrung mit Seltenheitswert sein; möglicherweise lernt er allein dadurch, daß ihm die Gelegenheit eingeräumt wird, offen mit jemand anderem zu sprechen. [...] Wir können dranbleiben. Wer in einer Klemme steckt, braucht einen anderen Menschen. Wir können Hilfsquellen mobilisieren, sowohl in anderen als auch für andere. Die Antwort auf das Problem liegt oft beim Anrufer selbst, oder er verfügt zumindest über die für eine Lösung notwendigen Mittel, hat dies aber nicht erkannt. Wir können ihm helfen, seine eigene Lösung zu finden, indem wir beispielsweise das zu lösende Problem näher bestimmen. Wir können für den Anrufer Hilfsquellen mobilisieren, indem wir ihn überweisen, Kontakte mit weiteren Personen herstellen, einen Freund oder Pfarrer einschalten, einen Termin für den darauffolgenden Tag vereinbaren usw.

Wir können unsere eigenen Grenzen kennenlernen und dadurch erkennen, ob es notwendig ist, Hilfsquellen für uns selbst zu erschließen [...] Im Zweifelsfall ist stets ein Facharzt oder Fachberater hinzuzuziehen [...] Wir können unser Mitgefühl zum Ausdruck bringen, Fragen stellen, Sachverhalte klären, informieren und schlicht und einfach für den Anrufer dasein![4]

Telefonische Seelsorge unterscheidet sich trotz ihrer einzigartigen Merkmale nur geringfügig von anderen Formen helfenden Handelns.

Achten Sie auf die Probleme des Hilfesuchenden

Dazu gehört, daß Sie sich immer wieder fragen: Warum hat er angerufen? Welche Art von Hilfe wird hier benötigt? Was vermag ich zu tun? In vielen Fällen wissen wir nicht, welches Problem wirklich hinter dem Anruf steckt. In einem solchen Fall sind wir auf Mutmaßungen angewiesen. Dann sollten wir versuchen, dem Anrufer Fakten zu entlocken, um so unsere Hypothese als wahr oder falsch zu erkennen. Im Laufe der Zeit wird sich ein deutlicheres Bild ergeben.

Seien Sie im Hinblick auf die Gefühle des Hilfesuchenden sensibel

Wie reagiert der Anrufer gefühlsmäßig auf die von ihm geschilderte Situation? Wirkt er niedergeschlagen, ängstlich, verlegen, abwehrend, zornig, mißtrauisch, hoffnungsvoll? Scheint er außergewöhnlich gelassen oder emotionslos zu sein? Sind seine Gefühle besonders intensiv? Sind sie der Situation angemessen? Der Seelsorger überlegt ständig, was die von ihm wahrgenommenen Gefühlsregungen zu bedeuten haben und was sie ihm möglicherweise über den Hilfesuchenden verraten.

Achten Sie auf die Gedanken des Hilfesuchenden

Was für ein Problem hat der Anrufer? Hat er irgendwelche Gedanken darüber, wodurch es verursacht wurde oder wie es zu bewältigen sein könnte? Welche Hilfsmittel hat er bereits angewandt? Während der Hilfesuchende spricht, achten Sie auf Anzeichen von Anspannung wie zum Beispiel weitschweifiges Reden, mangelnde Klarheit, Konzentrationsschwierigkeiten oder eine Neigung zu voreiligen, falschen Schlußfolgerungen. Denken Sie daran, daß Gott uns als vernünftige Wesen erschaffen hat, auch wenn wir oftmals nicht zu vernünftigen Überlegungen imstande sind – vor allem dann nicht, wenn wir unter starkem Streß stehen. Sowohl die Gedanken eines Anrufers als auch seine Art zu denken können nützliche Hinweise auf das Wesen seines Problems liefern.

Seien Sie im Hinblick auf die Handlungsweise des Hilfesuchenden sensibel

Manchmal kommt es aufgrund der Worte, der Taten oder des sündigen Verhaltens einer anderen Person zu Problemen; bisweilen sind wir jedoch selbst an unseren Problemen schuld. Möglicherweise bedauern und bemitleiden wir uns selbst und klagen darüber, Opfer des Schicksals oder der Gefühllosigkeit anderer zu sein, obwohl es letzten Endes an unserer eigenen Einstellung und Verhaltensweise liegt, wenn andere sich von uns abwenden und wir uns elend fühlen. Wir dürfen uns zwar nicht für alle Schwierigkeiten selbst die Schuld geben, müssen jedoch zur Kenntnis nehmen, daß viele unserer Probleme auf eigenes Fehlverhalten zurückzuführen sind. Unsere Sünden können uns Probleme bereiten, ebenso inkonsequentes Verhalten und Handlungsweisen, die letzten Endes das Gegenteil dessen bewirken, was wir dabei beabsichtigten. So befürchtete eine Frau, die Zuneigung ihrer verheirateten Tochter zu verlieren, und versuchte dies dadurch zu verhindern, sie mit Forderungen zu überhäufen. Wie nicht anders zu erwarten, ließ sich die Tochter dies nicht gefallen, sondern zog sich von der Mutter zurück. Die Mutter forderte noch mehr Zuneigung und Aufmerksamkeit und sorgte so dafür, daß die Beziehung zur Tochter endgültig in die Brüche ging. Die Mutter hatte so durch eigenes Fehlverhalten das herbeigeführt, was sie am meisten befürchtete.

Meiden Sie häufig begangene Fehler

Wer telefonische Seelsorge treibt, sollte unbedingt über einige Fußangeln Bescheid wissen, über die man auch während eines Vieraugengesprächs stolpern kann. Nehmen wir als Beispiel die Tendenz, den Hilfesuchenden mit Fragen zu überschütten. Vielleicht tappt man leichter in diese Falle als in alle anderen. Wenn man nicht aufpaßt, gerät die Unterhaltung schon nach kürzester Zeit zu einem reinen Frage-und-Antwort-Spiel, bei dem man sich ständig neue Fragen einfallen lassen muß, um das Gespräch in Gang zu halten. Der Hilfesuchende nimmt seinerseits an, daß der Seelsorger, wenn er sämtliche Informationen zusammenbekommt, in der Lage sein wird, das Problem genau zu diagnostizieren und für alle Schwierigkeiten eine Lösung zu finden. Wie wir bereits gesehen haben, ist es besser, „offene" Fragen zu stellen, das heißt: Fragen, die sich nicht mit ein, zwei Worten beantworten lassen. Fragen wie: „Wie ist es Ihnen in letzter Zeit ergangen?" oder: „Wie haben Sie sich in letzter Zeit gefühlt?" sind wesentlich effektiver als die Frage: „Leiden Sie unter Depressionen?" Bleiben Sie in Ihrer Ausdrucksweise einfach, und scheuen Sie sich nicht, ein wenig nachzuhelfen mit Bemerkungen wie: „Erzählen Sie mir mehr darüber", „Was geschah als nächstes?" oder: „Das hat sicherlich einiges an Empfindungen bei Ihnen ausgelöst."

Ein weiterer häufig begangener Fehler ist Übereifer bei der Suche nach einer schnellen Lösung. Möglicherweise ringt der Hilfesuchende seit geraumer Zeit mit seinem Problem. Wie kommen Sie dazu, alles in zehn oder fünfzehn Minuten regeln zu wollen? Es wäre viel besser, sich Zeit zu nehmen und sich zunächst auf das Zuhören zu konzentrieren.

Es ist ebenfalls hilfreich, auf Gemeinplätze zu verzichten. Diese werden meist in bester Absicht verwendet, doch können sie Hilfesuchende verärgern. „Ich weiß genau, wie es Ihnen geht"; „Machen Sie sich nur keine Sorgen!"; „Das werden Sie schnell verkraften"; „Denken Sie daran, daß alle Dinge zum Besten dienen"; „Beten Sie einfach darüber" — das alles sind abgedroschene Phrasen, die eine unter Streß stehende Person nicht besonders hilfreich empfinden wird. Manchmal leiten Gemeinplätze dieser Art eine Kurzpredigt oder einen Schwall von Ratschlägen ein. Diese sind sicher gut gemeint, werden jedoch nur selten beachtet und spiegeln in den meisten Fällen eine gewisse Unsicherheit seitens des Seelsorgers wider, der nicht weiß, was er sonst noch tun oder sagen sollte.

So verwunderlich es auch sein mag: Seelsorger wie Hilfesuchende begehen manchmal den Fehler, ganz um den heißen Brei herumzureden. Es ist schmerzlich, über die gescheiterte Ehe, das berufliche Versagen oder die rebellischen Kinder des Hilfesuchenden zu sprechen. Deshalb unterhalten wir uns manchmal statt dessen über das Wetter, den Sport oder das Tagesgeschehen. Vor einigen Jahren schenkte mir jemand eine entzückende kleine Figurine aus Metall; sie zeigt einen sitzenden Berater im Gespräch mit einem auf der Couch liegenden Hilfesuchenden. Ich plazierte sie auf meinem Schreibtisch, mußte jedoch bald feststellen, daß es sich um mehr handelte als ein Genrestück. Die Figurine erwies sich zwar als ein gutes Gesprächsthema, förderte jedoch nicht, wie ich gehofft hatte, die eigentliche Behandlung, sondern lenkte immer wieder vom schmerzlichen, aber notwendigen Eingehen auf die Probleme der Hilfesuchenden ab.

Spiele der Seelsorger

Vor Jahren verfaßte ein Psychiater namens Eric Berne ein populärwissenschaftliches Buch mit dem Titel „Games People Play" (deutsch: Spiele der Erwachsenen). In Anlehnung an Berne will ich hier einige der Spiele aufzählen, auf die Seelsorger sich manchmal einlassen – unabhängig davon, ob sie gerade telefonieren oder nicht.[5]

1. „Ich muß unbedingt etwas sagen." Das besagt, mit einer schnellen Lösung auftrumpfen zu müssen – obwohl derartige Lösungen meist oberflächlich und realitätsfern sind. Es wäre besser, über einen längeren Zeitraum hinweg zuzuhören.

2. „Ich sollte lieber nicht aussprechen, was mir durch den Sinn geht, sonst könnte es tatsächlich eintreffen." Dies grenzt an Aberglauben. Hier wird angenommen, daß wir Themen wie Selbstmord, Versagen, Tod oder Ehescheidung nicht ansprechen sollen, damit wir den Hilfesuchenden nicht erschüttern und/oder das befürchtete Ereignis auslösen. Hilfesuchende sind nur selten so sensibel. Kommt dem Seelsorger der Gedanke an eine drohende Krise, dann ist dem Hilfesuchenden wahrscheinlich schon längst der gleiche Gedanke gekommen, und es könnte sein, daß er eine Gelegenheit begrüßen würde, offen darüber zu sprechen.

3. „Wenn ich mehr wüßte, könnte ich helfen." Wer so spricht, offenbart Angst vor einem Versagen. Der Seelsorger begibt sich auf die Suche nach

immer mehr Informationen oder vielleicht nach einer „wasserdichten" Bibelstelle, mit der er das Problem wie mit einem Schlüssel aufschließen und sofort geistige Gesundheit erzeugen könnte. Seelsorge ist jedoch Schwerstarbeit. Der Seelsorger muß sich zusammen mit dem Hilfesuchenden um Lösungen mühen. Es kommt äußerst selten vor, daß sie eine Weisheit entdecken, die das Problem schnell erfolgreich zu lösen vermag.

4. „Es muß bestimmt eine Lösung geben. Wenn sie mir nur einfiele!" Es kann zu herben Enttäuschungen führen zu meinen, für jedes Problem eine direktive, autoritäre Lösung finden zu müssen. Unsere Aufgabe besteht darin, bei der Betreuung besorgter Menschen ein Werkzeug des Heiligen Geistes zu sein. Er führt uns oftmals zu einem Abschnitt der Bibel oder zu einem biblischen Prinzip, welches das vorhandene Problem unmittelbar anspricht. Das geschieht jedoch nicht in jedem Fall. Für viele Probleme, mit denen wir es als Seelsorger zu tun bekommen, gibt es keine Patentlösung. Deshalb bemühen wir uns, dem Geist Gottes verfügbar zu sein, damit er in Übereinstimmung mit der Lehre der Schrift durch uns einen Wandel vollbringt und Heilung bewirkt.

5. „Es muß irgend jemanden geben, der helfen kann." Oftmals entspricht diese Feststellung der Wahrheit. Aus diesem Grunde ist in vielen Situationen eine Überweisung der beste Weg. Denken Sie jedoch daran, daß Laienseelsorger in vielen Situationen effektiv arbeiten. Vielleicht sind Sie selbst der „hilfreiche Jemand"?

6. „Ich bin ein mitfühlender, herzlicher, verständnisvoller und stets kompetenter Seelsorger." Das möchten wir alle gern sein. In Wirklichkeit sind wir jedoch fehlbare Menschen, denen auch in der Seelsorge ernsthafte Fehler unterlaufen können. Wenn uns so etwas passiert, bitten wir den Herrn — und meist auch den betroffenen Hilfesuchenden — um Vergebung und machen dann weiter, entschlossen, den gleichen Fehler nicht noch einmal zu begehen.

Der Umgang mit problematischen Anrufern

Telefone stehen hilfesuchenden Menschen vierundzwanzig Stunden am Tag zur Verfügung. Das kann zu chaotischen Verhältnissen führen, wenn Sie jedesmal, wenn das Telefon klingelt, auch abnehmen. Ein Anrufbeantworter kann hilfreiche Dienste leisten, wenn es darum geht, Anrufe zu sortieren. Dennoch bleibt niemandem der Umgang mit schwierigen, chronischen und schweigsamen Anrufern sowie mit solchen, die sich einer obszönen Sprache bedienen, erspart.

Der schwierige Anrufer

Dieser Anrufer sucht wirklich seelsorgerliche Hilfe, doch fehlt ihm der Mut oder die Bereitschaft, sein Problem offen anzusprechen. Manchmal schützt er vor, es gehe ihm um das Problem eines Freundes. Das sollte man zunächst für bare Münze nehmen. Häufig jedoch stellt es sich heraus, daß es sich bei dem „Freund" in Wirklichkeit um den Anrufer selbst handelt. Hin und wieder wird man Sie am Telefon um Informationen über den Suizid, über Schwangerschaft, Aids, Depressionen oder irgendein anderes Thema bitten. Auch hier sollten Sie zunächst davon ausgehen, daß es sich um eine echte Bitte um Auskunft handelt, zugleich aber die Möglichkeit in Erwägung ziehen, daß der Anrufer selbst das angesprochene Problem hat. Gelegentlich legt ein Anrufer auf, wenn Sie ans Telefon gehen, vielleicht weil ihm der Mut versagt oder weil er vorab Ihren Tonfall überprüfen möchte, ehe er sich mit Ihnen unterhält. Diese Leute rufen oft später wieder an.

Hin und wieder machen Anrufer feindselige oder spöttische Bemerkungen über Menschen, die wie sie selbst telefonische Hilfe in Anspruch nehmen. Es handelt sich in den meisten Fällen um einen Abwehrmechanismus, der das Unbehagen des Anrufers offenbart. Wer als Seelsorger freundlich oder ernsthaft darauf eingeht, wird das eigentliche Problem möglicherweise schneller zutage fördern, als wenn er darüber hinweggeht.

Unter der Überschrift „schwierige Anrufer" verstehen wir also Menschen, die auf Hilfe, Mitgefühl und Verständnis hoffen, aber nicht imstande sind, ihre Probleme unmittelbar zur Sprache zu bringen. Dieses Problem ist natürlich nicht auf die telefonische Seelsorge beschränkt, sondern kann sich ebenso beim Vieraugengespräch stellen.

Der chronische Anrufer

Der chronische Anrufer ist meist einsam oder niedergeschlagen und ruft mehrmals am Tage an, was natürlich entnervend auf den Seelsorger wirken kann. Man kann natürlich solche Leute bitten, überhaupt nicht mehr anzurufen, oder sie bei jedem Anruf beliebig lange reden lassen, aber ihnen nur mit geteilter Aufmerksamkeit zuhören. Diese Reaktionen erweisen sich jedoch als wenig hilfreich und rufen eventuell bei uns selbst Schuldgefühle oder Frustrationen hervor. Es wäre besser, solchen Anrufern Grenzen zu setzen, indem man ihnen klarmacht, daß jedes Gespräch auf zehn Minuten begrenzt sein muß, und sich streng an diese Regel hält. Manchmal hilft es, chronische Anrufer entweder miteinander oder mit einem Laienseelsorger in Verbindung zu setzen, der über mehr Zeit verfügt.

Bisweilen könnten Sie auch eine „Schreibtherapie" vorschlagen, bei der der Anrufer seine Probleme in Briefform niederschreibt und die Briefe mit der Post an Sie schickt, statt anzurufen. Man kann es jedenfalls damit versuchen, obwohl Leute, die unaufhörlich reden, meist den direkten menschlichen Kontakt brauchen, den das Briefeschreiben gerade nicht vermittelt. Wenn Sie auf diese Weise den persönlichen Kontakt mit einem Anrufer abbauen, werden Sie hin und wieder selbst bei ihm anrufen wollen, um ihm die Gewißheit zu vermitteln, daß Sie sich Gedanken um ihn machen. Sie brauchen keine Schuldgefühle zu haben, wenn Sie einem Anrufer zeitliche Limits setzen oder die Zahl seiner Anrufe begrenzen. Dies hilft dem Anrufer, der Wirklichkeit ins Auge zu sehen, und trägt nicht wenig zum Wohlergehen des Seelsorgers und seiner Familie bei.

Der schweigsame Anrufer

Mit dem schweigsamen Anrufer stellt sich Ihnen ein Problem anderer Art. Diese Person ist motiviert genug, um bei Ihnen anzurufen, weigert sich jedoch, allzuviel zu sagen, wenn er Sie an der Leitung hat. Das hat zur Folge, daß Sie nicht nur auf visuelle, sondern auch auf gesprochene Hinweise verzichten müssen. Während eines solchen Anrufs könnten Sie also theoretisch Ihre Post lesen oder in einer Zeitschrift blättern – der Anrufer kann Sie ja nicht sehen –, doch wäre es sicherlich besser, dem Anrufer Mut zuzusprechen. Ich schlage folgende möglichen Stichworte vor: „Manchmal fällt es uns schwer, uns mit jemand anderem zu unterhalten, nicht wahr?", „Kann ich Ihnen irgendwie helfen?" oder: „Da Sie mir nichts erzählt haben, fällt es mir recht schwer, mich zu Ihrer Situation zu äußern." Wenn das alles nichts fruchtet, könnten Sie es mit folgendem Satz probieren: „Ich würde mich gern mit Ihnen unterhalten, aber wenn Sie weiterhin nichts sagen, bleibt mir nichts anderes übrig, als in ein, zwei Minuten aufzulegen." Wenn der Anrufer daraufhin nicht zu reden anfängt, könnten Sie Ihr Interesse an seiner Person bekunden, ihm versichern, daß er für Gott wichtig ist, ihn ermutigen, wieder anzurufen, wenn ihm das Reden leichter fallen würde, und sich höflich von ihm verabschieden, ehe Sie auflegen.

Der Anrufer, der sich einer zotigen Sprache bedient

Es gibt Leute — in der Regel Männer —, denen es Spaß macht, Kirchenvertreter anzurufen und sie mit obszönen Ausdrücken zu traktieren. Sie wollen schockieren und möglichst einen Wutausbruch provozieren. Gelingt es einem solchen Anrufer, eine wütende Reaktion hervorzurufen, sieht er das als Beweis dafür an, daß „die Frommen" wirklich die Heuchler sind, als welche sie in den Medien dargestellt werden. Damit vermag der Anrufer auf eigenartige Weise sein Selbstwertgefühl zu steigern. Wahrscheinlich empfindet er seine zotige Sprache zudem als besonders männlich oder als eine Möglichkeit, über andere Macht auszuüben. Deshalb ist es sinnlos, sich über solche Anrufe zu ärgern, aber auch das Zuhören mit „bedingungsloser Achtung" ist kaum angemessen. Am besten reagiert man mit einer Mischung aus Strenge und Freundlichkeit. Man könnte beispielsweise sagen: „Es wäre mir eine Freude, mich mit Ihnen zu unterhalten, doch muß ich Sie bitten, auf Kraftausdrücke dieser Art zu verzichten." Setzt der Anrufer daraufhin die Belästigung fort, sollte man damit drohen aufzulegen, und die Drohung anschließend wahrmachen.

Wenn Sie weiterhin obszöne Anrufe erhalten, sollten Sie nicht zögern, es Ihrer örtlichen Polizeidienststelle oder Ihrer Telefongesellschaft zu melden. Denken Sie jedoch daran, daß Anrufer dieser Art Probleme haben und daß es sich bei ihren Anrufen möglicherweise um versteckte Hilferufe handelt.

Jüngerschaft und das Telefon

Jesus hat während seiner irdischen Wirksamkeit verständlicherweise nie ein Telefon nehmen können. Für uns jedoch ist das Telefon — wie Rundfunk oder Fernsehen — ein Werkzeug, das uns die Gelegenheit bietet, effektiver in das Leben anderer einzugreifen. Wie beim Vieraugengespräch verfolgen wir mit telefonischer Seelsorge das Ziel, Hilfesuchenden den Weg in die Christusnachfolge zu ebnen. Es ist allerdings unwahrscheinlich, daß jemand sich ausschließlich am Telefon in die Jüngerschaft einweisen läßt, doch wäre dies theoretisch möglich. Jedenfalls können wir andere am Telefon ermutigen, stützen, beraten, lenken und konfrontieren. Man kann telefonisch das Evangelium erklären, mit Hilfesuchenden beten und sie zu persönlichem wie geistlichem Wachstum ermutigen. Ans Haus gefesselte und gehbehinderte Christen können einen besonderen Dienst der Telefonseelsorge tun, um mit Menschen ins Gespräch zu kommen, die sie persönlich nicht aufsuchen können.

Die Möglichkeit telefonischer Seelsorge darf auf keinen Fall von denjenigen Christen übersehen werden, die es sich zur Lebensaufgabe gemacht haben, dem Missionsbefehl Jesu nachzukommen und in alle Welt hinzugehen, um alle Völker zu Jüngern zu machen. Es ist durchaus legitim, andere am Telefon auf die Nachfolge anzusprechen.

Anmerkungen

[1] Die Beliebtheit dieser Hörersprechstunden stellt niemand in Frage, doch sind sich die Experten nicht darüber einig, ob sie wirklich Veränderungen bewirken. Siehe Berkeley Rice, „Call-in Therapy: Reach Out and Shrink Someone", in: Psychology Today (Dezember 1981), S. 39.41.44.87—91; ferner: Amiram Raviv, Alona Raviv und Ronith Yunovitz, „Radio Psychology and Psychotherapy: Comparison of Client Attitudes and Expectations", in: Professional Psychology: Research and Practice 20 (April 1989), S. 67—72.

[2] James Buie, „Therapy By Telephone: Does It Help or Hurt?" in: APA Monitor (1989): S. 14 f.

[3] T. Williams und J. Douds, „The Unique Contribution of Telephone Therapy", in: D. Lester und G. W. Brockopp, Crisis Counseling and Counseling by Telephone. Springfield, Illinois: Charles C. Thomas, 1973, S. 85.

[4] C. W. Lamb, „Telephone Therapy: Some Common Errors and Fallacies", in: Voices 5 (1969—70), S. 45 f.

[5] Leicht verändert übernommen aus Lester und Brockopp, Teil 3. Siehe: Eric Berne, Spiele der Erwachsenen. Psychologie der menschlichen Beziehungen. Deutsch von Wolfram Wagmuth. Reinbek bei Hamburg: Rowohlt, 1967 (rororo-Sachbuch 6735).

10. Seelsorge in Kirche und Gemeinde

Jesus befaßte sich während seiner irdischen Wirksamkeit viel mit Krankheit und Heilung. Im Verlauf eines Gesprächs mit seinen Kritikern traf er die oft zitierte Feststellung, er sei nicht gekommen, den Gesunden zu dienen, sondern den Kranken (Markus 2,17). In den Evangelien wird der Heilungsdienst Jesu ausführlicher beschrieben als jeder andere Aspekt seines Lebens, ausgenommen die Ereignisse um seine Kreuzigung und Auferstehung. In den ersten fünf Büchern des Neuen Testaments beschäftigen sich rund zwanzig Prozent der Texte mit dem Thema Heilung.[1]

Die biblischen Heilungen fanden fast immer in der Gegenwart anderer und häufig auf deren Bitte hin statt. Manchmal brachten besorgte Freunde oder Verwandte einen Kranken zu Jesus, gelegentlich wurde er sogar in Abwesenheit des Notleidenden um einen Heilungsdienst gebeten.

Bisher haben wir psychisch-geistliche Heilung und Seelsorge unter dem Aspekt des Handelns zwischen zwei Menschen betrachtet – dem Seelsorger und dem Hilfesuchenden. Wir wissen natürlich, daß Berater manchmal zu zweit arbeiten und daß Hilfe oft auch im Rahmen einer Gruppentherapie erfahren wird. Doch selbst wenn mehrere Personen beteiligt sind, wird normalerweise nur gruppenintern geholfen. Außenstehende haben am Heilungsprozeß nur selten teil. Wäre es möglich, Seelsorge im Rahmen einer größeren fürsorglichen Gemeinschaft effektiver zu gestalten?

Gruppenseelsorge

Die Effektivität der Gruppenseelsorge wurde bereits vor Jahren von Psychologen nachgewiesen. Bei Geisteskranken, die bis dahin in trüben Anstalten ans Bett gefesselt worden waren, stellte man eine dramatische

Verbesserung ihres Zustands fest, sobald man anfing, freundlich und erbarmungsvoll mit ihnen umzugehen. Im Rahmen der sogenannten „moralischen Behandlung" lebten die Verwaltungsangestellten und das Personal einer Anstalt in den gleichen Räumlichkeiten wie die Insassen, aßen mit ihnen und machten auf diese Weise sichtbar, daß eine Nervenklinik eher einer therapeutischen Gemeinschaft ähnelt als einer düsteren Haftanstalt.[2] Dieser Gedanke wurde nach dem Zweiten Weltkrieg weiterentwickelt, als der britische Psychiater Maxwell Jones vorschlug, eine therapeutische Kommunität zu bilden, in der die täglichen Aktivitäten der Patienten auf das Ziel der Genesung abgestimmt sind. Eine Behandlung dieser Art bezeichnet man als *Milieutherapie.* Einzelgespräche gehörten zwar weiterhin zur Behandlungsstrategie, doch galt die tägliche Unterstützung, Hilfe und Ermutigung durch das Personal wie durch die Patienten untereinander als gleichermaßen wichtig.

Bei der Milieutherapie geht man von einigen interessanten Annahmen über die helfende Beziehung aus. Zunächst setzt man voraus, daß bestimmten Tätigkeiten – wie zum Beispiel dem Zusammenleben in einer Kommunität, dem Arbeiten, der Teilnahme an Freizeitaktivitäten und an einer stützenden, der Ermutigung dienenden Gruppe – ein therapeutischer Wert innewohne. Als zweites geht man davon aus, daß Patienten sich schneller erholen, wenn auf ihrer Station eine Atmosphäre der Offenheit, Ehrlichkeit, Herzlichkeit, Annahme und Fürsorge vorherrscht. Es wird von den Patienten wie vom Personal erwartet, höflich und rücksichtsvoll miteinander umzugehen. Drittens ermutigt die Milieutherapie zur Selbsthilfe. Die Vorstellung, wir seien hilflose Opfer der eigenen Vergangenheit, trat in den Hintergrund. Man weist die Patienten wiederholt auf die Notwendigkeit hin, Verantwortung zu übernehmen – für Entscheidungen, für die Sauberkeit der Klinik, für die Planung von Aktivitäten auf ihrer Station, für die Bewältigung eigener Probleme und sogar für die Auswertung der Fortschritte der Mitpatienten. Eine vierte Annahme ist, daß die gesamte Belegschaft wertvoll und gleich wichtig sei. So werden Krankenpfleger und Psychiater gleichermaßen geachtet und zu Rate gezogen. Zwischen den Patienten und dem Personal einer Station soll es zu einem offenen Austausch kommen. Deshalb werden Meinungsverschiedenheiten weder unter den Teppich gekehrt noch unterdrückt, sondern offen und geradlinig ausgetragen.

Das alles scheint vielleicht zu idealistisch, ist aber mittlerweile durch die Forschung bestätigt worden. Die Milieutherapie zeigt im großen und ganzen positivere Ergebnisse als die eher traditionellen Behandlungsmethoden. Außerdem ist es bei Patienten, die nach einer milieutherapeutischen Behandlung entlassen werden, weniger wahrscheinlich, noch einmal in eine Nervenheilanstalt eingewiesen zu werden — vor allem, wenn ihnen im Rahmen ihrer Behandlung soziale Fertigkeiten und Streßbewältigungsstrategien vermittelt wurden.[3]

Gruppentherapie und Gemeinschaft

Daß eine therapeutische oder heilende Gemeinschaft eine wertvolle Ergänzung, manchmal sogar ein wertvoller Ersatz für die Einzelseelsorge sein kann, wird seit dem Erscheinen der ersten Schriften von Jones über die Milieutherapie allseits anerkannt. Die Gruppentherapie wird mittlerweile von vielen Beratern eingesetzt, allein schon deshalb, weil sie für die Gruppenteilnehmer kostengünstiger ist. Allerdings werden Gruppen deswegen häufiger eingesetzt, weil der therapeutische Wert von Zusammenkünften, bei denen die Teilnehmer sich gegenseitig ermutigen und unterstützen, wissenschaftlich nachgewiesen ist. Das erklärt, warum das Interesse an Selbsthilfegruppen in den letzten Jahren explosionsartig zugenommen hat.

Viele Autoren psychologischer Bücher und ebenso viele Therapeuten übersehen freilich, daß Jesus und die Verfasser der neutestamentlichen Schriften uns bereits vor zwei Jahrtausenden das Ideal einer heilenden Gemeinschaft modellhaft vorgelebt haben. Die Annahmen der „moralischen Behandlung" bzw. der Milieutherapie decken sich mit den biblischen Aussagen, doch haben es die Christen aus irgendwelchen Gründen versäumt, sich nach dem biblischen Modell zu richten. Das hat dazu geführt, daß viele örtliche Kirchen und Gemeinden ihre Aufgabe als therapeutische oder heilende Gemeinschaft vernachlässigen. Oftmals sind sie statt dessen zu einer recht lahmen Organisation verkommen, in der man die Seelsorge dem Pfarrer oder einigen wenigen Laien überläßt. Notleidende werden häufig ignoriert oder stoßen auf Ablehnung, vor allem dann, wenn sie sich nicht aktiv am Gemeindeleben beteiligen oder wenn ihr Verhalten, ihre Kleidung oder ihre Ausdrucksweise nicht der gesellschaftlichen Norm entsprechen.

Das Wesen des Leibes Christi

Solange Jesus auf Erden lebte, diente er den Menschen leibhaftig. Er rührte Menschen an, heilte sie, beriet sie, zeigte ihnen Erbarmen, lehrte sie und führte ein vorbildliches Leben, so daß andere seinem Beispiel nacheifern konnten. Als er nach der Auferstehung in den Himmel zurückkehrte, hinterließ Jesus einen anderen Leib, der den Auftrag hatte, sein Werk fortzusetzen. Dieser neue Leib Christi ist die christliche Gemeinde.

Falsche Ansichten über die Kirche

Moderne Männer und Frauen vertreten oftmals falsche Ansichten über die Kirche. Viele betrachten sie als eine für das Leben unerhebliche Organisation, deren Mitglieder in der Mehrzahl fromme Heuchler seien, denen es nicht in erster Linie um den Glauben an Gott gehe, sondern um Mitgliederwerbung, um die Durchführung irgendwelcher Veranstaltungen, um die politische Beeinflussung der Gesellschaft und nicht zuletzt um den Bau immer größerer Gebäude, die sechs Tage in der Woche leer stehen.

In mehreren hilfreichen Büchern, von denen einige von Psychologen und Soziologen verfaßt wurden, sind die Schwachpunkte sowie die fehlende Sensibilität vieler Kirchengemeinden aufgezeigt worden. So erfahren wir beispielsweise, daß Kirchengemeinden Menschen mißbrauchen, Mythen weitergeben und ihre Mitglieder mit „toxischem Glauben" impfen.[4] Einer meiner geschätztesten Freunde, ein Theologe, der sein ganzes Leben dem Aufbau gesunder Kirchengemeinden gewidmet hat, berichtete über enttäuschende Erfahrungen. Als junger Mann besuchte er regelmäßig eine Kirchengemeinde, verließ sie jedoch nach jedem Gottesdienst zornig.

Allem Anschein nach war fast alles, was in den meisten Kirchengemeinden vor sich ging, dazu entwickelt worden, den Geist der Gläubigen abzutöten und das lebendige Christsein auszulöschen. Und was die Nichtchristen betraf — es kam mir vor, als wäre jeder einzelne Aspekt des Gemeindelebens aufs klügste ausgetüftelt worden, und falls ein Außenstehender sich zufällig mal in eine Veranstaltung verirren sollte, ihm nie wieder der Gedanke käme, eine christliche Gemeinde zu betreten. Anscheinend strebte die Kirche folgenden *Idealen* nach: *Langeweile, Unbeweglichkeit, Mittelmäßigkeit, Starre und Engstirnigkeit* — und das alles im Namen dessen, der die Kirche gegründet hatte, um die Welt zu verwandeln!

Mir wurde bewußt, daß die Kirche zur Gefangenen von belang-

losen Traditionen und weltlichen Wertvorstellungen geworden
war und dadurch die Kräfte, Gaben und Träume, die der Heilige
Geist gibt, unterdrückte. Das Evangelium lehrt uns, daß Gott
alle Menschen liebt und Christus für alle gestorben ist; dennoch
behaupten viele Kirchengemeinden, Christus sei nur für sie
gestorben — der Rest der Welt gehe unweigerlich der ewigen
Verdammnis entgegen. Im Evangelium wird verkündigt, daß
Gott uns vergibt und annimmt, viele predigen jedoch Verdammnis und Ablehnung. Das Evangelium ist eine Botschaft
der Hoffnung, sie aber predigen eine Botschaft des Weltunter-
gangs. Das Evangelium bringt uns Freiheit in Christus, sie aber
legen uns ihre menschlichen Regeln und Satzungen auf. Gemäß
dem Evangelium hat jeder Christ einen geistlichen Dienst, sie
aber achten darauf, daß ihre Pfarrer alles selbst erledigen. Im
Evangelium steckt Kraft, sie aber haben es verkommen lassen.[5]

Die Gemeinde aus biblischer Sicht

Das alles entspricht ganz und gar nicht dem in der Bibel beschriebenen
Gemeindemodell. Nach Aussage der Schrift handelt es sich bei einer
Gemeinde um eine Gruppe von gläubigen Menschen, die ihr Leben Jesus
Christus ausgeliefert haben. Daraufhin wurden sie mit geistlichen Gaben
beschenkt, die sie, jeder für sich, entdecken und weiterentwickeln (Epheser 4; 1. Petrus 4,10). Zu diesen Gaben — sie werden in Römer 12,
1. Korinther 12 und Epheser 4 aufgelistet — zählen Lehre, Evangelisation,
Hilfsdienste, Ermahnung (diese Gabe ähnelt, wie wir bereits festgestellt
haben, der Seelsorge), Heilung, Barmherzigkeit, Geben usw. Geistliche
Gaben werden unmittelbar vom Heiligen Geist geschenkt, der sie nach
seinem Willen austeilt (1. Korinther 12,11).

In Epheser 4,12 f. wird dargelegt, daß die Gaben des Geistes zweierlei
bewirken sollen. Zum einen sollen sie einzelne Christen für den Dienst
im und am Leibe Christi zurüsten. Jesus kam in die Welt, um das Evangelium zu verkündigen, um Erleuchtung zu schenken, um Gebundene zu
befreien und um die Wahrheit zu proklamieren (Lukas 4,18). Der heutige
Leib Christi hat eine ähnliche Aufgabe. Ebenso wie der Heilige Geist
Jesus bevollmächtigte (Lukas 4,18), bevollmächtigt er auch uns und verleiht uns Gaben, nun einander dienen zu können.

Zum anderen werden geistliche Gaben verliehen, um den Leib Christi
aufzuerbauen, damit wir eine Einheit bilden und kenntnisreiche, reife

Frauen und Männer werden. Personen, auf die diese Beschreibung zutrifft, lassen sich nicht von der neuesten Modeerscheinung, psychologischen Theorie oder Weltanschauung hin und her werfen. Es sind vielmehr gutunterrichtete, charakterlich gefestigte, liebevolle Menschen, bei denen sich alles in ihrem Leben um Jesus Christus dreht (Epheser 4,12-16).

Der glaubwürdige Seelsorger

Was hat das alles mit glaubwürdiger Seelsorge zu tun? Darauf ist zu antworten: Es ist eines der wichtigsten Ziele der Gemeinde – des Leibes Christi –, Menschen zu helfen. „Gott hat den Leib zusammengefügt [...], damit im Leib keine Spaltung sei, sondern die Glieder in gleicher Weise füreinander sorgen. Und wenn ein Glied leidet, so leiden alle Glieder mit, und wenn ein Glied geehrt wird, so freuen sich alle Glieder mit. Ihr [gläubigen Christen] aber seid der Leib Christi und jeder von euch ein Glied" (1. Korinther 12,24 ff.). Die Gemeinde soll dem Plan Gottes gemäß ein ungespaltener Leib sein, bestehend aus gläubigen Christen, die vom Heiligen Geist bevollmächtigt werden, in der Reife wachsen und ihren Mitmenschen inner- wie außerhalb des Leibes Christi dienen und helfen.

Seelsorge und der Leib Christi

Der Leib Christi existiert, um zahlreiche Ziele zu verwirklichen, was bei einzelnen Menschen, auch bei Hilfesuchenden, zu sehr positiven Ergebnissen führen kann. Wo der Leib Christi seiner Bestimmung gemäß funktioniert, lobt er Gott durch Anbetung, erbaut die Gläubigen durch Gemeinschaft und dient den Außenstehenden, unter anderem durch die Verkündigung des Evangeliums.[6]

Seelsorge durch Anbetung

Die meisten Leser dieses Buches haben sicherlich schon Gottesdienste erlebt, die langweilig, schlecht vorbereitet, eintönig und wenig anregend waren und in denen alles sich um den Pfarrer oder Gemeindeleiter drehte und nicht um Gott. Gottesdienst kann aber ganz anders sein – dann nämlich, wenn gläubige Christen in Einheit zusammenkommen, um das Wesen Gottes zu feiern und sich zur zentralen Stellung Gottes in ihrem Leben zu bekennen.[7] Wenn wir mit anderen zusammenkommen, um zu singen, zu beten, Unterweisung zu empfangen, in der Bibel zu lesen, Geld zu spenden und gemeinsam nachzudenken, lassen wir unsere Gedanken um Gott kreisen, danken ihm für seine Eigenschaften und Taten und bekennen, daß wir Teil der Familie Gottes sind.

Bei den Problemen, denen Seelsorger begegnen, handelt es sich meistens um Probleme einzelner Menschen. Es sind einzelne Menschen, die mit Angst, Einsamkeit, einem niedrigen Selbstwertgefühl, Versagen, Streß und Enttäuschung zu kämpfen haben. Sogar an Ehe- und anderen Beziehungsproblemen sind meist nur zwei oder drei andere Personen beteiligt. Kommen wir aber zum Anbetungsgottesdienst, so sind wir dort von anderen Christen umgeben, von denen viele unsere Kämpfe mit uns teilen. Gemeinsam bekennen wir, daß Gott immer noch allmächtig ist und letztlich alles unter Kontrolle hat, und erfahren in der Gemeinschaft den Trost und die Zuversicht, die allein der Heilige Geist zu geben vermag.

Ich habe einen Bekannten, der als Seelsorger in einer großen, im Geschäftsviertel einer Großstadt gelegenen Gemeinde tätig ist. Jede Woche führt er Einzelgespräche mit vielen verletzten Menschen. Er spricht jedoch nur mit Leuten, die bereit sind, sich — zusätzlich zur Einzelseelsorge — einer Gruppe anzuschließen und regelmäßig einen Gemeindegottesdienst zu besuchen. Mein Bekannter hat die Erfahrung gemacht, daß Menschen, die gemeinsam mit anderen Christen zusammenkommen, um sich in der Anbetung Gott zu nähern, häufig Kraft, Beistand und Heilung erleben.

Seelsorge durch Gemeinschaft

Viele hilfebedürftige Menschen sind einsam. Sie sehnen sich nach tiefer Gemeinschaft mit einem anderen Menschen. Genau das bietet der Leib Christi. Gläubige Christen haben Gemeinschaft mit dem allmächtigen Gott — was der Bibel zufolge zu Freude führt — und Gemeinschaft miteinander (1. Johannes 1,3.4.7). Gemeinschaft dieser Art, ein Merkmal der urchristlichen Gemeinde, entsteht unter dem Einfluß der gemeinsamen Hingabe an Jesus Christus (1. Korinther 1,9). Sie wird in vielen heutigen Kirchen und Gemeinden erlebt, in denen die persönliche Hingabe an Jesus Christus verkündigt und praktiziert wird.

Der Leib Christi hat daher großes Potential, wenn es darum geht, Gemeinschaft, Annahme, ein Zugehörigkeitsgefühl und Geborgenheit zu vermitteln. Diese haben großen therapeutischen Wert, sowohl für Christen als auch für andere Notleidende, die mit Christen in Berührung kommen. Das Neue Testament verwendet für Gemeinschaft dieser Art das griechische Wort *koinonia*. Zur Koinonia gehört, daß Christen sich gegenseitig mitteilen, daß einer des anderen Last trägt und daß sie sich gegenseitig ihre Sünden bekennen, sich einander unterordnen und einander in ihrem Leben mit dem Herrn auferbauen. Kurzum, christliche Gemeinschaft ist der Ausdruck beständiger *Liebe*.

Vor einigen Jahren bezeichnete Gordon Allport, Professor für Psychologie an der Universität Harvard, die Liebe als „das unvergleichlich größte psychotherapeutische Heilmittel". Er wies darauf hin, daß die christliche Gemeinde mehr darüber weiß als jeder nichtchristliche Lebensberater, bemängelte jedoch, „daß die Anhänger der Religion seit jeher nicht imstande waren, ihre Lehre in die Praxis umzusetzen".[8]

Liebe sollte ein charakteristisches Merkmal des Leibes Christi sein – Liebe zu uns selbst, zum Nächsten, zur Familie und sogar zu unseren Feinden. Jesus liebte uns und starb für uns, als wir noch Sünder waren (Römer 5,8). Würde diese Liebe uns Christen so bewegen, wie dies eigentlich der Fall sein sollte, wären die Ergebnisse in höchstem Maße heilsam.

So zu lieben ist jedoch schwierig und mit Risiken verbunden. Es bedarf der Zeit und der Mühe und könnte uns Unannehmlichkeiten bereiten. Deshalb geben wir uns allzuoft damit zufrieden, über die Liebe zu reden, ohne sie in die Tat umzusetzen.

Liebe ist jedoch das grundlegende Merkmal des Christen (Johannes 13,35), und wir werden in der Bibel wiederholt aufgefordert, liebevolle Menschen zu sein (siehe z. B. Matthäus 22,39; 1. Thessalonicher 4,9 f.). Die in 1. Korinther 13 überlieferte biblische Definition der Liebe setzt hohe Maßstäbe. Die Liebe, so heißt es dort, ist „langmütig und freundlich, eifert nicht, treibt nicht Mutwillen, bläht sich nicht auf; sie verhält sich nicht ungehörig, sucht nicht das Ihre, läßt sich nicht erbittern; sie rechnet das Böse nicht zu, freut sich nicht über die Ungerechtigkeit, sondern an der Wahrheit; sie erträgt alles, glaubt alles, hofft alles und duldet alles" (1. Korinther 13,4 ff.).

Sind wir, ebenso auch die Menschen, die uns um unseren seelsorgerlichen Beistand bitten, Mitglieder von Gemeinschaften, in denen Liebe dieser Art erlebt und weitergegeben wird, dann wird sich unsere Seelsorge als wesentlich effektiver erweisen. Andererseits ist echte, dauerhafte Seelsorge weit weniger möglich, vielleicht sogar unmöglich, wenn wir getrennt von der Gemeinschaft des Leibes Christi zu helfen versuchen.

Seelsorge durch Dienen

Als Jesus gefragt wurde, was wahre Größe ausmacht, gab er eine überraschende Antwort. Wer groß sein wolle, meinte er, der müsse ein Diener werden (Matthäus 20,26; Markus 9,35). Dieser Gedanke wird im Neuen Testament wiederholt aufgenommen. Christen sollen sich gegenseitig unterordnen und einander dienen.

Gemeint ist ein Lebensstil, der nicht *ichzentriert*, sondern *an den Bedürfnissen meines Nächsten* orientiert ist — ein Lebensstil, der, wenn ich ihn konsequent auslebe, zu einer ganzen Reihe helfender Beziehungen führt. Wenn alle Christen auf diesen Lebensstil eingeschworen wären, würden wir uns gegenseitig Lasten abnehmen (Galater 6,2), miteinander weinen und uns freuen (Römer 12,15), einander unsere Sünden bekennen und füreinander beten (Jakobus 5,16).

„Die Kirche kommt dem Heiland dann am nächsten, wenn sie als Antwort auf die Not der Menschen bemüht ist, ihm in seiner aufopferungsvollen Dienstbereitschaft nachzueifern", schreibt Gilbert Bilezikian in Christianity 101.

> Jesus sah sich im Verlauf seiner irdischen Wirksamkeit als Diener der notleidenden Geschöpfe Gottes, und er beauftragte seine Jünger, sich genauso einzuschätzen. Er wurde von Mitleid überwältigt, wenn er einem Kranken oder Blinden (Matthäus 4,24; 20,34), einem Unterdrückten oder Hilflosen (9,36), einem Hungrigen oder Trauernden begegnete (15,32; Lukas 7,13). Er nahm Anteil an ihrem Schmerz und war deshalb motiviert zu handeln, das heißt, den Betreffenden Erleichterung, Trost und Heilung zu verschaffen.

Notleidenden Menschen fehlt oftmals die Energie und das nötige Durchhaltevermögen, um anderen auf diese Weise dienen zu können. Außerdem weiß jeder Berater, daß einige Leute aus egozentrischen Motiven heraus handeln. Wenn jedoch Menschen — auch notleidende Menschen — bereit und in der Lage sind, aus echter Fürsorglichkeit heraus zu geben, erleben sie als Gebende oftmals großartige Folgen. Jesus sagte, daß Geben seliger ist als Nehmen (Apostelgeschichte 20,35). Manchmal erhält der Gebende einen Segen in Form von größerer innerer Festigkeit und größerem Wohlergehen.

Beim Leib Christi soll es sich um eine wachsende, immer reifer werdende Gemeinschaft handeln. Die einzelnen Mitglieder sollen sich nicht wie unmündige Kinder verhalten, sondern als funktionierende Einheit zusammenwachsen und Christus, ihrem Haupt, immer ähnlicher werden (Epheser 4,13 ff.). Denken Sie einmal darüber nach, was eine Gemeinschaft dieser Art unter notleidenden Menschen ausrichten könnte. Sie wäre in der Lage,

* ihnen ein Zugehörigkeitsgefühl oder ein Gefühl der Gemeinschaft zu vermitteln;
* sich für den Hilfesuchenden wie für seinen Seelsorger und für ihre Beziehung zueinander zu interessieren und dafür zu beten;
* Notleidenden praktische, auch materielle Hilfe zukommen zu lassen;
* Notleidenden Gelegenheiten zum Dienst an anderen Menschen zu verschaffen (eine aus therapeutischer Sicht sehr sinnvolle Maßnahme);
* Menschen, die liebesbedürftig sind, aber sich nicht geliebt fühlen, im Sinne der Bibel Liebe zu zeigen;
* ihnen eine sinnvolle Weltanschauung zu vermitteln;
* einzelne wie ganze Familien in Krisenzeiten zu stützen und zu beraten;
* von einzelnen Rechenschaft über ihr Leben zu verlangen;
* zu Buße und Sündenbekenntnis sowie zur Lebensübergabe an den Herrn Jesus Christus aufzufordern;
* dem Seelsorger in schwierigen Situationen Rat und Ermutigung zukommen zu lassen;
* einzelne in ihrer Beziehung zu Jesus zur Reife zu führen;
* Hilfesuchende bei der Entwicklung neuer Verhaltensmuster zu unterstützen;
* diverse Modelle persönlicher Reife und psychisch-geistlicher Festigkeit auszuleben;
* Leidende zu akzeptieren — auch ehemalige Alkoholiker, entlassene Strafgefangene und frühere Insassen von Nervenheilanstalten, die sich von der Gesellschaft im allgemeinen nicht angenommen fühlen.

Der helfende Leib

Der Leib Christi, die Gemeinde, ist seit ihrer Gründung eine helfende Gemeinschaft. Zwar ist es in der Kirche immer wieder zu Isolation, Heuchelei, Tatenlosigkeit, gegenseitiger Verleumdung, mangelhafter Zusammenarbeit, Unaufrichtigkeit, Rigidität und zu zahllosen weiteren heidnischen Praktiken gekommen, doch war auch stets eine „kleine Schar" hingegebener Christen vorhanden, die lokale Gemeinden nach biblischen Prinzipien aufbauten. Es waren größtenteils diese Gemeinden, in denen die vier helfenden Tätigkeiten der Kirche am deutlichsten praktiziert wurden: das Heilen, das Betreuen, das Vorbild-Sein und die Wiederherstellung von in die Brüche gegangenen zwischenmenschlichen Beziehungen.

Um ihre Bestimmung als wahrhaft helfende Gemeinschaft zu erfüllen, muß die Kirche zuerst zum biblischen Modell zurückkehren, nach dem jedes einzelne Mitglied sein Leben an Jesus Christus übergibt, geistliche Gaben – auch die Gabe des *Helfens* – empfängt und diese aktiv einsetzt, um anderen zu dienen und in der Reife zu wachsen. Einzelne, die daran arbeiten, sind oft in der Lage, anderen zu helfen. Es ist jedoch für die Seelsorge weitaus effektiver, wenn der Leib als Einheit funktioniert.

Als zweites müssen wir daran denken, daß der Leib als Ganzes bestimmte Maßnahmen zu ergreifen vermag, um menschlicher Not zu begegnen. Eine Kirchengemeinde kann für Hilfesuchende wie für Seelsorger *beten* und sie ermutigen, notleidenden Menschen – auch solchen, die sogenannte „tabuisierte" Probleme haben – *greifbare Hilfe* zukommen lassen, für Mitglieder wie Besucher eine *stabile, akzeptierende Gemeinschaft* sein und reumütige oder geheilte Personen, die einen neuen Zugang zur Gesellschaft suchen, unterstützen. So leistet der Leib Christi therapeutische wie auch vorbeugende Seelsorge. Dies ist effektive Seelsorge, weil Seelsorge durch Laien – eine Seelsorge, bei der Jesus Christus, das Haupt des Leibes, der Angelpunkt ist.

Anmerkungen

[1] Morton T. Kelsey, Healing and Christianity. New York: Harper & Row, 1973, S. 14.

[2] J. S. Beckeven, Moral Treatment in American Psychiatry. New York: Springer, 1963.

[3] Einen Teil der Forschungsergebnisse fassen Robert C. Carson und James N.

Butcher zusammen in ihrem Buch Abnormal Psychology and Modern Life. New York: HarperCollins, 9. Aufl. 1992, S. 683 f.

[4] Siehe beispielsweise: Stephen Arterburn und Jack Felton, Toxic Faith: Understanding and Overcoming Religious Addiction. Nashville: Oliver-Nelson, 1991; Ronald M. Enroth, Churches that Abuse. Grand Rapids: Zondervan, 1992; Andrew Greeley, The Catholic Myth: The Behavior and Beliefs of American Catholics. New York: Scribner's, 1990.

[5] Gilbert Bilezikian, Christianity 101: Your Guide to Eight Basic Christian Beliefs. Grand Rapids: Zondervan, 1993, S. 176.

[6] Das in diesem Abschnitt behandelte Material habe ich ausführlicher erläutert in meinem Buch Die biblischen Grundlagen für beratende Seelsorge. Aus dem Amerikanischen von Leslie Richford. Marburg: Verlag der Francke-Buchhandlung, 1995. Siehe ferner Bilezikian, Kap. 7, oder John F. MacArthur, jun., The Master's Plan for the Church (Chicago: Moody, 1991).

[7] Mit leichten Veränderungen übernommen aus Bilezikian, Christianity 101, S. 203.

[8] Gordon W. Allport, The Individual and His Religion. New York: Macmillan, 1950, S. 90.93.

11. Vorbeugende Seelsorge

Auf den vorangehenden Seiten wurde dargelegt, daß sensible, willige Seelsorger ihren Mitmenschen bei der Bewältigung von Problemen und Krisen, ja überhaupt bei der Lebensbewältigung eine große Hilfe sein können. Helfen hat jedoch bisweilen nichts mit Krisen oder emotionalen Problemen zu tun. Einem Freund beim Umzug behilflich zu sein, einen Nachmittag lang auf die Nachbarskinder aufzupassen oder einer Kommilitonin bei einer Seminararbeit zu helfen – das alles sind helfende Maßnahmen, die einem anderen das Leben ein wenig erleichtern.

Im vorliegenden Kapitel werden wir uns mit einer weiteren Art des Helfens befassen. Diese wird in Fachbüchern häufig übersehen, doch ist sie ebenso wichtig wie herkömmliche Formen der Seelsorge. Professionelle Berater sprechen in diesem Zusammenhang von *Präventivpsychiatrie* oder *Kommunalpsychologie*. Wie auch immer wir sie bezeichnen, Seelsorge dieser Art verfolgt ein klar umrissenes Ziel: den Krisen und Problemen vorzubeugen, derentwegen viele Menschen einen Berater aufsuchen.

Häufig müssen bei vorbeugenden Maßnahmen ganze Kommunen oder Gemeinschaften mit einbezogen werden, obwohl dies nicht immer notwendig ist. Zu den Präventivmaßnahmen gehört in vielen Fällen – wenn auch nicht immer – die seelsorgerliche Betreuung des Betroffenen. Da kein geeigneterer Begriff zur Verfügung steht, bezeichnen wir hier das gesamte Verfahren, wodurch Menschen bei der Vermeidung potentieller Probleme geholfen wird, als *vorbeugende Seelsorge*.

Drei Ziele vorbeugender Seelsorge

1964 veröffentlichte der Psychiater Gerald Caplan ein Buch mit dem Titel „Principles of Preventive Psychiatry" (Prinzipien der Präventivpsychiatrie). Dieses Buch regte ein allgemeines Interesse an der Verhinderung persönlicher Probleme an und führte zur Entwicklung eines Wissens-zweiges, den man mittlerweile „Präventionskunde" getauft hat.[1] Es han-delt sich um eine Art der Seelsorge, bei der drei Ziele im Mittelpunkt ste-hen.

Als erstes wird in der vorbeugenden Seelsorge versucht, *Probleme vor ihrem Zustandekommen zu verhindern.* Man spricht in diesem Zusam-menhang von „primärer Prävention". Dazu gehört, daß man mögliche Probleme im voraus erkennt und in der Gegenwart aktiv wird, um das künftige Zustandekommen unerfreulicher oder unerwünschter Situatio-nen zu verhindern. Manchmal gehört dazu, in der Gegenwart aktiv zu werden, um das künftige Eintreffen eines wünschenswerten Ereignisses wahrscheinlicher zu machen.[2]

Ein ausgezeichnetes Beispiel für vorbeugende Seelsorge dieser Art ist die voreheliche Beratung. Noch vor der Hochzeit wird das Paar auf mög-liche Probleme in der Beziehung zwischen Mann und Frau hingewiesen. Es erhält Unterweisung darüber, wie man das Zustandekommen derarti-ger Probleme verhindert, und es erfährt, welchen Beitrag es selbst leisten kann, um das Zustandekommen einer guten Ehe wahrscheinlicher zu machen.

Als zweites versucht man in der vorbeugenden Seelsorge, *bestehende Probleme zum Stillstand zu bringen oder abzubauen, ehe sie schlimmer wer-den.* Man spricht in diesem Fall von „sekundärer Prävention". Dazu gehört, daß Dauer und Stärke eines im Entstehen begriffenen Problems auf ein Mindestmaß reduziert werden. Eine Kirchengemeinde, die Ehe-seminare für verheiratete Paare veranstaltet, beteiligt sich in diesem Sinne an sekundärer Prävention. Es werden Probleme, die gerade am Entste-hen sind, identifiziert, bewältigt und manchmal auch verhindert, ehe sie dauerhaften Schaden anrichten können.

Es fällt einem Außenstehenden nie leicht, im Entstehen begriffene Pro-bleme im Leben einer anderen Person zu unterbinden. Derartige Pro-bleme bleiben in der Frühphase meist verborgen, so daß auch der Betrof-fene sie bisweilen nicht wahrzunehmen vermag. Die helfende Unterstüt-zung eines Außenstehenden wird in einer solchen Situation oft als Einmi-schung in fremde Angelegenheiten betrachtet. Wer ungern zugibt, daß es in seinem Leben Ansätze zu echten Problemen gibt, der möchte meist keine Hilfe von außen, weil er meint, die Situation ohne fremden Bei-stand meistern zu können. In vielen Fällen wollen sich solche Menschen nicht ändern. Übermäßiges Trinken und wahllose sexuelle Beziehungen können zunächst sehr angenehm sein. Menschen, die diesen Aktivitäten nachgehen, ist es oft lieber, wir würden sie in Ruhe lassen.

Bei einer dritten Art der vorbeugenden Seelsorge, die gelegentlich als „tertiäre Prävention" bezeichnet wird, versucht man, die *Auswirkungen früherer Probleme abzubauen oder rückgängig zu machen*. Nehmen wir beispielsweise an, ein ehemaliger Alkoholiker, Strafgefangener oder Patient einer Nervenklinik kehrt in seine Heimatstadt zurück und bemüht sich, eine Arbeitsstelle zu bekommen. Sehr häufig wird er dabei auf Argwohn, Kritik, Vorurteile, Ablehnung und jede Menge Mißtrauen stoßen. Das alles kann sich auf einen Menschen, der sich wieder in die Gesellschaft eingliedern und zu einem normalen Leben zurückkehren möchte, verheerend auswirken. In solchen Situationen können Seelsorger sowohl mit dem Betroffenen als auch mit der Kommune zusammenarbeiten, um den Übergang glatter zu machen und eine Ablehnung zu verhindern, die den Rückkehrer so sehr entmutigen könnte, daß er seinen alten Lebensstil wieder aufnimmt.

Starke Entmutigung dieser Art erlebte ein junger Mann, der eine High-School an seinem Wohnort besuchte. Nach einer Phase der Auflehnung und des offenen Konflikts mit Lehrern nahm er sich vor, mit sich ins reine zu kommen und „sich am Riemen zu reißen". Die Lehrer und einige Klassenkameraden behandelten ihn jedoch weiterhin wie einen „Aussteiger". Schon nach kurzer Zeit gab er seine Bemühungen um einen anständigen Lebensstil auf, kehrte zu seinen Freunden aus der Szene zurück und wurde eine Woche vor der Abschlußprüfung von der Schule verwiesen.

Vorbeugende Seelsorge in Kirche und Kommune

Wie können wir verhindern, daß Jugendliche ihre Ausbildung abbrechen, Männer spielsüchtig werden, junge Erwachsene in die Promiskuität abdriften und Leichtgläubige der Verführung durch Sekten erliegen? Wie können wir Aids, Gewalt, ungewollte Schwangerschaften, Medikamentenmißbrauch, niedriges Selbstwertgefühl und Zerwürfnisse zwischen Familienmitgliedern bekämpfen? Mit diesen Fragen befassen sich Pädagogen, Politiker, Pfarrer, professionelle Berater und andere Personen im ganzen Land. Man hat es mit neuen Erziehungs- und Bildungskonzepten, mit der Vermittlung sozialer Fertigkeiten, mit Aufklärungskampagnen in den Medien, Diskussionen unter Gleichaltrigen und zahlreichen weiteren Präventivmaßnahmen versucht, von denen einige mehr Frucht gebracht haben als andere. Viele Kirchenmänner und christliche Seelsorger sind aber so sehr mit der Lösung bereits bestehender Probleme beschäftigt, daß sie der Prävention kaum Beachtung schenken. Die Bibel hingegen enthält eine Fülle praktischer Hinweise darüber, wie sowohl Kirchengemeinden als auch einzelne Christen Probleme vermeiden und im Leben einen festen Halt finden können.

In gewisser Hinsicht tragen sämtliche Aktivitäten einer Kirchengemeinde zur Verhinderung von Problemen bei. Gemeinsame Anbetungsgottesdienste, Hauskreise, Bibelstunden, Seminare und auch der christliche Dienst am Nächsten können die Beteiligten auf Gefahren aufmerksam machen und ihnen helfen, mögliche geistliche oder psychische Probleme im voraus zu erkennen. In diesen Bereich gehören Hinweise auf die zerstörerische Taktik des Teufels, damit die Menschen, wie der Apostel Paulus sagt, „vom Satan nicht übervorteilt werden" (2. Korinther 2,11).

Im Gegensatz zu einigen anderen Formen der Seelsorge findet die Prävention meist nicht im Rahmen eines formellen Beratungsgesprächs statt. Jedesmal, wenn ein Pastor darüber predigt, dem Teufel zu widerstehen, wenn ein Jugenddiakon vor einem Schülergebetskreis über die Entdeckung der eigenen Berufung spricht oder wenn eine Pfarrersfrau bei einem Frauentreffen einen Vortrag darüber hält, als Frau ein erfülltes Leben zu führen, findet vorbeugende Seelsorge statt. Ebenso, wenn ein Mitarbeiter der Studentenmission sich mit einem Studenten über das Leben im Geist unterhält oder einer ganzen Gruppe von Studierenden zeigt, wie man regelmäßig eine stille Zeit hält. Auch der Leiter eines Schülergebetskreises, der bei einem Glas Cola mit einem Jugendlichen über dessen erwachenden Geschlechtstrieb spricht, engagiert sich in der vorbeugenden Seelsorge, auch wenn keiner der beiden Gesprächspartner sich dessen bewußt ist.

Vorbeugende Seelsorge vermag einzelnen Personen zu helfen, Gefahren zu umgehen, im Entstehen begriffene Probleme zu unterbinden und sich nach der Bewältigung eines früheren Problems neu zu orientieren. Seelsorger können aber auch im Rahmen einer Gruppe, einer Nachbarschaft oder einer ganzen Kommune präventiv tätig werden. Mit Unterstützung der Behörden oder anderer sozial engagierter Institutionen können wir schädliche gesellschaftliche Einflüsse wie Wirtschaftskrisen, Armut, Gewaltverbrechen oder den moralischen Verfall der Medien bekämpfen. Dadurch können potentielle Streßfaktoren ausgeschaltet werden, so daß die Gesellschaft insgesamt stabiler wird und Spannungen abgebaut werden.

Professionelle Berater, die sich für die Prävention interessieren, haben sich bisher in der Hauptsache mit ganzen Kommunen befaßt. In der sogenannten Kommunalpsychologie (oder Kommunalpsychiatrie) arbeiten professionelle Berater und ihre Mitarbeiter entweder auf der Straße oder in Verbindung mit Behörden, gemeinnützigen Vereinen, Bildungsinstituten und den Medien. Beim Versuch, gesellschaftliche Streßfaktoren abzubauen, gehen diese Präventivseelsorger davon aus, daß es ihnen möglich sein wird, persönliche Probleme zu verhindern, bestehende Schwierigkeiten zu überwinden oder zu bewältigen und die geistige Gesundheit der gesamten Kommune zu fördern.

Die kommunalpsychologische Bewegung mißt Schulen, Krankenhäusern und staatlichen Sozialeinrichtungen großen Wert bei, hat jedoch recht wenig über die Rolle der örtlichen Kirchengemeinde bei der Verhinderung psychischer Störungen zu sagen. In Büchern über Prävention oder Kommunalpsychologie werden die Kirche und der christliche Glaube nur selten erwähnt. Das könnte auf gewisse Vorurteile der Kommunalpsychologen gegen das Christentum schließen lassen, aber ebenso auf das Versagen der Kirche zurückzuführen sein, sich in der Präventivpsychologie zu engagieren.

Gesellschaftshistoriker übersehen manchmal, daß die Kirche durchaus eine die Gesellschaft verändernde Rolle spielt, beispielsweise dadurch, daß sie benachteiligten und unterprivilegierten Menschen Beistand leistet. Insbesondere Mitglieder innerstädtischer Kirchengemeinden — oftmals gerade solcher Gemeinden, denen die finanzielle Stärke vieler Vorstadtgemeinden abgeht — leisten jeden Tag einen bedeutenden, wenn auch häufig unterschätzten Beitrag zur kommunalen Beratung. Diese von Kirchengemeinden organisierten kommunalen Beratungsinitiativen arbeiten oft effektiver als ihre nichtkirchlichen Gegenstücke. Während es staatlichen Initiativen oftmals an den Mitteln für das nötige Personal fehlt, engagieren sich Kirchenmitglieder meist ehrenamtlich. Während staatliche Initiativen häufig an bürokratischen Hindernissen oder am fehlenden Engagement der Mitarbeiter scheitern, bleiben Kirchenmitglieder dabei, weil sie ihr Engagement als Ausdruck der Hingabe an Jesus Christus auffassen. Während es der politischen Gemeinde oftmals an Sozialarbeitern fehlt, stellt die Kirchengemeinde fürsorgliche Mitarbeiter zur Verfügung, die eine wichtige Rolle spielen „bei der Verhinderung eines geistigen Zusammenbruchs sowie bei der Beschleunigung der nach einem Zusammenbruch notwendigen Erholung und Neueingliederung in die Gesellschaft".[3]

Es engagieren sich zahlreiche Pfarrer und Mitglieder innerstädtischer Kirchengemeinden in der kommunalen Fürsorge wie in der vorbeugenden Seelsorge. Als Vorreiter auf diesem Gebiet hat sich der redegewandte Howard Clinebell hervorgetan, der die Bewegung für geistige Gesundheit in der Gesellschaft als „eine aufregende soziale Revolution" bezeichnet hat, die sich als „für die gesamte Menschheit von größter Bedeutung" und als „eine der weitreichendsten gesellschaftlichen Umwälzungen in der Geschichte unseres Landes, vielleicht sogar der Welt" erweisen könnte.[4] In seiner Begeisterung ist Clinebell aber weit übers Ziel hinausgeschossen. Seine Worte entspringen jedoch der Überzeugung, wenn wir die Gesellschaft verändern können, wir auch denen helfen könnten, die unter offenkundigen oder versteckten psychischen Problemen leiden. Darüber hinaus können wir Clinebell zufolge auch eine Menge tun, um psychische Störungen bei Personen zu unterbinden, die gegenwärtig gut angepaßt sind. Clinebell hat auf kreative Weise deutlich gemacht, welch wichtige Rolle die Kirche in einer sich wandelnden Gesellschaft zu übernehmen und wie sie ein Umfeld hervorzubringen vermag, in dem geistige Gesundheit gefördert wird.

Die Vorstellung der Prävention durch gesellschaftliches Eingreifen hat sich unter eher liberal gesinnten Christen als sehr populär erwiesen. In gewisser Hinsicht handelt es sich um eine Neuauflage des alten „sozialen Evangeliums". Man verändere die Gesellschaft, dann werde man dem einzelnen seine geistige Gesundheit wiedergeben. Auch die meisten evangelikalen Christen begrüßen es, die Gesellschaft mit dem Ziel zu verändern, Armut, Ungerechtigkeit, Rassendiskriminierung und andere streßauslösende Faktoren abzuschaffen, doch beharren sie zugleich auf der Notwendigkeit, die geistlichen Nöte der Menschen durch das Evangelium von Jesus Christus zu beheben, damit es tatsächlich zu anhaltender geistiger Stabilität und zur Verhinderung von Problemen kommt.

Vorbeugende Seelsorge und Jüngerschaft

Nirgendwo werden die Folgen vorbeugender Seelsorge deutlicher als im Bereich der Jüngerschaft. Der Jünger wird ausgebildet, um künftige Streßfaktoren zu bewältigen, innere Spannungen zu überwinden und sich zuletzt auf das Ziel der geistlichen und psychischen Reife zuzubewegen. Geistige Gesundheit definiert man bisweilen als körperliche, intellektuelle, soziale und geistliche Reife. Jesus wird in Lukas 2,52 beschrieben als eine Person, die auf physischer („Alter"), intellektueller („Weisheit"), geistlicher („Gnade bei Gott") und sozialer („und bei den Menschen") Ebene zunahm. Er war der Inbegriff geistiger Gesundheit und bildete seine Jünger so aus, daß sie potentielle Probleme auf gesunde, kreative Weise bewältigen konnten.

Im 10. Kapitel des Matthäusevangeliums werden uns die von Jesus verwendeten Techniken vorbeugender Seelsorge sehr deutlich vor Augen geführt. Jesus wollte seine zwölf Jünger im Rahmen ihrer Ausbildung auf eine kurze Missionsreise schicken und bereitete sie, ehe sie aufbrachen, auf alles vor, was ihnen möglicherweise begegnete. Indem er sie auf potentielle Probleme aufmerksam machte, versetzte er sie in die Lage, Schwierigkeiten vorzubeugen, die sich sonst ergeben hätten. Dabei wandte Jesus folgende Methoden an, künftige Probleme zu unterbinden: Er ermutigte die Jünger, warnte sie vor bevorstehenden Ereignissen, sagte ihnen, was zu tun sei, wenn sie auf Gegner stießen, vermittelte ihnen Erfahrung in der Problembewältigung, zeigte ihnen, wie er selbst mit Streß umging, besprach hinterher mit ihnen die Probleme, denen sie begegnet waren, und legte Wert auf die Feststellung, daß Widerstand gegen künftigen Streß am besten durch Entspannung aufgebaut wird. Diese Methoden wollen wir der Reihe nach einzeln betrachten.

Ermutigung

Die Jünger werden nervös gewesen sein. Möglicherweise bezweifelten sie, in der Lage zu sein, das von Jesus angefangene Werk so zu Ende zu führen, wie er es von ihnen erwartete. Jesus hat sie deshalb beruhigt (Matthäus 10,19.26.29 ff.), ihnen noch einmal die Bedeutung ihres Dienstes vor Augen geführt (Matthäus 10,40) und ihnen „Gewalt und Macht" verliehen, damit sie der Zukunft zuversichtlich entgegensehen konnten (Matthäus 10,1; Lukas 9,1). Eine Kleinigkeit, meinen Sie? Vielleicht, aber viele Menschen empfinden mutmachende Worte und die betende Unterstützung eines anderen als eine große Hilfe, wenn es gilt, die Zukunft zu bewältigen, neue Projekte in Angriff zu nehmen, das Verhalten zu ändern oder auf sonstige Weise Probleme abzubauen, die überhandzunehmen drohen.

Warnungen

Zu den Vorbereitungen, die Jesus traf, gehörte neben mutmachenden Worten einiges mehr. Er warnte die Jünger vor möglichen Gefahren. Er wies sie darauf hin, daß der geistliche Dienst auf Ablehnung unserer Lieben und möglicherweise zum Auseinanderbrechen der Familie führen kann (Matthäus 10,21 f. 34 ff.). Mit diesen Warnungen wollte Jesus den Jüngern keineswegs einen gehörigen Schreck einjagen, sondern ihnen die Schwierigkeiten, mit denen sie zu rechnen hätten, deutlich vor Augen führen.

Der Apostel Paulus bediente sich einer ähnlichen Vorgehensweise, als er schrieb: „Ich will aber, daß ihr weise seid zum Guten, aber geschieden vom Bösen" (Römer 16,19 b). Damit wird der Vorstellung, wir müßten bei Warnungen auf Einzelheiten der bevorstehenden Gefahren eingehen, der Boden entzogen. Wenn wir zu sehr ins einzelne gehen, können wir eher Schaden anrichten, indem wir beispielsweise unseren Hörern Angst einjagen und sie so davon abhalten, Fortschritte zu machen. Wir sollen (nach einer anderen Übersetzung von Römer 16,19) „unschuldig sein im Blick auf das Böse", zugleich aber wachsam genug, um zu merken, wo Gefahren auf uns lauern.

Warnungen vor bevorstehenden Gefahren versetzen uns in die Lage, möglichen Problemen entgegenzuwirken. Das erkennen Christen seit vielen Jahrhunderten und warnen deshalb ihre Mitmenschen vor den Gefahren sexueller Kompromisse, vor der Beteiligung an okkulten Praktiken, vor einer egoistischen Haltung in der Ehe und vor der unkritischen Übernahme alles dessen, was sie lesen oder im Unterricht zu hören bekommen. Bedauerlicherweise werden diese Warnungen nicht immer mit Dankbarkeit oder Begeisterung aufgenommen — vor allem dann nicht, wenn sie von älteren Christen an junge Leute gerichtet werden. Doch selbst wenn eine Warnung zunächst unbeachtet bleibt, fällt sie dem Gewarnten manchmal zu einem späteren Zeitpunkt wieder ein. Auch das kann hilfreich sein. So denkt jemand vielleicht, wenn er auf Probleme stößt: *Ich bin vorgewarnt, nicht überrascht.* Eine rechtzeitig ausgesprochene Warnung erweist sich oft als Hilfe bei der Vermeidung künftiger sowie bei der Bewältigung bereits vorhandener Schwierigkeiten.

Unterweisung

Durch eine rechtzeitige Warnung kann man eine Tragödie verhindern. Die Folgen werden allerdings noch positiver ausfallen, wenn wir dem Gewarnten zu ein paar weniger gefährlichen Alternativen verhelfen können. Als Jesus seine Jünger vor möglichen Gefahren warnte, ließ er sie mit diesen trüben Aussichten nicht allein. Er sagte ihnen vielmehr ausdrücklich,

* wie sie sich in schwierigen Situationen zu verhalten hätten (Matthäus 10,6-8.11-14.23);
* wie sie unter Streß nicht reagieren sollten (Matthäus 10,5 b.9 f.); und
* wie sie mit ihren Gefühlen umgehen sollten (Matthäus 10,28).

Damit hat Jesus nicht nur eine großartige Richtlinie für die Jüngerschulung vorgegeben, sondern darüber hinaus deutlich gemacht, daß Unterweisung zu den Aufgaben vorbeugender Seelsorge gehört. Um Probleme zu verhindern, können wir unseren Mitmenschen u. a. verdeutlichen, wie sie geistlich wachsen, ihre Ehe schützen, sich auf den Tod vorbereiten, mit ihren Trieben umgehen, Enttäuschungen verkraften und Streß bewältigen.

Unterweisende Seelsorge kann unter Umständen neue Probleme hervorrufen. Nehmen wir beispielsweise die vielzitierte Feststellung: „Siebenundneunzig Prozent aller männlichen Studenten masturbieren, die restlichen drei Prozent lügen." Wie wirkt sich eine derartige Aussage auf einen Erstsemestler aus, der nie ans Masturbieren gedacht hat? Löst sie bei ihm ein Problem aus, das er bisher nicht gekannt hat? Diese Frage wird von Gegnern des Sexualkundeunterrichts an Schulen aufgeworfen. Sie befürchten, daß eine derartige sexuelle Unterweisung Neugierde weckt und Probleme schafft, die sonst vermieden worden wären.

Ein gewisses Risiko ist also gegben, doch ist Schweigen oft gefährlicher. Junge Leute sind nicht so naiv, wie ihre Eltern manchmal annehmen. Tatsächlich kann es sinnvoll sein, Zweifel zu säen oder Neugierde zu wecken. Jedenfalls ist es besser, diese treten im Beisein eines erfahrenen Seelsorgers auf, als zu einem späteren Zeitpunkt, wenn der Betroffene ihnen möglicherweise schutzlos allein ausgeliefert sein wird.

Ein weiteres Problem im Zusammenhang mit der Unterweisung beschäftigt mich jedesmal, wenn ich einen Kurs zu unterrichten, einen Vortrag zu halten oder ein Buch zu schreiben habe: Wird das, was ich zu sagen habe, die Hörer bzw. Leser veranlassen, ihr Leben irgendwie zu verändern? Die meisten unter uns haben sicher schon die Erfahrung gemacht, daß ein Buch zu lesen oder eine Predigt zu hören, „sehr hilfreich" empfunden, aber ebenso das Gelernte schnell wieder vergessen wird. Wer einen Stoff rein passiv aufnimmt, wird sich nicht annähernd soviel ändern wie eine Person, die denselben Lernstoff begierig verarbeitet und das Gelernte unmittelbar und praktisch in die Tat umsetzt. Jesus verwendet bei der Vorbereitung seiner Jünger auf die Zukunft das Prinzip des aktiven Lernens.

Erfahrung

Einer Fußballmannschaft, die im Training nichts täte, als sich ermutigende Worte, Warnungen vor potentiellen Gefahren und Vorträge über die Taktik anzuhören, wäre der Abstieg sicher. Trotzdem versuchen viele christliche Gemeinden, Eltern und Bildungseinrichtungen, die ihnen anvertrauten Menschen genau so auf die Bewältigung des Lebens vorzubereiten: mit viel Gerede und wenig Praxis. Kein Wunder, daß es Niederlagen hagelt!

Jesus dagegen erteilte seinen Jüngern einen konkreten Auftrag. Er sandte sie aus, damit sie praktische Erfahrungen sammeln konnten (Lukas 9,2; 10,1), und gab ihnen klare Verhaltensrichtlinien. Es ist nicht einfach, Lernenden praktische Erfahrungen zu vermitteln. Es kann sogar gegen ethische Normen verstoßen. Manchmal können wir eine Lernsituation künstlich schaffen, wie an mancher theologischen Ausbildungsstätte, wo die Studenten einander Predigten halten, sich gegenseitig ihr Zeugnis erzählen und einander seelsorgerlich betreuen, ehe sie auf eine Gemeinde losgelassen werden. Es ist jedoch schwierig, wenn nicht gar unmöglich, Erfahrung etwa bei der Vermeidung von Ehebruch oder der Ablehnung okkulter Praktiken zu vermitteln.

In Situationen, in denen ein Training möglich ist, könnte man zunächst um Vorschläge bitten, was in Zukunft am besten zu tun oder zu unterlassen sei. Der Seelsorger und der Hilfesuchende können diese Vorschläge gemeinsam auswerten, sich möglichst ein paar weitere Alternativen einfallen lassen und anschließend darüber reden, welche Maßnahmen zu ergreifen und welche möglichen Gefahren zu berücksichtigen seien. Versucht jemand, Problemen vorzubeugen, so können wir ihn begleiten und vielleicht auch dann in seiner Nähe bleiben, wenn er hinausgeht, um Erfahrungen zu sammeln. Genau das geschieht bei der Ausbildung zum Evangelisten. Nach einer Zeit der Unterweisung und möglichst auch der Übung werden die Auszubildenden wie die ersten Nachfolger Jesu am besten zu zweit ausgesandt.

Jesus war mehr als ein Dozent. Bei der Vorbereitung seiner Jünger auf den Streß ihres künftigen geistlichen Dienstes versuchte er nicht, seine innere Teilnahme vor ihnen zu verbergen. Jesus freute sich vielmehr über ihre Erfolge, half ihnen, aus ihren Fehlern zu lernen, betete für sie und erfreute sich offenkundig an ihrem Dienst (Lukas 10,18-23).

Vorbild sein

Jesus war den Jüngern auch Vorbild (Matthäus 11,1). Er zeigte ihnen, wie sie andere zu Jüngern machen, vorhandene Probleme bewältigen und gefährliche Situationen vermeiden konnten. Sein Beispiel müssen sie als recht hilfreich empfunden haben, als sie später allein vor Problemen standen.

Wir alle kennen Menschen, deren Leben andere inspiriert hat. Das wäre eine weitere Möglichkeit der vorbeugenden Seelsorge: Anderen die Bewältigung von Streß oder Schwierigkeiten vorzuleben.

Auswertung

Effektives Lernen findet nur dort statt, wo es zu einer Auswertung oder Beurteilung kommt. Das haben Leistungssportler längst begriffen, die Pädagogik hat es bestätigt, und Jesus hat es vorgelebt. Als die Nachfolger Jesu von ihrer Missionsreise zurückkehrten, erstatteten sie darüber Bericht und werteten anschließend ihre Bemühungen aus (Lukas 9,10; 10,17).

Entspannung

Jesus war vielbeschäftigt, doch nahm er sich die Zeit, sich zu entspannen. In Lukas 9,10 wird uns mitgeteilt, daß Jesus sich nach der Rückkehr der Jünger von ihrer Missionsreise mit ihnen zusammen zurückzog. Gehörte dies etwa mit zu ihrer Ausbildung? Vielleicht handelte es sich um eine Lektion in vorbeugender Seelsorge, um uns klarzumachen, daß wir uns Zeiten der Ruhe und Erholung gönnen sollen, um in Zukunft um so besser darauf vorbereitet zu sein, aufkommenden Problemen zu begegnen.

Wir leben in einer vielbeschäftigten Zeit, in der die gesamte Gesellschaft sehr schnellebig geworden ist. Unser Körper kann dieses Tempo nur bis zu einem gewissen Grad ertragen. Verzichten wir auf Entspannung, werden wir schneller krank, leiden unter Verspannung und haben es schwer, mit unseren Mitmenschen zurechtzukommen. Auch unser geistliches Leben wird in Mitleidenschaft gezogen, wenn wir auf regelmäßige Ruhezeiten verzichten. Deshalb haben wir es von Zeit zu Zeit nötig, in die Stille zu gehen, um Gott besser zu erfassen (Psalm 46,11).

Als Seelsorger können wir nicht effektiv arbeiten, solange wir gehetzt und unter Druck stehen. Andererseits helfen wir anderen, Problemen vorzubeugen, wenn wir sie ermutigen, sich regelmäßig mit einem guten Buch, mit einem Spiel oder Hobby, mit einem guten Freund oder auch nur ganz allein zu entspannen. Es handelt sich hier um einen wesentlichen Aspekt vorbeugender Seelsorge. Wenn wir ausgeruht sind, können wir die Probleme der Zukunft mit größerer Zuversicht und Leistungsfähigkeit angehen. Ein Seelsorger muß auch hierin Vorbild sein.

Leitlinien der Vorbeugung

Was gibt es abschließend über die Verhinderung psychischer und geistlicher Probleme zu sagen?

1. Mit persönlichen Problemen wird man am besten fertig, indem man sie vor ihrem Auftreten verhindert. Gelingt einem das nicht, sollte man rechtzeitig in die Situation eingreifen, um zu verhindern, daß sie sich weiter verschlechtert.
2. Als Christen sind wir in der einzigartigen Lage, potentielle Probleme im voraus zu erkennen und andere auf die heraufziehende Gefahr aufmerksam zu machen. Außerdem können wir Probleme, die im Ansatz bereits vorhanden sind, genau bestimmen und eingreifen, um eine Verschlechterung der Lage zu verhindern.
3. Als Christen sollte uns zudem bewußt sein, daß die Vorbeugung persönlicher Probleme eine ganze Anzahl von Eigenschaften beim Seelsorger voraussetzt:

   * *Weitblick:* Er hat die Fähigkeit, ein potentielles oder im Entstehen begriffenes Problem zu erkennen, ehe es aufkommt bzw. schlimmer wird;
   * *Wissen:* Er weiß, wie eine aufreibende Situation oder Umgebung zu verändern, wohin jemand zu überweisen und was zu tun ist, um mit einer im Entstehen begriffenen Problemsituation fertig zu werden;
   * *Mut:* Er wagt den Versuch, im Entstehen begriffene Probleme zu lösen, auch wenn es sich dabei um Angelegenheiten handelt, die häufig ignoriert oder übersehen werden, weil wir entweder mit anderen Dingen zu beschäftigt oder nicht bereit sind, uns den Vorwurf der Einmischung in fremde Angelegenheiten gefallen zu lassen;
   * *Taktgefühl:* Er ist in der Lage, heikle Fragen anzusprechen, über die andere möglicherweise nicht reden wollen, ohne dabei besserwisserisch zu wirken oder eine Von-oben-herab-Haltung einzunehmen. Die Leute wollen sich mit ansatzweise vorhandenen persönlichen Problemen, wenn sie ihnen noch keine großen Schwierigkeiten bereiten, oft nicht abgeben.
   * *Erbarmen:* Er nimmt eine Haltung der Fürsorge und der Liebe ein, die ihn bereit macht, das Risiko, abgelehnt zu wer-

179

den, auf sich zu nehmen, wenn er dadurch zur Verhinderung eines Problems beitragen kann.

* *Geschick:* Er vermag Themen wie Liebe und Freundschaft, voreheliche Beziehungen, Midlife-crisis und die Vorbereitung auf den Ruhestand auf nichtbedrohliche, aber energische Weise anzusprechen und Eheseminare, Jüngerschaftsschulungen und Selbsthilfegruppen so zu gestalten, daß die Vorteile für die Teilnehmer wachsen und die Bedrohung für die widerstrebenden Menschen, die diese Vorteile am ehesten brauchen, auf ein Mindestmaß reduziert wird.

4. Jeder einzelne Aspekt des Dienstes einer Kirchengemeinde – Wortverkündigung, Lehre, Evangelisation, Gemeinschaft, Musik und Sozialdienste eingeschlossen – muß mit Blick auf das gegenwärtige wie zukünftige geistliche und psychische Wohl der Beteiligten sorgfältig geplant werden.

5. Bei der Vorbeugung spielt Wissensvermittlung eine wichtige Rolle. Christliche Seelsorger müssen sich ernsthaft überlegen, wie sie Wissen über folgende Themen weitervermitteln können: Vertiefung der ehelichen Gemeinschaft; Bewältigung von Streit innerhalb der Familie; Streßbewältigung; wie man der Verbreitung von Klatsch und Verleumdung sowie weiteren Verhaltensweisen, die sich als zusätzliche Belastungen erweisen können, einen Riegel vorschiebt; Vergebungs- und Versöhnungsbereitschaft; mit anderen Menschen auskommen – und so fort. Jesus und die Verfasser des Neuen Testaments befaßten sich mit praktischen Problemen dieser Art. Heutige Christen hingegen beachten sie kaum. Mit dieser Haltung fördern sie das Wachstum von Problemen, die sonst verhindert oder im Keim erstickt worden wären.

Vorbeugende Seelsorge und der Missionsauftrag

Es handelt sich beim Missionsauftrag Jesu um ein meisterhaftes Beispiel der Präventivpsychologie. Jesus wußte, daß das Leben in dieser Welt schwierig ist. Deshalb hat er uns Richtlinien hinterlassen, deren Befolgung uns zur größtmöglichen inneren Festigkeit verhelfen kann.

„Denkt daran", sagte er sinngemäß, „daß mir alle Kraft und Gewalt gegeben ist." Damit *beruhigt* er uns und gibt uns *Sicherheit.*

„Gehet hin und machet zu Jüngern." Mit diesen Worten setzt er unserem Leben ein *Ziel.*

„Taufet und lehret" — hier haben wir das Muster, nach dem wir vorzugehen haben.

„Denkt an die drei Personen der Dreieinigkeit." Das schafft *Stabilität* und festigt die Erinnerung an den großen Gott, dem wir dienen.

„Ich bin bei euch alle Tage bis an der Welt Ende" — diese Botschaft vermittelt uns eine untrügliche *Hoffnung* für die Gegenwart wie für die Zukunft.

Der Apostel Paulus besaß vor seiner Bekehrung alles, was diese Welt zu bieten hat: gesellschaftlichen Status, Bildung, Reichtum und Selbstvertrauen. Dennoch wurde er ein Jünger Jesu Christi und begann andere als Jünger zu schulen. Er hatte als Apostel alle möglichen Schwierigkeiten zu bestehen und war deshalb in der Lage, anderen bei der Bewältigung ihrer Probleme behilflich zu sein. In seinem zweiten Brief an Timotheus teilte Paulus diesem jungen Jünger mit, wie er Probleme im eigenen Leben wie im Leben anderer Menschen am besten verhindern könnte. Seine Worte sind heute noch außerordentlich aktuell:

> Bemühe dich darum, dich vor Gott zu erweisen als einen rechtschaffenen und untadeligen Arbeiter, der das Wort der Wahrheit recht austeilt. Halte dich fern von ungeistlichem losen Geschwätz; denn es führt mehr und mehr zu ungöttlichem Wesen [...]
> Fliehe die Begierden der Jugend! Jage aber nach der Gerechtigkeit, dem Glauben, der Liebe, dem Frieden mit allen, die den Herrn anrufen aus reinem Herzen. Aber die törichten und unnützen Fragen weise zurück; denn du weißt, daß sie nur Streit erzeugen. Ein Knecht des Herrn aber soll nicht streitsüchtig sein, sondern freundlich gegen jedermann, im Lehren geschickt, der Böses ertragen kann und mit Sanftmut die Widerspenstigen zurechtweist, ob ihnen Gott vielleicht Buße gebe, die Wahrheit zu erkennen und wieder nüchtern zu werden aus der Verstrickung des Teufels, von dem sie gefangen sind, zu tun seinen Willen (2. Timotheus 2,15-16.22-26).

Anmerkungen

[1] Die „Präventionskunde" wird in einem streng wissenschaftlichen Artikel mit neun Autoren näher erläutert: John D. Coie et al., „The Science of Prevention: A Conceptual Framework and Some Directions for a National Research Pro-

gram" in: American Psychologist 48 (Okt. 1993), S. 1013–1022. Siehe ferner: Gerald Caplan, Principles of Preventive Psychiatry. New York: Basic Books, 1964.

[2] George W. Albee und Kimberly D. Ryan-Finn, „An Overview of Primary Prevention", in: Journal of Counseling and Development 72 (Nov.–Dez. 1993), S. 115-123.

[3] Rodger K. Bufford und Trudi Batten Johnston, „The Church and Community Mental Health: Unrealized Potential", in: Journal of Psychology and Theology 10 (Winter 1982), S. 355–362.

[4] Howard J. Clinebell, jun., ed., Community Mental Health: The Role of Church and Temple. Nashville: Abingdon, 1970, S. 11. Siehe ferner: Kenneth I. Pargament, Kenneth I. Maton und Robert E. Hess, eds., Religion and Prevention in Mental Health: Research, Vision and Action. New York: Haworth Press, 1992.

12. Selbsthilfe für Seelsorger

Vor einiger Zeit ging ich mit einem Bekannten in ein Restaurant, in dem die Bedienung, gelinde gesagt, sehr zu wünschen übrigließ. Wir mußten sehr lange auf den Kaffee warten. Schließlich rief ich den Kellner herbei und bat ihn – höflich, wie ich meine –, mir den Kaffee zu bringen. Seine Antwort war kurz und bestimmt: „Ich komme, sobald ich's schaffe, mein Herr! Sehen Sie denn nicht, daß ich Menschen zu bedienen habe?"

Mein Bekannter entgegnete bissig: „Was soll das heißen: Menschen zu bedienen? Merkt er denn nicht, daß auch ich ein Mensch bin?"

Möglicherweise ist Ihnen bei der Lektüre der vorangegangenen Seiten etwas Ähnliches durch den Sinn gegangen. Wir haben uns größtenteils damit befaßt, wie man anderen helfen kann. Wir dürfen dabei jedoch nicht vergessen, daß auch der Seelsorger ein Mensch ist. Wer anderen hilft, braucht von Zeit zu Zeit selbst Hilfe. Es fällt uns allerdings nicht leicht zuzugeben, gelegentlich auch auf die Ermutigung, Unterstützung und Einsicht, auf den Rat oder die bohrenden Fragen anderer angewiesen zu sein. Hin und wieder müssen wir uns auch Möglichkeiten einfallen lassen, uns selbst zu helfen.

Unter professionellen Lebensberatern ist eine Debatte darüber im Gang, inwiefern Seelsorger imstande sind, Selbsthilfe zu leisten, insbesondere dann, wenn sie psychische Probleme haben. Als Seelsorger wissen wir eine christliche Beratung zu schätzen, doch sträuben wir selbst uns manchmal, unsere Lasten mit einem anderen zu teilen. Wir geben ungern zu, daß wir, die wir anderen Beistand leisten, selbst Hilfe brauchen.

Das Geschäft mit der Selbsthilfe

Dem Verfasser eines Artikels in der Los Angeles Times zufolge werden jedes Jahr in unserem Land über zweitausend Selbsthilfebücher auf den Markt gebracht.[1] Es gibt mittlerweile kaum ein Thema, worüber nicht ein Buch geschrieben wurde. Begeisterte Verleger und Autoren, darunter viele entschiedene Christen, rühren kräftig die Werbetrommel für Titel, die dem Leser Hilfe bei der selbständigen Bewältigung von geistlichen und emotionalen sowie Verhaltens- und Beziehungsproblemen versprechen. Jemand hat Herstellung und Verkauf dieses Selbsthilfematerials als „ein großartiges Geschäft mit unvorstellbarem Wachstumspotential" bezeichnet. Buchhandlungen, Einkaufszentren, Versandhauskataloge und Gemeindebüchereien sind voll von Selbsthilfebüchern, Selbsthilfekassetten und -videos und sogar von Selbsthilfe-Software. Dieses Material wird mit Hilfe überzogener Werbesprüche vermarktet und richtet sich an die Millionen notleidender Menschen, die Hilfe bei der Bewältigung von Problemen und Unsicherheit suchen.

Kritikern ist aufgefallen, daß Herstellung und Vermarktung vieler Bücher und Kassetten hauptsächlich zwei Zielen dient: der Förderung des Umsatzes sowie des Ansehens gewisser Autoren. Es werden dabei Behauptungen aufgestellt, die eindeutig in den Bereich der Spekulation gehören. Autoren und Verlage versprechen „lebenverändernde" Lektüre, doch macht sich niemand die Mühe, diesen Anspruch einer sorgfältigen Prüfung zu unterziehen. So tönt beispielsweise der Klappentext eines Buches über die Bewältigung von Angst: „Sie lernen in knapp sechs bis acht Wochen in der Abgeschiedenheit Ihrer eigenen Wohnung und ohne Hinzuziehung eines teuren professionellen Beraters, Situationen zu meistern, die Sie jetzt nervös oder ängstlich machen."[2] Beweise oder Belege für diese großspurige Behauptung werden nicht angeführt. Wir können nur vermuten, wie es Lesern ergehen mag, deren Leben sich nicht so verändert, wie es der Klappentext verspricht. Einige versinken womöglich noch tiefer in ihre Probleme und gelangen zu dem Schluß, ihre Situation sei hoffnungslos. Viele gehen wahrscheinlich wieder in eine Buchhandlung, um dort etwas Besseres zu suchen.

Trotz dieser Schwächen bieten Selbsthilfebücher in vielen Fällen hilfreiche Ratschläge für Personen, die nicht wissen, wohin sie sich wenden sollen, sowie für solche, denen gerade kein Seelsorger zur Verfügung steht, denen es peinlich ist, ihre Probleme zuzugeben, oder die sich keine professionelle Hilfe leisten können. Ein weiterer Leserkreis sucht nicht Hilfe bei der Bewältigung ernsthafter Probleme, sondern möchte statt dessen seine Kenntnisse aufpolieren und Wege finden, seine zwischenmenschlichen Beziehungen positiver zu gestalten. Eine Umfrage ergab, daß neunzig von hundert Psychologen Selbsthilfebücher für „unter Umständen hilfreich" halten und sechzig ihre Klienten sogar aufforderten, Bücher dieser Art zu lesen.[3] Viele christliche Seelsorger empfehlen Hilfesuchenden, Bücher zu lesen,[4] ebenso nichtprofessionelle Lebensberater.

Wie können wir zwischen hilfreichen und weniger hilfreichen Büchern unterscheiden? Sehen Sie sich zuerst die Angaben zur Person des Autors oder Herausgebers an. Sind irgendwelche Referenzen oder Empfehlungen auf dem Buchdeckel oder als Vorwort abgedruckt? Stammen diese von Personen, deren Meinung sie respektieren und auf die Sie sich verlassen können? Fragen Sie danach, ob die Aussagen des Autors wissenschaftlich untermauert sind. Stellt der Verfasser, Verkäufer oder Verleger kühne Behauptungen auf, sollten Sie sich fragen: Woher kann ich wissen, ob das alles stimmt? Im Laufe der Zeit werden Sie feststellen, daß bestimmte Verlage und Verfasser vertrauenswürdiger sind als andere. Seien Sie auf jeden Fall auf der Hut, und glauben Sie nicht alles, was Sie in Werbe- und anderen Texten lesen oder auf Kassette zu hören bekommen. Menschen, die Selbsthilfematerial zusammenstellen, sind – wie alle anderen Menschen auch – fehlbar. Die meisten meinen es zwar gut, doch sind ihre Ausführungen nicht immer so hilfreich, wie sie uns glauben machen möchten.

Trotz dieser Warnungen können wir – ebenso wie die Menschen, denen wir helfen möchten – aus Büchern, Kassetten, Seminaren, Selbsthilfeprogrammen und anderen Hilfsquellen gewissen Nutzen ziehen. Sie bringen in vielen Fällen praktische, hilfreiche Vorschläge und ermutigen, uns weiterhin mit dem eigenen Leben zu befassen.

Sich selbst beobachten

In der Medizin geht der Behandlung normalerweise eine Diagnose des Problems voraus. Wollen wir uns selbst – oder anderen – helfen, tun wir gut daran, uns nach demselben Prinzip zu richten. Wenn wir herausbekommen können, wo der Schuh drückt und was geändert werden muß, sind wir auf dem besten Wege, das Problem zu lösen.

Das ist allerdings leichter gesagt als getan. Es ist recht schwierig, das eigene Leben einigermaßen objektiv zu beurteilen, und selbst nachdem man festgestellt hat, welche Maßnahmen zu ergreifen sind, fällt es nicht immer leicht, sich zu ändern. Dennoch spielt in der Selbsthilfe die Beobachtung des eigenen Lebens eine wichtige Rolle. Sie kann auf drei Ebenen erfolgen.

Sich selbst im Lichte der Bibel sehen

Gleich zu Anfang des 119. Psalms werden uns einige recht hilfreiche Ratschläge erteilt:

> Wohl denen, die ohne Tadel leben, die im Gesetz des Herrn wandeln! [...] Wie wird ein junger Mann seinen Weg unsträflich gehen? Wenn er sich hält an deine Worte.
>
> (Psalm 119,1.9)

Während unserer täglichen Bibellese sollten wir unser Verhalten, unsere Einstellung, unser Denken und unsere Gefühle am Maßstab des Wortes Gottes prüfen. Gott kennt unsere psychischen Probleme und Kämpfe besser als wir selbst. Er vermag uns deshalb zu helfen, uns selbst besser kennenzulernen und Veränderungen an unserem Leben vorzunehmen durch den Beistand seines Heiligen Geistes (Psalm 139). Bevor wir die Bibel aufschlagen, sollten wir Gott bitten, uns besonders die Dinge zu zeigen, die wir über ihn und über uns selbst wissen müssen.

Das eigene Leben auswerten

Als zweites können wir die eigenen Stärken und Schwächen auswerten. Als ich als Dozent für Seelsorge an einem theologischen Seminar tätig war, verlangte ich von jedem meiner Studenten, einen autobiographischen Bericht anzufertigen, in dem er seine Stärken und Schwächen, seine Lebensziele und Prioritäten sowie seine gegenwärtigen Probleme und seine Pläne zur Lösung dieser Probleme schildern sollte. Diese Aufgabe empfanden viele als recht schwierig, sie erwies sich jedoch stets als wertvoll, weil sie die jungen Leute zwang, sich offen und ehrlich mit dem eigenen Leben auseinanderzusetzen. Eine Selbstanalyse dieser Art wäre sicherlich für jeden Seelsorger hilfreich, vor allem dann, wenn sie in regelmäßigen Abständen wiederholt würde.

Sich selbst durch die Augen eines anderen sehen

Eine Selbstanalyse erweist sich als besonders hilfreich, wenn wir einem anderen die Ergebnisse mitteilen. Durch Selbstmitteilung erschließt sich uns ein dritter Weg zur Selbsterkenntnis. Diesem Gedanken würden vermutlich sämtliche Lebensberater zustimmen, doch setzen viele ihn nicht in die Tat um, weil es bedrohlich sein kann, sich selbst durch die Augen eines anderen zu sehen.

Mitglieder unserer Familie und enge Freunde kennen uns oft besser als wir uns selbst. Ihr Urteil kann bisweilen schmerzlich, aber aufschlußreich sein. Meine Mutter entwickelte gegen Ende ihres langen Lebens einige Eigenschaften, die mich störten. Ich vermochte dennoch darüber hinwegzusehen, weil ich unsere Beziehung schätzte und der Meinung war, auch eine sanfte Konfrontation würde nicht allzuviel bringen. Dennoch sprach ich eines Tages mit einer meiner Töchter darüber und meinte: „Laß niemals zu, daß ich in dieser Hinsicht so werde wie deine Oma."

„Paps", antwortete sie, „du bist schon so wie Oma." Ehe ich mich zur Wehr setzen konnte, fügte meine Tochter augenzwinkernd hinzu, daß sie einige der von mir angesprochenen Eigenschaften auch schon bei sich selbst entdeckt hatte. Wir kamen überein, uns gegenseitig zu helfen, negative Eigenschaften im Keim zu ersticken.

Es erweist sich als hilfreich, einen eher direkten Zugang zu dieser Art von Selbstbeobachtung zu suchen. Es geriete uns allen sicher zum Vorteil, wenn wir über unsere Kämpfe, Unsicherheiten und Träume sowie über andere persönliche Themen mit einer Person sprechen könnten, die bereit wäre, zuzuhören und uns Rückmeldung zu geben. Wie ich meine, können wir uns selbst erst dann erkennen, wenn wir uns mindestens einer Person rückhaltlos offenbart haben. Diese Selbstoffenbarung kann natürlich übertrieben werden. Wir alle kennen wahrscheinlich Leute, die unaufhörlich über sich und ihre Kämpfe reden. Die Bekannten solcher Leute bekommen die Einzelheiten so oft aufgetischt, daß sie sie am Ende nicht mehr hören können. Demgegenüber gibt es Leute, die so zurückhaltend sind, daß niemand sie je wirklich kennenlernt. Eine ausgewogenere und gesündere Alternative bestünde sicherlich darin, sich dem eigenen Ehepartner oder einem guten Freund zu offenbaren, der imstande ist, liebevoll und ehrlich auf das Mitgeteilte einzugehen und nötigenfalls eine Ermutigung oder Ermahnung auszusprechen.

Selbstannahme

Jeder Mensch hat ein gewisses Selbstverständnis — eine Vorstellung davon, wer er ist und wie er auf andere wirkt. Gedanken wie: *Ich bin ein guter Christ, ich bin eine schlechte Hausfrau, ich bin zu dick* oder: *Mich müßte jede Frau als ein Geschenk des Himmels ansehen* sind allesamt Teil unseres Selbstverständnisses oder Selbstbildes.

Das eigene Selbstbild führt man sich am besten dadurch vor Augen, daß man eine Liste anfertigt mit sämtlichen Eigenschaftswörtern, die auf einen selbst zutreffen. So könnten Sie unter anderem folgende Merkmale in Ihre Liste aufnehmen: körperliche Erscheinung (gutaussehend, schüttere Haare, lange Nase), Charaktereigenschaften (freundlich, ungeduldig, weltoffen), Fähigkeiten und Überzeugungen („entschiedener Christ"), sittliche Werte („Abtreibungsgegner") und die verschiedenen Rollen, die Sie im Leben ausfüllen (Ehemann, Vater, Sohn, Diakon, Geschäftsmann, Leiter einer Gruppe usw.). Werfen Sie einen Blick auf diese Liste, so werden Sie feststellen, daß einige der aufgezählten Merkmale wünschenswert sind (Freundlichkeit zum Beispiel), andere hingegen weniger wünschenswert (Faulheit oder ähnliches). Über einige Aspekte Ihres Selbstbildes werden Sie sich sofort im klaren sein, bei einigen anderen werden Sie Ihre Zweifel haben.

Das Selbstbild eines Menschen ist wichtig, weil es einen starken Einfluß auf sein Verhalten ausübt. Nehmen wir an, jemand hält sich für einen tüchtigen Geschäftsmann. Er wird ganz anders auftreten als eine Person, die sich keinerlei Geschäftstüchtigkeit zutraut. Ein Hochschullehrer, der zu der Erkenntnis gelangt, ein fähiger Dozent, aber auf dem Gebiet der Forschung weniger begabt zu sein, wird seine Tätigkeit dementsprechend einrichten. Auch wenn andere nicht immer mit unserer Selbstanalyse einverstanden sind, denken, fühlen und verhalten wir uns größtenteils im Einklang mit dem Selbstverständnis, das wir uns im Laufe der Jahre angeeignet haben.

Viele Christen vertreten bewußt oder unbewußt die These, daß ein echter Jünger Jesu ein schwaches Selbstwertgefühl haben müsse und daß es ein Zeichen geistlicher Reife sei, sich immer wieder selbst herabzusetzen. Viele Christen führen aufgrund dieser Einstellung ein recht trauriges Dasein. Sie brüsten sich ständig damit, unnütz zu sein.

Wir müssen erkennen: Einerseits waren und sind wir Sünder und deshalb nicht in der Lage, aus eigener Kraft das Heil zu erlangen, andererseits wurden wir als Ebenbild Gottes geschaffen. Wir sind Gott so wertvoll, daß er seinen eigenen Sohn in die Welt schickte, damit er am Kreuz von Golgatha die Strafe für unsere Sünde auf sich nahm. Wir werden zu einer Lebensübergabe an Jesus nicht gezwungen – Gott erlaubt uns in dieser Angelegenheit eine freie Entscheidung –, doch werden wir, sobald wir uns für Christus entscheiden, zu einer neuen Kreatur. Wir werden mit dem Heiligen Geist erfüllt, empfangen geistliche Gaben und genießen das Vorrecht, dem Herrn und Herrscher des Universums dienen zu dürfen. Gott betrachtet uns nun als seine Söhne und Töchter (Römer 8,15;

Galater 4,4-7; Epheser 5,1), die er persönlich kennt und für die er sich verantwortlich fühlt. Es stimmt natürlich, daß wir keiner besonderen Behandlung würdig sind. Wir treten einzig und allein auf der Grundlage der Güte und Barmherzigkeit Gottes in diesen privilegierten Stand.

Dieses Wissen sollte an unserem Selbstverständnis eine dramatische Veränderung bewirken. Wir sind wertvolle Menschen, Königskinder, und das nicht um unseres Wohlverhaltens oder gerechten Lebensstils willen, sondern aufgrund der Heilstat Jesu. Wir brauchen unsere Fähigkeiten und Erfolge nicht zu leugnen. Wir dürfen sie vielmehr dankbar aus der Hand Gottes annehmen und auf der Grundlage dessen, was er in unserem Leben getan hat und weiterhin tut, ein positives Selbstbild entwickeln.

Jüngerschaft

Es ist nicht leicht, bei Selbstanalyse und Selbstoffenbarung ehrlich zu bleiben. Ehrlichkeit vor Gott fällt uns manchmal ebenso schwer.

Als Gott den Menschen erschuf, versorgte er ihn mit einem erstklassigen Lebensraum und sah eine enge, persönliche Beziehung zwischen sich und dem Menschen vor. Da aber Gott den Menschen nicht als Roboter erschaffen wollte, stattete er ihn mit einem Willen und somit auch mit der Freiheit aus, gegen ihn aufzubegehren. Genau das geschah, zunächst im Garten Eden und später im Leben der Nachkommen Adams und Evas.

Die Bibel verwendet für dieses menschliche Aufbegehren ein recht unbeliebtes Wort: *Sünde*. Wir alle haben Sünde in unserem Leben (Römer 3,10-12.23). Sie trennt uns von Gott und ist darüber hinaus die Wurzel sämtlicher Probleme des Menschen. Aus diesem Grunde müssen wir früher oder später dem Faktum der Sünde ins Auge sehen, wenn wir Menschen – uns selbst eingeschlossen – helfen wollen. Wir müssen unsere Sünde bekennen und Jesus Christus im Gebet einladen, Herr unseres Lebens zu werden (Römer 10,9; 1. Johannes 1,9). Wer das tut, erhält die Gewißheit, im Himmel ewiges Leben und hier auf der Erde „Leben und volle Genüge" zu haben (Johannes 3,16; 10,10).

Der Bibel zufolge erlangen wir das Heil weder durch gute Werke noch durch die Taufe, noch durch unsere Kirchenzugehörigkeit. Das Heil ist ein Geschenk Gottes, das wir annehmen, ablehnen oder ignorieren, uns aber niemals verdienen können (Römer 6,23; Epheser 2,8 f.).

Wenn jemand eine Lebensübergabe an Jesus Christus vollzieht, kann es vorkommen, daß seine unmittelbaren Probleme plötzlich verschwinden.

Dies muß jedoch nicht der Fall sein. Oftmals bleiben sie unverändert oder werden sogar schlimmer. Dennoch hat er trotz aller Probleme Frieden mit Gott (Römer 5,1), und aus dieser Quelle fließt ihm neue Kraft zu, mit deren Hilfe er das Leben zu bewältigen und geistig ausgewogen zu bleiben vermag (2. Timotheus 1,7). Der Schritt in die Jüngerschaft ist für die Seelsorge auch deshalb sehr wichtig, weil er uns befähigt, unsere Probleme einem allmächtigen, allweisen Gott anzuvertrauen, dem unsere Schwierigkeiten nicht gleichgültig sind, weil er für uns sorgt (1. Petrus 5,7).

Ich habe einen Kollegen, der Hilfesuchenden regelmäßig sagt: „Ihr Problem ist mir zu schwer, doch habe ich einen Freund, der es bestimmt lösen kann!" Das ist eine ermutigende Wahrheit, vor allem wenn wir unter Streß stehen. Dieser göttliche Freund kommt Seelsorgern wie Ratsuchenden gern zu Hilfe.

Im Geist wandeln

Viele Christen scheinen nach ihrer Lebensübergabe an Jesus geistlich nicht mehr zu wachsen. Sie bleiben ihr Leben lang „unmündige Kinder in Christus". Wegen dieser Unreife fällt es ihnen schwer, die Bibel zu verstehen, mit anderen Leuten auszukommen und Probleme wie ein explosives Temperament oder Neid in den Griff zu bekommen (1. Korinther 3,1-3). Um als Christen wachsen zu können, müssen wir uns Jesus zum Vorbild nehmen.

Was das im einzelnen bedeutet, wird uns im fünften Kapitel des Epheserbriefs erklärt. Wenn wir dem Beispiel Christi folgen, werden folgende Eigenschaften in unserem Leben sichtbar: Liebe (Vers 2), sittliche Reinheit (Verse 3-7), gottgefälliges Verhalten (Verse 8-14), Weisheit (Verse 15-17) und Geistesfülle (Vers 18). Das alles bezeichnet Paulus in Galater 5,16 als „Wandel im Geist". In diesem Wandel im Geist steckt der Schlüssel zu geistlichem Wachstum.

Bevor Jesus ans Kreuz ging, versprach er seinen Anhängern den Beistand und die Erleuchtung des Heiligen Geistes. Die ersten Jünger erlebten die Kraft des Geistes zu Pfingsten (Apostelgeschichte 2). Heute sind die meisten Christen der Ansicht, den Heiligen Geist schon bei der Lebensübergabe an Jesus zu empfangen. Er bleibt bei uns, doch können wir ihn „dämpfen" oder unterdrücken (1. Korinther 6,19; 1. Thessalonicher 5,19).

Deshalb werden wir als Christen ermahnt, täglich „im Geist zu wandeln". Dazu gehört, daß wir uns häufig einer Selbstprüfung unterziehen, unsere Sünden bekennen, uns Gott vollständig ausliefern und den Heiligen Geist bitten, uns zu erfüllen (Lukas 11,13; Römer 6,11 ff.; 1. Johannes 1,9). In Epheser 5,18 heißt es, daß wir uns ständig mit dem Geist erfüllen lassen und ihm tagtäglich die Herrschaft über unser Leben einräumen sollen. Die äußeren Folgen sind allem Anschein nach wenig spektakulär, doch stellen wir – und andere – bald fest, daß Geistesfrucht in unserem Leben wächst. Damit ist gemeint Liebe, Freude, Friede, Geduld, Freundlichkeit, Güte, Treue, Sanftmut und Selbstbeherrschung (Galater 5,22 f.).

Das alles stellt sich nicht als das Ergebnis irgendeines Selbsthilfeprogramms ein. Unsere Persönlichkeit wird dadurch umgewandelt, daß wir im Geist wandeln und dem Heiligen Geist die Herrschaft über unser Leben und unsere Gefühle einräumen.

Drei Kreise

In Kapitel zwei stellten wir fest, daß Denken, Fühlen und Handeln für das Leben des einzelnen Menschen wichtig sind. Christen, die im Geist wandeln, unterscheiden sich von anderen Menschen dadurch, daß ihr Leben sich um einen anderen Angelpunkt dreht. Beim Nichtchristen ist der Angelpunkt das Ich.

Bei einem Christen, der kein geistliches Wachstum aufweist, sieht es ein wenig anders aus. Er hat zwar Jesus in sein Leben aufgenommen, ihn aber an die Peripherie gedrängt. Sein Denken, Fühlen und Handeln bleibt deshalb im großen und ganzen ichbezogen und eigenwillig.

Wandeln wir aber im Geist, so steht Christus im Mittelpunkt unseres Lebens und übt durch den Heiligen Geist die Herrschaft über alle drei Teilbereiche aus. Dabei büßen wir nicht unsere einzigartige Persönlichkeit ein. Das Ich wird nicht „ausgeschaltet". Unser Eigenleben liefern wir vielmehr Christus aus, damit er künftig unsere Gedanken, Gefühle und Handlungen beeinflußt. Wenn das geschieht, stellt sich geistliches Wachstum bei uns ein. Dies sollte eines der wichtigsten Ziele aller Jünger und geistlicher Multiplikatoren (zu ihnen zählen auch Seelsorger) sein.

Zur Reife heranwachsen

Geistliches Leben ist keine Zwangsjacke aus lauter Regeln und Verboten. Als Christen empfangen wir ein neues Leben, das uns zu Wachstum befreit. Dennoch wachsen wir – wie jeder Organismus – schneller, wenn wir einige gesunde Regeln befolgen.

Aus Römer 8,29 erfahren wir, daß Gott seine Nachfolger in das Ebenbild seines Sohnes verwandeln möchte. Es ist das Ziel unseres Lebens, wie Jesus zu sein. Das bedeutet, einen möglichst vertrauten Umgang mit ihm zu pflegen, und zwar durch Bibelstudium und regelmäßiges Gebet. Das ist allen Christen bewußt, doch suchen wir allzuoft einen Vorwand, um die geistliche Nahrung, ohne die wir geistlich weder wachsen noch vorankommen können, nicht aufnehmen zu müssen.

Neben der Nahrungsaufnahme ist auch Bewegung lebenswichtig. Ist Ihnen schon einmal aufgefallen, wie oft die Bibel das, was Gott für uns vollbringt, mit dem verknüpft, was wir für andere tun? Ein gutes Beispiel hierfür ist das Vaterunser. „Vergib uns unsere Schuld, wie auch wir vergeben unseren Schuldigern. [...] Denn wenn ihr den Menschen ihre Verfehlungen vergebt, so wird euch euer himmlischer Vater auch vergeben. Wenn ihr aber den Menschen nicht vergebt, so wird euch euer Vater eure Verfehlungen auch nicht vergeben" (Matthäus 6,12 ff.).

Dieses Prinzip findet sich auch in der Bergpredigt: „Selig sind die Barmherzigen; denn sie werden Barmherzigkeit erlangen" (Matthäus 5,7). „Denn nach welchem Recht ihr richtet, werdet ihr gerichtet werden; und mit welchem Maß ihr meßt, wird euch zugemessen werden" (Matthäus 7,2). In seinem Brief an die Philipper versichert Paulus seinen Lesern, daß Gott all ihrem Mangel abhelfen wird (Philipper 4,19), doch kurz zuvor erwähnt er, daß die Philipper ihm zur Behebung seiner Not ein großzügiges Geldgeschenk gemacht hatten (Verse 16 ff.). Jakobus warnt: „Es wird ein unbarmherziges Gericht über den ergehen, der nicht Barmherzigkeit getan hat" (Jakobus 2,13).

Hier entdecken wir ein Prinzip, das auch auf uns als Seelsorger anzuwenden ist, sofern wir uns Vergebung, eine gerechte Behandlung, materielle Segnungen, Liebe, Hilfe, Aufmerksamkeit usw. wünschen. Wer etwas empfangen möchte, der sollte am besten mit dem Geben beginnen. Indem wir anderen helfen, wachsen wir zur geistlichen Reife heran, helfen uns dabei selbst und erleben, wie unser Mangel ausgefüllt wird, während wir für andere sorgen.

Geistliche Gaben entdecken und entwickeln

Wir haben bereits in einem früheren Kapitel festgestellt, daß jeder Christ eine geistliche Gabe bzw. mehrere Gaben empfängt. Wir finden den Sinn unseres Lebens dadurch heraus, daß wir diese Gaben entdecken und entwickeln. Jeder Christ darf erleben, einen einzigartigen Beitrag zum Leib Christi zu leisten.

Die Bibel schreibt nicht genau vor, wie wir unsere geistlichen Gaben entdecken sollen. Wir können jedoch überzeugt sein, daß der Gott, der uns Gaben mitteilt, uns auch helfen wird, sie zu entdecken. Zunächst stellt man sich am besten folgende Fragen:

* Welche besonderen Fähigkeiten erkennen andere in meinem Leben?
* Um welchen Dienst werde ich oft gebeten? Worum bittet man mich nie?
* Was tue ich gerne? (Gott ist kein Spaßverderber; er möchte, daß wir uns in seinem Dienst wohl fühlen.)
* In welchen Bereichen bin ich erfolgreich?
* Werden andere durch diese erfolgreichen Tätigkeiten gestärkt oder ermutigt? Baue ich dadurch den Leib Christi auf?

Geistliche Gaben stellen sich oft im Laufe der Zeit heraus und wachsen. Wir können deshalb durchaus mit einem Dienst anfangen, ohne unsere eigene Begabung vollständig entdeckt zu haben.

Lasten abgeben

Am liebsten erledige ich alles selbst. Manchmal ziehe ich mich zwar in schwierigen Situationen zurück oder bin niedergeschlagen. Im allgemeinen aber fühle ich mich besser, wenn ich alles unter Kontrolle habe und eventuelle Probleme selbst angehen kann. Allem Anschein nach ergeht es den meisten Menschen so, zumindest in den Ländern, in denen Individualismus und technische Fortschritte großgeschrieben werden.

Die Bibel stellt diese Haltung in Frage. Sowohl im Alten wie im Neuen Testament werden wir aufgefordert, unsere Lasten auf den Herrn zu werfen (Psalm 55,23; 1. Petrus 5,7). Auch Jesus wies nachdrücklich darauf hin (Matthäus 6,25; 11,28 f.). Dennoch fällt der Groschen diesbezüglich bei den meisten Christen nur pfennigweise. Wir tragen unsere Lasten entweder auf den eigenen Schultern mit uns herum, oder wir bringen sie Gott im Gebet dar und nehmen sie anschließend wieder auf uns.

Auch Paulus war dieses Problem bekannt. Er hatte nämlich einen „Pfahl im Fleisch", der ihn ständig bedrückte. Eines Tages aber merkte er, daß Gott seine Last längst kannte. Daraufhin übergab er ihm die Situation und fühlte sich fortan erleichtert (2. Korinther 12,7 ff.). Im Gegensatz dazu versuchte Jakob im Alten Testament, sein Leben in eigener

Regie zu gestalten. Er scheute nicht einmal vor Intrigen und Betrügereien zurück, um die eigenen Pläne durchzusetzen. Dann begab er sich ins Haus seines Onkels Laban, wo er zum erstenmal jemandem begegnete, der ihm in puncto Gerissenheit ebenbürtig war. Jakob war erst nach einem Ringkampf mit Gott bereit, sich dem Herrn unterzuordnen und ihm sein ganzes Leben auszuliefern.

Der Geist der Selbstherrlichkeit und des rücksichtslosen Individualismus, der in unserer heutigen Gesellschaft geradezu verehrt wird, sorgt dafür, daß viele unter uns in eine ähnliche Sackgasse geraten. Sobald wir in finanzielle Schwierigkeiten geraten, mit einem eigenwilligen Kind umzugehen haben, eine neue Wohnung brauchen, Karriere machen oder unseren geistlichen Dienst erweitern wollen, fangen wir an, in eigener Regie Pläne zu schmieden. Manchmal gelingt uns unser Vorhaben, manchmal auch nicht. Tatsache ist jedoch, daß wir oftmals Lasten mit uns herumtragen, die wir lieber abgeben sollten.

Damit rufe ich weder zu Untätigkeit noch zu Ziellosigkeit auf. Ich möchte nur daran erinnern, daß der allmächtige Gott, dem wir als Christen dienen, alle Einzelheiten unseres Lebens kennt. Es ist daher sinnvoll, uns darin zu üben, unsere Lasten auf ihn zu werfen. Wir sollten ihm zutrauen, Lösungen zu schaffen, und damit aufhören, selbst alles zu erledigen. Damit hätten wir einen wichtigen Schritt zur Selbsthilfe getan, denn nur so können wir „stille sein" (unsere selbständigen Bestrebungen aufgeben) und Gott als den höchsten Herrn erkennen (Psalm 46,11).

Schließen Sie sich einer Gruppe an, und tun Sie etwas Positives

Seit der Gründung der Anonymen Alkoholiker vor mehr als fünfzig Jahren haben Hunderttausende am erfolgreichen Rehabilitationsprogramm dieser Organisation teilgenommen. Kernpunkt dieses Programmes ist die gegenseitige Hilfestellung, die sich Alkoholiker und Alkoholgefährdete geben können. Daraus sind mittlerweile zahlreiche Selbsthilfe- und Therapiegruppen hervorgegangen, die Menschen mit fast jedem denkbaren Problem helfen konnten. Gruppen dieser Art fördern den gemeinsamen Austausch, die gegenseitige Fürsorge und die Selbstmitteilung. Dies wiederum führt zu intensiven zwischenmenschlichen Beziehungen. Die Beteiligten fühlen sich angenommen, unterstützt und zugehörig. Sie gehen füreinander und für die Gruppe Verpflichtungen ein und wissen, daß sie für ihr Verhalten zur Rechenschaft gezogen werden.

Beschäftigtsein und Engagement erweisen sich manchmal als die beste Therapie. Dennoch leiden viele unter uns an etwas, was man als das *Goldrauschsyndrom* bezeichnet hat. War ein Goldsucher vom Goldfieber gepackt, war er nicht mehr bereit, einem in Not Geratenen zu Hilfe zu kommen, weil er dadurch Zeit verloren hätte — mit dem Ergebnis, ein anderer — vielleicht sogar der, dem er geholfen hatte — könnte ihm beim Abstecken des besten Claims zuvorkommen. Diese Haltung führte natürlich zu einem äußerst individualistischen, ichbezogenen, zurückgezogenen Lebensstil. Wie die Männer, die im biblischen Gleichnis vom barmherzigen Samariter an dem Verwundeten vorübergingen, eilen wir, vertieft in unsere eigene kleine Welt, durchs Leben und schleppen dabei womöglich unnötige Lasten mit uns herum. Wir wollen unser Glück gewissermaßen erzwingen und merken nicht, daß selbstloses Helfen für den Helfenden selbst das beste Therapeutikum sein kann. Anderen zu helfen ist sicher nicht der einzige Weg, eigene Probleme zu bewältigen. Dennoch gilt: Wer einem anderen Beistand leistet, hat oft noch mehr davon als der, dem er seine Fürsorge zuwendet.

Einen Berater aufsuchen

Eine der besten Möglichkeiten der Selbsthilfe besteht sicherlich darin, jemanden aufzusuchen, der uns zu helfen vermag, das Leben mit anderen Augen zu betrachten und unsere Probleme zu bewältigen. Dennoch tun dies viele äußerst ungern. Wir meinen, dadurch Schwäche zu zeigen und einzugestehen, daß wir nicht in der Lage seien, mit unseren eigenen Problemen fertig zu werden. Die Wirklichkeit sieht jedoch anders aus. Wer seine Schwäche zugibt und einen Berater aufsucht, der zeigt seine wahre Stärke (2. Korinther 12,10). Er macht deutlich, daß er dem Problem ins Auge geschaut hat und entschlossen ist, eine Person zu finden, die ihm mit ihrem Fachwissen und ihrem objektiven Standpunkt ebenso gern zur Seite steht, wie er selbst dieser Person unter den gleichen Umständen behilflich wäre.

Es fällt uns nie leicht, die Hilfe eines anderen in Anspruch zu nehmen. Wir fühlen uns dabei schwach oder unterlegen, und die ganze Prozedur scheint im Widerspruch zu stehen zu dem krassen Individualismus, der uns soviel bedeutet. In Wirklichkeit aber sind wir alle schwach und aufeinander angewiesen. Einen Berater oder Seelsorger aufzusuchen ist auf jeden Fall sinnvoller, als mit einer Jammermiene herumzulaufen und vergebens gegen eine Situation anzukämpfen, die man selbst weder völlig versteht noch vollständig in den Griff bekommt. Geistliche Reife setzt die Bereitschaft voraus, sich von einem Mitchristen oder Berater helfen zu lassen.

Schlußwort

Lassen Sie uns — ob wir uns selbst oder anderen zu helfen bemüht sind — niemals das Ziel aus dem Auge verlieren. Dem Missionsbefehl zufolge sind wir als Christen verpflichtet, anderen das Evangelium zu bezeugen und Jünger für Jesus zu gewinnen. Als Bevollmächtigte von Christus sollen wir seine Werkzeuge sein, um Menschenleben zu verändern.

Diese Veränderung fängt bei uns selbst an. Sind Sie wirklich ein Nachfolger Jesu? Nehmen Sie in der Jüngerschaft zu? Erreichen Sie andere mit der Botschaft des Evangeliums? Sind Sie anderen Mitgliedern des Leibes Christi bei ihrem Bemühen um geistliche Reife behilflich? Tragen Sie zur Ausbildung anderer (auch der eigenen Familienmitglieder) bei, so daß diese ihrerseits als Jünger leben und andere für die Jüngerschaft gewinnen? Wenn Sie eine oder mehrere dieser Fragen mit Nein beantworten, dann müssen Sie Veränderungen an Ihrem Leben vornehmen. Haben Sie aber auf alle Fragen mit Ja geantwortet, dann sind Sie bereits ein Seelsorger, ob Sie es merken oder nicht.

Anmerkungen

[1] Gerald M. Rosen, „Self-Help or Hype? Comments on Psychology's Failure to Advance Self-Care", in: Professional Psychology: Research and Practice 24 (August 1993), S. 340–345. Einen Teil des Materials in diesem Abschnitt habe ich mit leichten Veränderungen aus Rosens Artikel übernommen.

[2] Gerald M. Rosen, Don't Be Afraid. Englewood Cliffs: Prentice Hall, 1976.

[3] Zitiert nach Albert Ellis, „The Advantages and Disadvantages of Self-Help Therapy Materials", in: Professional Psychology: Research and Practice 24 (August 1993), S. 335–339.

[4] M. Atwater und D. Smith, „Christian Therapists' Utilization of Bibliotherapeutic Resources", in: Journal of Psychology and Theology 10 (1982), S. 230–235.

Vertiefende Fragen zum persönlichen Nachdenken und für das Gruppengespräch

Kapitel 1: Das Anliegen der Seelsorge

1. Weshalb möchten Sie Seelsorger sein? Zählen Sie auf einem Blatt Papier ehrlich Ihre Gründe auf – antworten Sie nicht so, wie man es Ihrer Meinung nach von Ihnen erwartet. Besprechen Sie einige Ihrer Antworten mit der Gruppe.

2. Helfendes Handeln wird öfter in der Bibel erwähnt. Lesen Sie folgende Bibelstellen durch, in denen von der Hilfe Gottes die Rede ist, und denken Sie darüber nach, wie Gott Menschen hilft: Psalm 46,2; Sprüche 3,5 f.; Jesaja 40,31; Philipper 4,19; Hebräer 4,16; 13,6. Lesen Sie dann folgende Bibelstellen, und machen Sie sich Notizen darüber, wie Gott Menschen gebraucht, um anderen zu helfen: Matthäus 10,8; Römer 12,15.20; Galater 6,2; 1. Johannes 3,17.

3. „Anderen zu helfen, ist unser aller Aufgabe." Was halten Sie von dieser Aussage des Verfassers? Inwiefern rechtfertigt die Bibel diesen Standpunkt? (Ziehen Sie folgende Bibelstellen zu Rate: Matthäus 10,8; Römer 12,15.20; Galater 6,2; 1. Johannes 3,17.)

4. Wenn es eine Grundvoraussetzung biblischer Seelsorge ist, ein echter Jünger Jesu Christi zu sein, müssen wir uns unbedingt mit dem eigenen geistlichen Wachstum und mit unserer Verbindlichkeit in der Nachfolge befassen, ehe wir versuchen, unseren Mitmenschen seelsorgerlichen Beistand zu gewähren. Wie wirkt sich Ihre derzeitige Beziehung zu Jesus auf Ihre Wertvorstellungen, Perspektiven, Prioritäten und Lebensziele aus? Erkennen Sie hier Hand-

lungsbedarf? Wie wollen Sie vorgehen, um bei sich selbst positive Veränderungen herbeizuführen? Teilen Sie der Gruppe einige Ihrer Gedanken mit.

5. Der Verfasser zählt drei wichtige Merkmale eines Jüngers auf: Gehorsam, Liebe und Fruchtbarkeit. Angenommen, Jesus würde sich als Seelsorger mit Ihnen zusammensetzen — was hätte er Ihnen über diese drei Bereiche Ihres Lebens zu sagen?

6. Die Nachfolge Jesu hat ihren Preis. Mit welchen Kosten, das heißt Opfern, rechnen Sie, wenn Sie sich entschließen, Jesus ernsthaft nachzufolgen und Ihren Mitmenschen bei der Bewältigung ihrer inneren Kämpfe seelsorgerisch beizustehen? Besprechen Sie Ihre Antwort mit der Gruppe.

7. Stellen Sie sich vor, Sie selbst wären ein Hilfesuchender. Wie möchten Sie behandelt werden? Welche Erwartungen setzen Sie in ein Treffen mit Ihrem Seelsorger?

Kapitel 2: Grundlagen der Seelsorge

1. Wenn es eine Grundvoraussetzung biblischer Seelsorge ist, ein echter Jünger Jesu Christi zu sein, muß ein angehender Seelsorger zunächst das eigene Leben unter die Lupe nehmen. Haben Sie Jesus Christus als Ihren persönlichen Herrn und Heiland aufgenommen (Johannes 3,16; Römer 10,9)? Liegt Ihnen daran, sich von der Sünde abzukehren? Sind Sie bereit, Ihre Sünden zu beichten (1. Johannes 1,9; 2,1)? Nehmen Sie sich regelmäßig Zeit für die Lektüre der Bibel, für das Gebet und für die gemeinsame Anbetung und die Gemeinschaft mit anderen Christen (1. Thessalonicher 5,17; 2. Timotheus 3,14 ff.; Hebräer 10,25)? Falls Sie eine dieser Fragen mit Nein beantworten mußten — wie haben Sie vor, sich zu ändern?

2. Das erste seelsorgerliche Prinzip besagt, daß Persönlichkeit, Wertvorstellungen, Einstellung und Glaubensgrundsätze des Seelsorgers eine zentrale Rolle spielen. Welche persönlichen Fragen bewegen Sie im Augenblick? Womit haben Sie gegenwärtig zu kämpfen? Beantworten Sie diese Fragen schriftlich. Seien Sie dabei grundehrlich — Gott kennt bereits Ihr Herz!

3. Sehen Sie sich Ihre Antworten auf Frage Nummer 2 noch einmal an. Welche inneren Kämpfe wären Sie bereit zu führen, einem anderen

Gruppenmitglied bei einem seelsorgerlichen Rollenspiel mitzuteilen? Führen Sie jetzt zu zweit ein solches Rollenspiel durch. Einer von Ihnen sollte die Rolle des Seelsorgers übernehmen, der andere die Rolle des Hilfesuchenden. Tauschen Sie hinterher die Rollen. Besprechen Sie dann das Ganze mit Ihrem Partner. Welche Aspekte des Rollenspiels waren hilfreich und welche nicht? Was hätte man anders machen können?

4. Kann man Ihrer Meinung nach als Seelsorger Anteilnahme, Herzlichkeit und Aufrichtigkeit erlernen? Benoten Sie Ihre eigene Leistung auf diesen drei Gebieten (Noten von 1 bis 6). Welche praktischen Maßnahmen könnten Sie ergreifen, um Ihre Noten zu verbessern? Besprechen Sie Ihre Antwort mit der Gruppe.

5. Das zweite seelsorgerische Prinzip besagt: Die Einstellung, die Motivation, die Erwartungen und das Verlangen des Hilfesuchenden nach Beistand spielen eine entscheidende Rolle. Wie würden Sie darangehen, einen Hilfesuchenden zu motivieren, der nicht mehr mit Veränderungen rechnet oder einer seelsorgerischen Beratung skeptisch gegenübersteht?

6. Das dritte seelsorgerische Prinzip besagt, daß die helfende Beziehung zwischen dem Seelsorger und dem Hilfesuchenden von größter Tragweite ist. Wie können wir daran arbeiten, mit Hilfesuchenden in Rapport zu treten? Wie würde sich Ihr Verhalten einem Jugendlichen gegenüber, der Kämpfe mit seiner Sexualität durchzustehen hat, vom Umgang mit einem bettlägerigen Patienten in einem Pflegeheim unterscheiden?

7. Wie reagieren Sie auf die Behauptung des Verfassers, Gedanken, Gefühle und Verhalten müßten in einer helfenden Beziehung gleichermaßen berücksichtigt werden? In welchem dieser Bereiche fühlen Sie sich wohl? In welchem fühlen Sie sich eher unwohl? Welche Maßnahmen könnten Sie ergreifen, damit Sie sich künftig in diesem Bereich wohler fühlen?

Kapitel 3: Seelsorgetechniken

1. Was hatte Jesus über seelsorgerliches Handeln zu sagen? Sehen Sie sich folgende Beispiele an, und zählen Sie einige Schlußfolgerungen auf: Markus 10,13-29; Lukas 10,25-37; 24,13-35; Johannes 8,2-11. Fallen Ihnen weitere Beispiele ein?

2. Um sich die Bedeutung seelsorgerischer Fertigkeiten einzuprägen,

sollten Sie sich mit jemandem aus der Gruppe zusammentun. Während einer von Ihnen über etwas spricht, was ihn persönlich interessiert, sollte der andere sich Mühe geben, sämtliche Regeln aufmerksamen Zuhörens zu mißachten. Tauschen Sie nach ein paar Minuten die Rollen. Sprechen Sie zum Schluß miteinander darüber, was Sie bei dem Versuch empfanden, sich einem völlig unaufmerksamen Partner mitzuteilen. Wie würde sich mangelnde Aufmerksamkeit Ihrerseits auf einen Hilfesuchenden auswirken, der Sie um Ihren seelsorgerlichen Beistand gebeten hat?

3. Seelsorger können Hilfesuchenden dadurch ihr Interesse zeigen, daß sie ihnen grundsätzlich Anteilnahme entgegenbringen. In Jakobus 1,19 wird besonderen Wert auf das Zuhören gelegt. Unter welchen Umständen und weshalb empfinden Sie Zuhören als schwierig? Was könnten Sie unternehmen, um bei sich die Fähigkeit aufmerksamen Zuhörens zu entwickeln? Was empfinden Sie selbst, wenn jemand Ihnen intensiv zuhört?

4. Um das Zuhören in allen drei Bereichen (Gedanken, Gefühle, Verhalten) einzuüben, bilden Sie Dreiergruppen. Spielen Sie eine typische Situation aus der Seelsorge nach (z. B. eine Mutter mit einem verhaltensgestörten Kind; ein Vater, der Schwierigkeiten am Arbeitsplatz hat, usw.). Einer von Ihnen sollte die Rolle des Hilfesuchenden übernehmen, ein anderer die des Seelsorgers, und einer sollte den Beobachter spielen. Setzen Sie Anteilnahme und seelsorgerische Fertigkeiten ein, um Ihr Verständnis für den Hilfesuchenden auf allen drei Ebenen zu verdeutlichen. Räumen Sie dem Beobachter und dem Hilfesuchenden nach fünf Minuten die Möglichkeit ein, dem Seelsorger Rückmeldung über seine Leistung zu geben. Tauschen Sie dann die Rollen, und wiederholen Sie das Ganze.

5. Beurteilen Sie Ihre zwischenmenschlichen Beziehungen. Sind Sie schnell dabei, andere zu konfrontieren, oder halten Sie sich eher zurück? Mit welcher Haltung sollten wir in eine Konfrontation gehen (siehe Matthäus 7,1; Galater 6,1)? Wenn Sie zu schnellen Konfrontationen neigen, fragen Sie sich, welche Maßnahmen Sie ergreifen können, um sanftmütiger zu werden. Fallen Ihnen Konfrontationen schwer, fragen Sie sich, was Sie unternehmen könnten, um selbstbewußter zu werden.

6. Welche Beziehung besteht zwischen Seelsorge und Jüngerschaft? Welche Bedeutung hat der Prozeß des Zu-Jüngern-Machens für die Seelsorge? Wie wirkt sich die Antwort auf diese Frage auf Ihre seelsorgerliche Praxis aus?

Kapitel 4: Das Seelsorgeverfahren

1. Kennen Sie biblische Beispiele für die Beziehung zwischen Mentor und Schützling? Welche Merkmale weisen solche Beziehungen auf? Inwiefern läßt sich die Antwort auf diese Frage auf Ihr Leben anwenden? Sehen Sie sich das erste Kapitel des Buches Ruth näher an. Lesen Sie 2. Timotheus 2,2, und denken Sie über die Beziehung zwischen Paulus und Timotheus nach (siehe ferner 1. Korinther 4,17; Philipper 2,22; 1. Timotheus 1,18; 2. Timotheus 1,1-14).

2. Effektives Zuhören bedarf, wie das Spielen auf einem Musikinstrument, der Übung. Bilden Sie Dreiergruppen (Seelsorger, Hilfesuchender, Beobachter), und spielen Sie eine Situation aus der Seelsorge nach. Denken Sie als Seelsorger daran, nicht über das hinauszugehen, was der Hilfesuchende wirklich sagt. Geben Sie Gedanken, Gefühle und Verhalten des Hilfesuchenden mit eigenen Worten einfach wieder.

3. Diskutieren Sie miteinander folgende Aussage des Verfassers: „Um ein Problem lösen zu können, bedarf es zumeist über einen längeren Zeitraum hinweg des Zuhörens, des Verständnisses und einer gründlichen Untersuchung des Problems." Welchen Gefahren unterliegen wir, wenn wir zu schnell Ratschläge erteilen oder einen Hilfesuchenden zum Handeln drängen? Denken Sie über Ihre bisherigen seelsorgerischen Beziehungen nach, um festzustellen, ob Sie auf der Suche nach Lösungen zu schnell oder zu langsam vorgehen. Welche praktischen Maßnahmen könnten Sie ergreifen, um Ihr Tempo bei der Lösungssuche zu drosseln (bzw. zu erhöhen)?

4. Zum dritten Schritt des hier erläuterten Modells gehört die Erörterung verschiedener Alternativvorschläge, mit deren Hilfe es zu Veränderungen im Leben des Hilfesuchenden kommen kann. Lassen Sie sich als Gruppe im Brainstorming-Verfahren mögliche Handlungsstrategien für Hilfesuchende in schwierigen Situationen einfallen (z. B. Student, dem Verabredungen mit Frauen Schwierigkeiten bereiten; alleinerziehende Mutter, die den Ansprüchen ihrer Arbeitsstelle wie auch denen ihrer Kinder gerecht werden möchte; Mann, dem seine Pornographiesucht zu schaffen macht). Seien Sie dabei realistisch und kreativ!

5. Bilden Sie Dreiergruppen, und wählen Sie eine der Problemsituationen aus, die Sie unter 4. besprochen haben. Formulieren Sie gemeinsam den besten Aktionsplan. Es wäre wichtig, den Plan möglichst eingehend zu erörtern. Arbeiten Sie gemeinsam an einigen Vorschlägen zur Umsetzung des Planes im täglichen Leben des Hilfesuchenden.

Wie können Sie als Seelsorger den Hilfesuchenden motivieren, den gemeinsam erarbeiteten Plan konsequent durchzuhalten?

6. Die Not der Welt um uns herum ist erschreckend groß, doch können wir diese Not nur lindern, indem wir uns einzelnen Personen einer nach der anderen zuwenden. Denken Sie über die Personen nach, mit denen Sie es zur Zeit zu tun haben. Befindet sich jemand darunter, der Ihre Hilfe oder Zuwendung nötig hätte? Ist jemand dabei, dem Sie als Mentor dienen könnten? Lassen Sie sich im Brainstorming-Verfahren Strategien einfallen, wie Sie dieser Person helfen könnten (dritter Schritt), und formulieren Sie einen detaillierten Plan (fünfter Schritt), Ihre Strategien umzusetzen. Nehmen Sie diesen Plan zum Anlaß, sich in das Abenteuer der Seelsorge zu stürzen!

Kapitel 5: Seelsorge durch Nichtfachleute

1. Die Bibel enthält viele Bezugnahmen auf das gegenseitige Helfen der Brüder und Schwestern in Christus. Suchen Sie folgende Stellen nach praktischen Richtlinien für Seelsorge im Rahmen der Freundschaft ab: Sacharja 7,9; Matthäus 18,15; Lukas 17,3 f.; Römer 14,10-13; 1. Korinther 8,9-13; Galater 6,1; Jakobus 1,19; 2,1-5; 5,19 f.; 1. Johannes 2,9 f. Inwiefern müssen wir nach Galater 1,10 unsere Hilfe für Mitchristen einschränken?

2. Üben Sie das effektive Zuhören mit einem weiteren Rollenspiel ein. Arbeiten Sie in Dreiergruppen (Seelsorger, Hilfesuchender, Beobachter) weiter daran, Gedanken, Gefühle und Verhaltensweisen wahrzunehmen. Nehmen Sie sich nach Abschluß des Rollenspiels unbedingt Zeit für Rückmeldungen des Hilfesuchenden und des Beobachters. Bitten Sie sie, positive wie negative Aspekte Ihres Verhaltens zu kommentieren. Wenn möglich, tauschen Sie untereinander die Rollen und wiederholen Sie diese Übung.

3. Haben Sie nach Ihrem eigenen Empfinden die Gabe der Seelsorge? Wie stellt man im einzelnen fest, ob diese Gabe einem Christen verliehen ist oder nicht? Kann jemand auch dann Seelsorger sein, wenn er sich auf diesem Gebiet nicht besonders begabt vorkommt?

4. Richard Foster zufolge sind Geld, Sex und Macht drei Widerhaken, die uns leicht in der Falle der Sünde festhalten. Bilden Sie Dreiergruppen, und sprechen Sie darüber, welche Gefahren Sie persönlich sorgfältig meiden müssen. (Beispiele wären übermäßige Neugierde, sexuelle Stimulierung, Vertrauensbrüche und die Überbetonung geistlicher

Themen.) Welche praktischen Maßnahmen können Sie ergreifen, um derartige Probleme künftig zu verhindern?

5. In Tabelle 5-1 zählt der Verfasser acht Kriterien für die Auswahl von Laienseelsorgern auf. Benoten Sie sich selbst (von 1 bis 6) im Hinblick auf die vom Verfasser aufgezählten Eigenschaften. Inwiefern sind Sie Ihrer eigenen Auswertung zufolge als Laienseelsorger geeignet? Was könnten Sie tun, um Ihre Leistung in den Bereichen, für die Sie sich eine eher schlechte Note erteilt haben, zu verbessern? Sprechen Sie darüber – sofern Sie sich dabei wohl fühlen – mit anderen Mitgliedern der Gruppe.

Kapitel 6: Seelsorge in Streßsituationen

1. Lesen Sie Kolosser 3,1-17. Was wird uns in diesem Schriftabschnitt mitgeteilt über das Gedankenleben (Vers 2), Unzucht und Habgier (Verse 5-7), Zorn, Kritiksucht und das Lügen (Verse 8-10), Erbarmen, Geduld, Vergebungsbereitschaft, Liebe und Frieden (Verse 12-15), Bibelstudium und Anbetung (Vers 15) und das Leben im Alltag (Vers 17)? Inwiefern hilft Ihnen Kolosser 3,1-17, mit Streßsituationen fertig zu werden? Welche hilfreichen Aussagen finden sich in Philipper 4,4-9? Bemühen Sie sich um möglichst konkrete Antworten.

2. Bilden Sie wieder Dreiergruppen. Der Hilfesuchende sollte über die Auswirkungen des Stresses in seinem Leben sprechen. Setzen Sie aktives Zuhören und Einfühlungsvermögen ein, um auf die positiven wie negativen Äußerungen des Hilfesuchenden recht zu reagieren. Tauschen Sie, nachdem der Beobachter Rückmeldung gegeben hat, die Rollen.

3. Streß ist ein nicht mehr wegzudenkender Faktor unseres heutigen Lebensstils. Inwiefern kann es uns zu besseren Seelsorgern machen, wenn wir über die Ursachen des Stresses informiert sind und wissen, wie man am besten darauf reagiert?

4. Bilden Sie Vierergruppen, und besprechen Sie folgende Situation. Ein Mittdreißiger sucht Sie auf und bittet Sie um Ihren seelsorgerlichen Beistand. Er ist Vater zweier Kinder (8 bzw. 5 Jahre); seine Ehefrau ist vor einem Jahr bei einem Verkehrsunfall ums Leben gekommen. Unter welchen Arten von Streß wird er aller Wahrscheinlichkeit nach leiden? Was könnten Sie als Seelsorger tun oder sagen, um ihm bei der Bewältigung dieser Streßsituation behilflich zu sein?

5. Denken Sie über die Gruppe von Menschen nach, mit der Sie aller

Wahrscheinlichkeit nach als Seelsorger arbeiten werden. Mit welchen einzigartigen Streßsituationen sehen sich diese Menschen konfrontiert? Welche Maßnahmen könnten Sie ergreifen, um ihnen bei der Bewältigung dieser Streßsituationen zu helfen?

6. Ermutigung ist ein kraftvolles Werkzeug, mit dem wir Menschen aufmuntern können, die das Leben als Last empfinden. Besprechen Sie in der Gruppe praktische Möglichkeiten, andere zu ermutigen. Inwiefern können ermutigend klingende Klischees entgegengesetzt wirken (z. B.: „Vertrauen Sie nur auf Jesus!" oder: „Halten Sie an im Gebet!")?

7. Tun Sie diese Woche eine „willkürliche Tat sinnloser Freundlichkeit". Teilen Sie der Gruppe beim nächsten Treffen mit, was Sie getan haben und wie es sich ausgewirkt hat.

Kapitel 7: Seelsorge in Lebenskrisen

1. Die Bibel erwähnt eine ganze Anzahl von Krisensituationen, darunter die Flucht Moses und der Israeliten vor dem Heer des Pharao, den Aufenthalt Jonas im Bauch des großen Fisches und die Erfahrung Daniels in der Löwengrube. In 2. Korinther 11,23-28 werden einige Krisensituationen aufgezählt, die der Apostel Paulus zu durchleiden hatte. In Johannes 11,1-44 ist von einer weiteren Krise die Rede. Wir können niemanden von den Toten auferwecken; dennoch können wir aus diesem Abschnitt einiges über die Seelsorge in Lebenskrisen lernen. Was?

2. Bilden Sie Dreiergruppen (Seelsorger, Hilfesuchender, Beobachter), und spielen Sie eine Krisensituation nach (z. B. Mann oder Frau kurz nach dem plötzlichen Verlust des Ehepartners; unerwarteter Verlust der Arbeitsstelle). Setzen Sie die grundlegenden Fertigkeiten des aktiven Zuhörens und der Anteilnahme ein; beachten Sie gleichzeitig die einzigartigen Merkmale der Seelsorge in Lebenskrisen.

3. Der Verfasser unterscheidet zwischen entwicklungsbedingten und unerwarteten Lebenskrisen. Wie würde sich Ihr Verhalten bei der seelsorgerlichen Betreuung von Menschen in diesen beiden Kategorien unterscheiden? Und inwiefern würden Sie sich in beiden Fällen ähnlich verhalten?

4. Denken Sie an eine persönliche Krise in Ihrem eigenen Leben. Wer hat Ihnen hilfreich zur Seite gestanden, und wie? Welche Verhaltensweisen Ihrer Familie oder Ihrer Freunde waren eher hinderlich? Was hätte man sonst für Sie tun können?

5. Ein Krisenerlebnis kann starke Emotionen erzeugen. Fühlen Sie sich wohl, wenn jemand in Ihrer Gegenwart heftigen Zorn, Trauer, Verzweiflung usw. äußert?
6. Das Helfen in Lebenskrisen erfordert ein außergewöhnliches Maß an direktivem wie praktischem Helfen. Stellen Sie eine Liste der Lebenskrisen zusammen, von denen die Mitglieder Ihrer Kirchengemeinde betroffen werden könnten. Welche praktische Hilfestellung könnten Sie als Seelsorger dem jeweils Betroffenen leisten?
7. Denken Sie über Ihren Bekanntenkreis nach. Durchlebt einer Ihrer Bekannten gerade eine entwicklungsbedingte oder Lebenskrise? Wie könnten Sie dieser Person helfend zur Seite stehen? Nehmen Sie sich vor, noch in dieser Woche etwas für den von der Krise Betroffenen zu tun.

Kapitel 8: Seelsorge an Suizidgefährdeten

1. Im Alten Testament erlebte Hiob eine Krise nach der anderen. (Lesen Sie die ersten beiden Kapitel des Buches Hiob.) Es gibt keinen Hinweis darauf, daß Hiob jemals einen Selbstmord in Erwägung zog, aber wir wissen, daß er den Sinn seines Lebens in Frage stellte. Wie haben Hiobs drei Freunde, nachzulesen in den letzten drei Versen von Hiob 2, zu helfen versucht? Später haben sie in der Seelsorge völlig versagt. Lesen Sie folgende Verse, und stellen Sie fest, wie Hiob reagierte und Gott darauf einging: Hiob 19,1-3; 32,3; 42,7. Was lernen Sie daraus über die Seelsorge an tiefverletzten Menschen?
2. Der Gedanke, einem Selbstmordgefährdeten zu helfen, kann auf einen Anfänger in der Seelsorge abschreckend wirken. Besprechen Sie in der Gruppe Ihre Befürchtungen für den Fall, daß jemand Ihnen seine Selbstmordabsichten mitteilt.
3. Bilden Sie Dreiergruppen, und spielen Sie eine Situation nach, in der der Hilfesuchende selbstmordgefährdet ist. Auf welche Hinweise muß man sorgfältig achten? Woran kann man einschätzen, wie ernst die Selbstmordabsichten des Hilfesuchenden sind?
4. Laienseelsorger, die es mit einem selbstmordgefährdeten Hilfesuchenden zu tun bekommen, treffen oft die kluge Entscheidung, den Hilfesuchenden an einen fachlich geschulten Berater weiterzuleiten. Welche Berater stehen Ihnen in Ihrer Stadt oder Ihrem Landkreis zur Verfügung? Welche Maßnahmen würden Sie in einem Überweisungsfall ergreifen?

5. Selbsterkenntnis gehört zu den unverzichtbaren Eigenschaften eines Seelsorgers. Welche Symptome oder Probleme im Leben eines Hilfesuchenden würden Ihnen ein ungutes Gefühl bereiten bzw. Sie veranlassen, den Hilfesuchenden zu überweisen? Welche Probleme sollten im allgemeinen immer als Überweisungsfälle eingestuft werden?
6. Besprechen Sie gemeinsam, wie Sie vorgehen würden, wenn ein selbstmordgefährdeter Hilfesuchender eine Überweisung ablehnt. Welche Möglichkeiten stünden Ihnen in einer Kleinstadt oder auf dem Dorf offen, wo professionelle Lebensberater selten sind?
7. Wie würden Sie auf die Einwände eines Geistlichen eingehen, der die Ansicht vertritt, wir dürften einen christusgläubigen Hilfesuchenden niemals an einen professionellen Lebensberater überweisen?
8. Eine Frau aus Ihrer Kirchengemeinde kommt zu Ihnen und vertraut Ihnen an: „Heute nacht ist mir die Jungfrau Maria wieder erschienen. Sie sagt mir immer wieder, ich solle mich von meinem Mann scheiden lassen." Was unternehmen Sie?

Kapitel 9: Seelsorge am Telefon

1. Aus verständlichen Gründen findet telefonische Seelsorge in der Bibel keine Erwähnung. Dennoch gibt es in der Bibel zahlreiche Beispiele dafür, wie Menschen aus der Ferne geholfen werden konnte. Die besten Beispiele finden wir in den neutestamentlichen Briefen, doch sollten Sie vorerst nur Matthäus 11,1-5 aufschlagen. Wer bedurfte hier der Hilfe? Welches Problem hatte die Person? Wie hat Jesus geholfen? Was können wir aus dieser Geschichte lernen?
2. Nennen Sie einige der einzigartigen Schwierigkeiten, denen wir uns in der Telefonseelsorge gegenübersehen. Wie können wir diese Hindernisse am besten überwinden?
3. Bilden Sie Zweiergruppen. Setzen Sie sich Rücken an Rücken, damit Sie einander nicht sehen können, und spielen Sie eine Krisensituation nach, in der Sie am Telefon um Ihren Beistand gebeten werden. Inwiefern reagieren Sie anders, wenn Sie auf nichtverbale Hinweise des Hilfesuchenden verzichten müssen? Welche Fertigkeiten und Techniken sind in dieser Situation besonders wichtig?
4. Sehen Sie sich noch einmal den Abschnitt „Spiele der Seelsorger" an. Auf welche dieser Spiele lassen Sie sich mehr oder minder regelmäßig ein? Welche Maßnahmen könnten Sie ergreifen, um derartige Spiele zu unterbinden?

5. Welche telefonischen Dienste stehen den Menschen in Ihrer Stadt oder Ihrem Landkreis zur Verfügung? Stellen Sie eine Liste zusammen, und bewahren Sie sie zur späteren Verwendung auf.
6. Nehmen wir an, ein Bekannter ruft an, und Sie stellen anhand seiner Stimme fest, daß er recht bekümmert sein muß. Das Gespräch bleibt dennoch oberflächlich — es dreht sich alles um das Wetter oder um den Sport. Auf Ihre Frage, ob irgend etwas nicht in Ordnung sei, antwortet der Anrufer: „Ach, es ist nicht der Rede wert." Darauf folgt ein peinliches Schweigen. Wie reagieren Sie?
7. Bilden Sie wieder Zweiergruppen. Denken Sie einen Augenblick über jemanden aus Ihrem Bekanntenkreis nach, dem ein Wort der Ermutigung am Telefon guttun würde. Kommen Sie mit Ihrem Partner überein, diese Person noch in dieser Woche anzurufen.

Kapitel 10: Seelsorge in Kirche und Gemeinde

1. Der Epheserbrief macht unter anderem deutlich, welchen Beitrag die Gemeinde — der Leib Christi — zum Prozeß der Seelsorge zu leisten vermag. Lesen Sie bitte Epheser 4; dann stellen Sie drei Listen zusammen. Zählen Sie als erstes die Charaktereigenschaften von Seelsorgern im Leib Christi auf (siehe Verse 2.3.26.32). Zählen Sie als nächstes die Aktivitäten von Seelsorgern im Leib Christi auf (siehe beispielsweise Epheser 4,12.15.22-26.28-32). Zählen Sie als letztes einige Ziele von Seelsorgern im Leib Christi auf (siehe Verse 13-14.28). Welcher Bezug läßt sich zu Ihrer eigenen Seelsorgetätigkeit herstellen?
2. Welche Vorteile hat Seelsorge im Rahmen der lokalen Kirchengemeinde? Und welche Nachteile?
3. Besprechen Sie in der Gruppe Vor- und Nachteile der Gruppenseelsorge. Inwieweit haben Gruppen einen positiven Einfluß auf Ihr Leben ausgeübt?
4. Es ist Aufgabe der Kirche, eine helfende, heilende Gemeinschaft zu bilden. Inwiefern kommt sie — Ihres Erachtens — dieser Aufgabe nach? Welche konstruktiven Vorschläge hätten Sie, die Kirche zu einer fürsorglicheren Gemeinschaft zu machen?
5. Bilden Sie Vierergruppen. Sprechen Sie miteinander darüber, welche Menschen zu lieben Ihrer Kirchengemeinde schwerfällt. Wie können Sie diesbezüglich einen Wandel einleiten? Vergessen Sie nicht, sich weiterhin des aktiven Zuhörens und des Einfühlungsver-

mögens zu bedienen, wenn andere Gruppenmitglieder sprechen oder Sie auf deren Äußerungen eingehen.

6. Ein Ehepaar aus Ihrer Kirchengemeinde, das in finanziellen Nöten steckt, bekommt ein Baby, das am Down-Syndrom leidet. Wie könnten die ganze Gemeinde bzw. einzelne Gemeindemitglieder diesem Ehepaar helfen und es unterstützen?

7. Menschen trotz eines unguten Verhaltens zu lieben und anzunehmen, gehört zu den Grundbausteinen helfender Seelsorge. Wie nehmen Sie Menschen an, die in der Sünde gefangen und vom Satan verblendet worden sind? Welche Veränderungen könnten Sie an sich selbst sowie an Ihrer Kirchengemeinde vornehmen, um eine bessere Einstellung anderen gegenüber zu fördern?

8. Bilden Sie Vierergruppen, und denken Sie an notleidende Menschen aus Ihrem Bekanntenkreis. Wie könnten Sie und Ihre Kirchengemeinde diesen Menschen konkret helfen? Verpflichten Sie sich, noch diese Woche zu handeln!

Kapitel 11: Vorbeugende Seelsorge

1. Zu den wichtigsten Aufgaben eines Seelsorgers gehört, Probleme möglichst zu verhindern, ehe sie aufkommen. Die Bibel enthält viele Beispiele für vorbeugende Seelsorge. Besprechen Sie miteinander die Prinzipien der Vorbeugung, die Sie in folgenden Bibelversen entdecken: 1. Mose 2,17; 1. Könige 19,1-8; Psalm 55,23; 119,9 ff.; Sprüche 3,5 f.; Römer 12,1 f.; 2. Timotheus 2,15; Jakobus 1,19; 1. Johannes 1,9.

2. Spielen Sie zu zweit eine vorbeugende Seelsorgesitzung nach. Mögliche Themen: Traugespräch; Beratung eines jungen Erwachsenen, der demnächst sein Studium aufnehmen wird; Mutter, die ihr erstes Kind erwartet, usw.

3. Inwiefern beteiligt sich Ihre Kirchengemeinde an vorbeugender Seelsorge? Hätten Sie Vorschläge, wie dieser Dienst effektiver gestaltet werden könnte? Ließen sich diese Vorschläge mit Ihrer Hilfe verwirklichen?

4. Aus welchen Teilaspekten setzt sich dem Verfasser zufolge effektive Jüngerschaft zusammen? Haben Sie einen Bekannten, dem Sie in dieser Hinsicht behilflich sein könnten?

5. „Gleich getan ist viel gespart." Wie kann man dieses alte Sprichwort auf die vorbeugende Seelsorge beziehen? Welche Maßnahmen sollten Sie selbst ergreifen, um spätere Schwierigkeiten in Ihrem Leben zu

verhindern? Wenn Sie sich dabei wohl fühlen, könnten Sie Ihre Gedanken jemandem aus der Gruppe mitteilen, der Sie in Zukunft für Ihr Verhalten zur Rechenschaft ziehen wird.

Kapitel 12: Selbsthilfe für Seelsorger

1. Die Bibel macht deutlich, daß wir oft selbst dafür verantwortlich sind, uns mit Problemen in unserem Leben auseinanderzusetzen und gegen sie anzugehen. Epheser 5 nennt einige Richtlinien für die Selbsthilfe, aber auch für die Vorbeugung. Lesen Sie Epheser 5,2-21. Was bedeutet es jeweils, in Liebe (Vers 2; siehe ferner Verse 25.28), in Reinheit (Verse 3-7), im Licht (Verse 8-14), in der Weisheit (Verse 15-17) und im Geist zu leben (Verse 18-21)? Welcher Bezug besteht hier zur Seelsorge und zur Selbsthilfe? Besprechen Sie Ihre Antworten in der Gruppe.

2. Selbsthilfe beginnt mit einer ehrlichen Selbsteinschätzung: Wer bin ich? In welchen Bereichen meines Lebens muß ich noch wachsen? Nehmen Sie sich Zeit, um über Ihre eigenen geistlichen, emotionalen, intellektuellen und physischen Stärken und Schwächen nachzudenken und sie anschließend zu Papier zu bringen.

3. Bilden Sie Vierergruppen, und teilen Sie den anderen Gruppenmitgliedern einiges von dem mit, was Sie unter 2. aufgeschrieben haben. Bitten Sie die anderen um Rückmeldung: Wie sieht die Gruppe Ihre Stärken und Schwächen?

4. Dem Verfasser zufolge ist ein Wandel im Geist wesentlicher Bestandteil sowohl der Selbsthilfe als auch des Reifeprozesses. Wie aber sieht ein Wandel im Geist praktisch aus? Und mit welchen Folgen dürfen wir rechnen, wenn wir im Alltag so leben?

5. Die Entdeckung und Entfaltung Ihrer geistlichen Gaben wird Ihnen Erfüllung bringen und anderen nützlich sein. Sehen Sie sich noch einmal die Fragen an, die der Verfasser in diesem Kapitel als Chance nennt, die eigenen geistlichen Gaben zu entdecken. Welche Gaben sind Ihnen Ihrer Ansicht nach verliehen worden? Teilen Sie Ihre Gedanken der Gruppe mit, und bitten Sie um Rückmeldung.

6. Aus der Selbsthilfebewegung ist mittlerweile ein einträgliches Geschäft geworden. Welche Gefahren gehen von dieser Bewegung aus? Wie können wir die von ihr ausgehenden Impulse dennoch für unsere seelsorgerische Arbeit fruchtbar machen?

7. Seelsorgern fällt es meist leichter, anderen zu helfen, als selbst Hilfe zu empfangen. Gibt es zur Zeit Bereiche in Ihrem Leben, in denen Sie

Hilfe gut gebrauchen können? Strecken Sie sich noch heute nach dieser Hilfe aus. Denken Sie daran: Das Eingeständnis eigener Schwäche ist ein Merkmal wahrer Stärke (2. Korinther 12,10).

8. Was hat Ihnen an diesem Buch bzw. an den vertiefenden Fragen gefallen? Was hat Ihnen weniger gefallen? Inwieweit haben Sie sich infolge Ihrer Bemühungen, ein besserer Seelsorger zu werden, verändert?

Register

Gary Collins

Die biblischen Grundlagen
für beratende Seelsorge

ISBN 3-86122-186-1
Bestell-Nr. 330 186 · 320 Seiten, Paperback

Vor einiger Zeit las ich, daß viele Seelsorger zwar Psychologie studiert haben, jedoch nur über ein begrenztes Bibelwissen verfügen und eine mangelhafte theologische Ausbildung genossen haben.

Mit diesem Buch möchte ich ein gründlicheres Wissen darüber vermitteln, was wir als Nachfolger Jesu Christi glauben, und so bei seelsorgerlicher Tätigkeit unterstützen, gleichzeitig aber auch zu einer persönlichen Beziehung zu Jesus ermutigen. Denn ich denke, es besteht eine Notwendigkeit, christliche Seelsorge auf der einzig sicheren Basis eines starken biblischen Fundaments zu betreiben.

In diesem Buch werden unter anderem folgende Fragen behandelt:

* ❋ Was macht die Seelsorge „christlich"?
* ❋ Seelsorge und die Bibel
* ❋ Schuld und Vergebung in der Seelsorge
* ❋ Seelsorge und die Gemeinde
* ❋ Seelsorge und Spiritualität

Ich wünsche mir, daß dieses Buch Seelsorgern aller Richtungen – Psychologen, Psychiatern, Sozialarbeitern, kirchlichen Mitarbeitern – klare, hilfreiche Informationen über den christlichen Glauben vermittelt und ihnen neu vor Augen führt, wie sehr dieser Glaube auf alles, was wir im Beratungszimmer leisten, Einfluß nimmt.

FRANCKE

Verlag der Francke-Buchhandlung GmbH